Horst Weigelt

Universale Heilshoffnungen im Christentum

Apokatastasisideen in Theologie und Kirche,
Literatur und Musik

Vandenhoeck & Ruprecht

Bibliografische Information der Deutschen Bibliothek: Die Deutsche Nationalbibliothek verzeichnet
diese Publikation in der Deutschen Nationalbibliografie; detaillierte bibliografische Daten sind im
Internet über https://dnb.de abrufbar.

© 2021 Vandenhoeck & Ruprecht, Theaterstraße 13, D-37073 Göttingen, ein Imprint der
Brill-Gruppe (Koninklijke Brill NV, Leiden, Niederlande; Brill USA Inc., Boston MA, USA;
Brill Asia Pte Ltd, Singapore; Brill Deutschland GmbH, Paderborn, Deutschland;
Brill Österreich GmbH, Wien, Österreich)
Koninklijke Brill NV umfasst die Imprints Brill, Brill Nijhoff, Brill Hotei, Brill Schöningh,
Brill Fink, Brill mentis, Vandenhoeck & Ruprecht, Böhlau, Verlag Antike und V&R unipress.

Umschlagabbildung: Brief (Original): Dietrich Bonhoeffer an Eberhard Bethge, 18. und
22.12.1943, Staatsbibliothek zu Berlin, Bonhoeffer-Nachlass 299, A78, 106 u. 107, S. 27:
„Was heißt dies: ‚Ich bring alles wieder'? Es geht nichts verloren, in Christus ist alles
aufgehoben, aufbewahrt, allerdings in verwandelter Gestalt, durchsichtig, klar, befreit
von der Qual des selbstsüchtigen Begehrens. Christus bringt dies alles wieder u. zwar so,
wie es von Gott ursprünglich gemeint war"; vgl. S. 162–163.

Umschlagsgestaltung: SchwabScantechnik, Göttingen
Satz: le-tex publishing services, Leipzig

Druck und Bindung: Hubert & Co. BuchPartner, Göttingen
Printed in the EU

Vandenhoeck & Ruprecht Verlage | www.vandenhoeck-ruprecht-verlage.com
ISBN 978-3-525-57328-0

Vorwort

Dieses Buch hat – wie alle Bücher – seine Geschichte. Die Thematik „Universale Heilshoffnungen im Christentum" hat mich im Grunde bereits in meinem Studium beschäftigt. Sie ließ mich aber auch während meiner universitären Lehr- und Forschungstätigkeit nicht mehr los.

Die vorliegende Monographie versucht in komprimierter Form aufzuzeigen, dass die eschatologische Heilshoffnung für ausnahmslos alle Menschen in der Christenheit eigentlich schon von Anfang an präsent gewesen ist, allerdings in divergierender Ausprägung, Begründung und Intensität. Ihre Wirkmächtigkeit reicht, so wird anhand ausgewählter Beispiele evident, weit über Theologie und Kirche hinaus: Sie erstreckt sich auf nahezu die gesamte christliche Kulturgeschichte. Der Schwerpunkt der Darstellung liegt mit Bedacht auf der Frühneuzeit und Neuzeit (vgl. hierzu die Einleitung). Selbstverständlich kann dieser Überblick nur sehr umrissartig und exemplarisch erfolgen. Die angeführte Literatur, in unterschiedlicher Intensität benutzt, enthält aber durchweg Hinweise auf weiterführende und spezielle Fachliteratur. Das ermöglicht eine intensivere Beschäftigung mit bestimmten Themenbereichen.

Da diese Monographie in erster Linie Basisinformationen über die universale Heilshoffnung in der Geschichte des Christentums und ihre Bedeutung in der Kulturgeschichte bieten will, orientiert sich die Darstellung an den Normen der Allgemeinverständlichkeit. Deshalb wird auf die Verwendung spezieller theologischer Termini so weit möglich und verantwortbar verzichtet; jedoch sind unbedingt notwendige Fachbegriffe erklärt oder erläutert. Ferner sind Originalzitate aus nicht geläufigen Fremdsprachen zumeist übersetzt oder paraphrasiert wiedergegeben. Schließlich ist zum besseren Verständnis der recht verschiedenen universalen Heilshoffnungen ihr jeweiliger historischer Kontext, in dem sie entstanden und eingebettet sind, in ganz groben Zügen umrissen. Dafür müssen zwangsläufig Verkürzungen, Verschattungen und auch Vereinfachungen billigend hingenommen werden.

Dieses Buch wäre nicht ohne mannigfach gewährte Hilfe und Unterstützung entstanden. Zunächst ist zahlreichen Archiven und Bibliotheken für die vielfältige Bereitstellung und Beschaffung von Literatur zu danken; von diesen seien stellvertretend genannt die Bayerische Staatsbibliothek und die Staatsbibliothek Bamberg. Das Gegenlesen des Manuskripts übernahm freundlicherweise Dr. Johannes Ulbricht, Pfarrer Christoph Seifert und Dr. Stephan Schleissing; dafür und für manche Anregungen bin ich ihnen sehr zu Dank verpflichtet. Die digitale Bearbeitung und Korrekturen des Textes besorgte mit großer Sorgfalt und Geduld Frau Sigrid

Strauß-Morawitzky. Dafür gilt ihr mein besonderer Dank. Die Publikation wurde freundlicherweise durch Druckostenzuschüsse des Evangelisch-Lutherischen Landeskirchenamtes in München und der Vereinigten Evangelisch-Lutherischen Kirche Deutschlands ermöglicht. Dem Verlag Vandenhoeck & Ruprecht danke ich für die Aufnahme der Arbeit in sein Verlagsprogramm; dessen Programmplaner für Theologie und Religionswissenschaften, PD Dr. Izaak J. de Hulster, sei gedankt für seine engagierte und umsichtige Betreuung.

Nicht zuletzt gilt mein Dank meiner Frau Irene, die mir die notwendigen Freiräume ermöglicht und das Werden der Arbeit mit Geduld begleitet und durch mannigfache Gespräche gefördert hat.

München, im Juni 2021   Horst Weigelt

Inhalt

Einleitung

Die Vorstellung von einem dualen Ausgang der Menschheitsgeschichte, von ewiger Seligkeit und immerwährender Verdammnis, von Himmel und Hölle, war und ist auch noch weiterhin fester Bestandteil in Theologie und Kirche. Am Ende der Zeit, so die traditionelle kirchliche Lehre, erwartet alle Gläubigen ewiges Heil; dagegen droht allen Gottlosen immerwährende Verdammnis. Diese Vorstellung von einem doppelten Ausgang der Menschheitsgeschichte wurde in Literatur und Dichtung, Kunst und Musik vielfach aufgegriffen und bearbeitet. Verwiesen sei hier nur auf Dantes „Göttliche Komödie", auf Michelangelos Jüngstes Gericht in der Sixtinischen Kapelle oder auf Mozarts Requiem mit seiner Dies irae Sequenz; und für die Gegenwart seien erwähnt: das Jüngste Gericht (1923) des impressionistischen Malers und Grafikers Lovis Corinth, das War Requiem (1962) des Komponisten Benjamin Britten und der Roman „Doktor Faustus" (1947) von Thomas Mann.

Die Vorstellung vom dualen Ausgang der Menschheitsgeschichte ist im Neuen Testament vielfach bezeugt, besonders eindrücklich in der bekannten Gerichtsparabel im Matthäusevangelium (Kap. 25) oder in der Metapher vom „Feuersee", einem feurigen Schwefelpfuhl für alle Verdammten, in der Apokalypse des Johannes (Kap. 19, 20 u. 21). Allerdings wurden diese und ähnliche eschatologische Bildreden und Metaphern recht unterschiedlich interpretiert und lehrmäßig entfaltet sowie auch literarisch, poetisch, künstlerisch und musikalisch bearbeitet und transformiert.

Neben dieser traditionellen Lehre von einem dualen Ausgang der Menschheitsgeschichte finden sich im Christentum eigentlich von Anfang an noch zwei andere eschatologische Vorstellungen. Erstens begegnet man der Vorstellung von einer Annihilation (lat. annihilatio, dt. das Zunichtemachen), einer völligen Vernichtung aller ungläubigen und unbußfertigen Menschen sowie aller widergöttlichen Mächte am Ende der Zeit. Demzufolge kommen alle Ungläubigen und Gottlosen nach ihrem Tod nicht an Orte der Qual oder immerwährender Gottesferne, sondern sie treten den Gang ins Nichts an. Sie werden ausgelöscht. Bei diesem eschatologischen Modell wird also hingenommen, dass ein Teil der Schöpfung für immer der Einflusssphäre Gottes entgleitet.

Zweitens trifft man im Christentum im Grunde von Anbeginn auf die Vorstellung, dass letztendlich alle Menschen, also auch die Gottlosen und unbußfertigen Sünder, ja sogar alle widergöttlichen Mächte zu Gott zurückkehren bzw. gerettet werden. Die Hölle wird sich also früher oder später aus Mangel an ‚Material' als leer erweisen. Sie wird funktionslos. Diese Zuversicht, dass alle Menschen ausnahmslos des ewigen Heils teilhaftig werden, war in der frühen Christenheit verhältnismäßig weit verbreitet. Erst seit dem 4. Jahrhundert wurden die unterschiedlichen universalen Heilserwartungen oder Hoffnungen von der Römischen Reichskirche wiederholt auf mehreren Synoden und Konzilien verurteilt. Fortan wurden sie vielfach diskriminiert und unterdrückt, bekämpft und verfolgt, häretisiert und anathematisiert. Erst seit dem 17. Jahrhundert, also seit der Frühaufklärung, wurde über die Möglichkeit eines eschatologischen Heils aller Menschen allmählich freier und öffentlich diskutiert.

Für die ‚Lehre' vom eschatologischen Heilsuniversalismus wurde früh gemeinhin auch der Begriff Apokatastasis verwendet, obgleich, wie deutlich werden wird, dieses Wort Polyvalenz besitzt. Der eschatologische Heilsuniversalismus bzw. die Apokatastasis wurde im Laufe der Geschichte des Christentums sehr unterschiedlich argumentativ vertreten und inhaltlich entfaltet. Das zeigt sich schon darin, dass im deutschen Sprachraum hierfür differierende Begriffe verwandt wurden: Wiederbringung, Wiederherstellung, Restitution, Restauration, Allerlösung, Allversöhnung u. a. Dabei ist zu beachten: Die Begriffe Wiederbringung, Wiederherstellung, erneute Herstellung u. a. bedeuten – cum grano salis – Wiederherstellung eines Zustandes, der durch Lossagung oder Abkehr (Abfall) der Menschen (oder aller Wesen) von Gott verloren gegangen ist. Dagegen bezeichnen die Begriffe Allversöhnung und Allerlösung meistens einen neuen Zustand, der über denjenigen hinausgeht, der einst vor dem Abfall der Menschen (oder aller Wesen) von Gott bestanden hat.

Das griechische Wort Apokatastasis (gr. ἀποκατάστασις) bedeutet Restauration, Wiederherstellung, Wiederbringung, aber auch Neuordnung, erneute Herstellung u. a. In außerchristlichen griechischen Texten begegnet dieses Wort vielfach im Kontext von Astronomie, Medizin, Jurisprudenz und Philosophie. Im Neuen Testament findet sich das Wort Apokatastasis (panton) nur in Apg 3,21 („ἀποκαταστάσεως πάντων"; Vg „restitutionis omnium quae locutus est Deus"). Die Auslegung dieser Textpassage aus einer Rede des Petrus auf dem Tempelplatz von Jerusalem (Apg 3,11–25) ist jedoch strittig. Sehr wahrscheinlich handelt es sich hier nicht um das künftige eschatologische ‚Heil aller Menschen', sondern um die ‚Erfüllung aller alttestamentlichen Prophetien'.

Der polyvalente Terminus Apokatastasis wird wie der Begriff Heilsuniversalismus in der vorliegenden Darstellung im weiteren Sinne gebraucht. Jedoch wird in der Regel diejenige Terminologie verwendet, welche sich in den jeweils ausgewählten Quellentexten findet, also Wiederbringung, Allversöhnung, Allerlösung u. a.

1.   Zur Intention und zum erkenntnisleitenden Interesse

Die vorliegende Monographie stellt die wirkungsmächtigsten Vorstellungen und Lehren von der Apokatastasis bzw. von den eschatologischen Heilserwartungen nicht typologisch, sondern in einem historischen Überblick dar. Der Schwerpunkt liegt dabei eindeutig auf der Frühneuzeit und Neuzeit.

Apokatastasisvorstellungen im Sinne von universalen Heilserwartungen sind eigentlich in Kirche und Theologie verortet. Diese wurden aber seit dem Mittelalter auch in der Literatur, Dichtung und Musik (kaum dagegen in der Malerei) immer wieder aufgegriffen. Sie wurden dialogisch oder unabhängig bearbeitet und transformiert. Darauf wird in diesem Überblick jedoch nur dann eingegangen, wenn es sich um besonders bemerkenswerte literarische bzw. poetische und tonmalerische Bearbeitungen handelt. Dass ein solcher interdisziplinärer Zugriff – in jüngster Zeit des Öfteren angemahnt – vielfältige Probleme in sich birgt, bedarf keiner weiteren Erläuterung.

Gemäß dem erkenntnisleitenden Interesse soll in dieser Überblicksdarstellung erstens bei den einzelnen Lehren und Vorstellungen von der Apokatastasis jeweils nach der Extensität der universalen Heilserwartungen gefragt werden. Beziehen sich diese mehr oder weniger ausschließlich auf das individuelle Heil oder sind sie kosmologisch konzipiert? Zweitens soll das Augenmerk darauf gerichtet werden, wie die verschiedenen ‚Apokatastasisvorstellungen‘ jeweils theologisch, metaphysisch und anthropologisch begründet sind. Drittens soll in diesem historischen Überblick untersucht werden, ob die ‚Apokatastasis‘ in den einzelnen Entwürfen als objektive, gesicherte Erwartung präsentiert oder sogar propagiert wird oder ob sie nur als offene Erwartung der Hoffnung formuliert ist. Nicht zuletzt soll viertens nach der Relevanz dieser universalen Heilsvorstellungen für das persönliche, kirchliche, gesellschaftliche, wirtschaftliche und ökologische Leben in der Gegenwart gefragt werden. Welche Bedeutung haben sie für das gegenwärtige Miteinander der verschiedenen christlichen Konfessionen, Religionen und Weltanschauungen?

2. Zu Methode und Gliederung

In diesem Überblick kann nur auf solche Apokatastasisvorstellungen bzw. universale Heilserwartungen oder -hoffnungen paradigmatisch eingegangen werden, deren Verbreitung und Wirkung in der Geschichte des Christentums besonders groß gewesen ist. Jedoch können auch diese zumeist nur vereinfacht und umrisshaft dargestellt werden.

Das erste Kapitel befasst sich in groben Zügen mit Entwicklung, Verbreitung, Verurteilung und Fortleben der Apokatastasis in der christlichen Antike. Eine knapp gehaltene Darstellung ist deshalb möglich, weil darüber bereits mehrere fundierte und materialreiche Abhandlungen vorliegen, wie das Literaturverzeichnis zeigt. Zunächst werden in diesem Kapitel einige Apokatastasisvorstellungen und ihre Verbreitung in nachapostolischer Zeit sowie im 3. Jahrhundert überblicksartig dargestellt. Sodann wird gezeigt werden, wie seit dem 4. Jahrhundert namhafte

Theologen und Mönche gegen universale eschatologische Heilserwartungen für ausnahmslos alle Menschen zunehmend opponierten und die entstehende Römische Reichskirche sie auf Provinzialsynoden und Konzilien verurteilte. Dass dennoch Apokatastasisvorstellungen auch in der Spätantike, vor allem im Oströmischen Reich und im Christentum des Ostens, fortlebten, kann abschließend wiederum nur beispielhaft angedeutet werden. Im zweiten Kapitel wird dargestellt, wie im Mittelalter divergierende universale Heilserwartungen trotz ihrer vehementen Ablehnung und Bekämpfung durch Theologie und Kirche bei einigen theologischen Außenseitern und in devianten religiösen Gruppierungen (Ketzerbewegungen) sowie in der Volksfrömmigkeit weiterhin präsent geblieben sind. Letzteres soll exemplarisch anhand einiger Visionsschilderungen, Legenden und Gedichte gezeigt werden. Das dritte Kapitel wird sich mit eschatologischen Heilsvorstellungen für alle Menschen in der Epoche der Reformation befassen. Die Reformatoren hielten bekanntlich strikt am dualen Ausgang der Menschheitsgeschichte fest. Universale Heilserwartungen waren aber in der radikalen Reformation bzw. im linken Flügel der Reformation, d. h. im Täufertum und mystischen Spiritualismus, präsent und wirkmächtig, allerdings mit sehr unterschiedlicher Intensität. In diesem Zusammenhang wird auch kurz darauf einzugehen sein, wie die Reformationskirchen in den Bekenntnisschriften universale Heilserwartungen argumentativ verworfen haben. Im Konfessionellen Zeitalter, dem sich das vierte Kapitel widmet, waren Kirche und Gesellschaft in den protestantischen Territorien entscheidend mitbestimmt von der lutherischen und reformierten Orthodoxie. Mit ihr hielten die Reformationskirchen in ihrer Lehre strikt am doppelten Ausgang der Menschheitsgeschichte fest und stellten universale Heilserwartungen unter Verdikt. Diese waren dennoch in mehreren heterodoxen Strömungen öffentlich oder versteckt präsent, besonders während und nach dem Dreißigjährigen Krieg mit seinen großen Menschenverlusten und verheerenden wirtschaftlichen und kulturellen Folgen. Das fünfte Kapitel befasst sich mit der Stellung des Pietismus zur Lehre von der Wiederbringung aller Dinge bzw. von der Allversöhnung. Im Unterschied zum kirchlichen Pietismus waren universale Heilserwartungen für alle Menschen und Kreaturen, ja sogar für den Teufel und seine Engel, im facettenreichen württembergischen Pietismus sowie im radikalen Pietismus auf unterschiedliche Weise weit verbreitet und wurden vielfach ostentativ verkündet. In diesem Kapitel wird abschließend noch auf die um 1760 unter maßgeblichem Einfluss immigrierter Pietisten entstandene Universalist Movement in America eingegangen werden. In ihr waren nämlich anfänglich universale Heilserwartungen für ausnahmslos alle Menschen von großer Bedeutung.

Im Zeitalter der Aufklärung, dem sich das sechste Kapitel zuwendet, vollzog sich – wie in allen Bereichen – auch in der kirchlichen Lehre von den letzten Dingen ein tiefgreifender Wandel. Besonders im Protestantismus konzentrierte sich nun das Interesse mehr oder weniger auf die zukünftige individuelle Glückseligkeit im

Jenseits, d. h. auf den künftigen beglückenden Zustand immerwährender Harmonie zwischen Schöpfer und Geschöpf. Dabei erfuhr die kirchliche Lehre von der Ewigkeit der Höllenstrafen – unter dem Einfluss des englischen Deismus und der französischen Aufklärung – zunehmende Kritik. Es wird exemplarisch darzustellen sein, wie dieser Prozess verlief und mit welchen theologischen, metaphysischen, philosophischen und anthropologischen Argumenten die Lehre von einer immerwährenden Verdammnis aller Ungläubigen zurückgewiesen wurde. Sodann soll in diesem Kapitel anhand ausgewählter Beispiele gezeigt werden, wie in Literatur, Dichtung und Pädagogik (Philanthropismus) die in der Aufklärungstheologie entwickelten Vorstellungen von einer künftigen Glückseligkeit aller Menschen rezipiert und literarisch, poetisch und pädagogisch bearbeitet und umgestaltet wurden. Das siebte Kapitel befasst sich mit universalen eschatologischen Heilserwartungen bzw. Apokatastasisvorstellungen in Theologie und Kirche, Philosophie und Literatur vom Ende der Aufklärung bis zum Beginn des 20. Jahrhunderts. Bezüglich Theologie und Kirche kann dabei eine Konzentration auf den Protestantismus erfolgen, da im damaligen Katholizismus strikt an den kirchlichen Verlautbarungen über den dualen Ausgang der Menschheitsgeschichte festgehalten wurde; nur bei einigen namhaften katholischen Theologen machte sich, wie evident werden wird, eine gewisse Inklination zum Heilsuniversalismus bemerkbar. Sodann wird in diesem Kapitel auf die Philosophie des Deutschen Idealismus einzugehen sein, da in ihr Apokatastasisideen vielfach rezipiert wurden, wie anhand von Schellings Spätwerk, seinen „Stuttgarter Privatvorlesungen", nachgewiesen werden soll. Schließlich soll aufgezeigt werden, wie in der Literatur (Sturm und Drang, Klassik und Romantik) universale Heilserwartungen bzw. Apokatastasisvorstellungen literarisch oder poetisch umgesetzt und transformiert wurden. Das achte Kapitel wird sich zunächst dem intensiven Diskurs über den eschatologischen Heilsuniversalismus in Theologie und Kirche zuwenden, der im Protestantismus bald nach dem Ersten Weltkrieg (im Kontext der allgemeinen Krisenerfahrung) und im Katholizismus im Zusammenhang mit dem Zweiten Vatikanischen Konzil (1962–1965) einsetzte. Wie wird in den verschiedenen eschatologischen Entwürfen die Hoffnung auf ein universales Heil theologisch begründet und deren Relevanz für das gegenwärtige individuelle und gemeinschaftliche Leben in allen Bereichen dargelegt? Wie schlug sich diese Neubesinnung auf das verkündigte eschatologische Heil für alle Menschen in kirchlichen Verlautbarungen nieder? Ferner soll in diesem Kapitel – wiederum exemplarisch – gezeigt werden, wie auch im 20. Jahrhundert in Literatur und Musik universale Heilserwartungen bzw. Apokatastasisvorstellungen aufgegriffen, bearbeitet und umgeformt wurden. Lassen sich an den vorgenommenen Modifizierungen und Transformationen deutlich säkularisatorische Tendenzen wahrnehmen, Zeichen einer zunehmenden Entflechtung von Religion und moderner Gesellschaft?

Ein kurzes Resümee schließt die überblicksmäßige Darstellung über Heilshoffnungen und Apokatastasisvorstellungen im Christentum ab.

3. Formale Gestaltung und Zitation

In dieser Überblicksdarstellung ist es selbstverständlich nicht möglich, aus der Primärliteratur (Quellen) ausführlicher zu zitieren. Um dennoch einen Eindruck vom Wortschatz, dem Sprachduktus und dem Argumentationsstil markanter Vertreter der Lehre von der ‚Apokatastasis' bzw. dem ‚eschatologischen Heilsuniversalismus' zu vermitteln, werden aus ihren Werken öfters kürzere Zitate angeführt. Diese werden buchstabengetreu wiedergegeben, jedoch wird auf die Beibehaltung dekorativer Zeichen, Hochstellungen von Umlauten sowie Hervorhebungen im Original verzichtet. Fremdsprachige Quellenzitate werden nach einer deutschen Ausgabe bzw. Edition zitiert oder sind übersetzt; die fremdsprachigen Originalzitate finden sich fallweise direkt nach der deutschen Übersetzung in runden Klammern. Die Interpunktion in den Zitaten folgt der Druckvorlage; nur in wenigen Ausnahmefällen ist der besseren Lesbarkeit halber eine Angleichung an die gegenwärtig gültigen Regeln vorgenommen. Bei Gedichten sind Versumbrüche bzw. Verswechsel durch einen Schrägstrich markiert. In Quellenzitate eingefügte Bibelstellennachweise sowie Wort- und Sacherklärungen sind stets in eckige Klammern gesetzt. Ebenfalls durch eckige Klammern mit drei Punkten sind Auslassungen von zitierten Quellentexten kenntlich gemacht.

Um den Anmerkungsapparat zu entlasten, finden sich in den Fußnoten neben den Nachweisen der Quellenzitate im Allgemeinen nur dann weitere Hinweise auf Literatur, wenn es sich um besonders wichtige weiterführende Fachliteratur (mit zusätzlichen Literaturangaben) handelt. Im Übrigen sei nachdrücklich auf das Literaturverzeichnis verwiesen. Bei Zitaten aus Versdichtung erfolgen lediglich bei der erstmaligen Zitation in den Fußnoten nähere Angaben zur Identifizierung des Werkes; bei weiteren Zitationen aus demselben Werk sind die Versangaben im Fließtext in runden Klammern unmittelbar hinter dem Zitat vermerkt. Die in den Fußnoten bei Literaturangaben verwendeten Abkürzungen für Zeitschriften, Lexika u. a. erfolgen nach Siegfried M. Schwertner: IATG[3] Internationales Abkürzungsverzeichnis für Theologie und Grenzgebiete. 3., überarbeitete und erweiterte Auflage, Berlin/Boston 2017.

I. Universale Heilserwartungen und Apokatastasis-vorstellungen in der Christlichen Antike

Die sehr unterschiedlichen universalen Heilserwartungen bzw. Apokatastasis-panton-Vorstellungen, die in der christlichen Antike verbreitet waren, können nur in groben Zügen dargestellt werden.[1] Auch kann im Rahmen dieses historischen Überblicks über universale Heilshoffnungen im Christentum nicht auf die in der Forschung vielmals verhandelte Frage nach der Stellung der neutestamentlichen Zeugnisse zum eschatologischen Heil aller Menschen eingegangen werden.[2]

Im Folgenden soll der Blick zunächst auf einige philosophisch gebildete Gelehrte, Theologen und Mönche sowie frühkirchliche Einrichtungen (Katechetenschule von Alexandria, Theologische Schule in Caesarea Maritima) gelenkt werden, die in nachapostolischer Zeit entscheidend zur Ausbildung und Entwicklung sowie Verbreitung universaler eschatologischer Heilserwartungen im Römischen Reich beigetragen haben. Sodann wird zu skizzieren sein, wie bereits seit dem dritten Jahrhundert – vor allem während der Zeit der entstehenden Römischen Reichskirche, also in den Jahrzehnten zwischen der Mailänder Konstitution (313) und dem Dreikaiseredikt „Cunctos populos" (380) – sich einflussreiche Theologen den besonders in den östlichen Provinzen virulenten Apokatastasisvorstellungen argumentativ und kirchenpolitisch widersetzt haben und wie diese durch die Kirche auf mehreren Provinzialsynoden und Konzilien verworfen wurden. Schließlich wird auf das Fortleben universaler Heilserwartungen bzw. Apokatastasisvorstellungen in der Spätantike paradigmatisch eingegangen werden. Hierbei wird das Augenmerk besonders auf das Oströmische Reich sowie auf das östliche Christentum und die Russisch-Orthodoxe Kirche zu richten sein.

---

1 Eine detaillierte Darstellung ist deshalb nicht unbedingt erforderlich, weil, wie bereits in der Einleitung angemerkt, über die Apokatastasis in der christlichen Antike mehrere Übersichtsdarstellungen, Handbuchbeiträge und Lexikonartikel vorliegen. Vgl. Literaturverzeichnis.

2 Über die eschatologische Heilshoffnung für ausnahmslos alle Menschen im Neuen Testament siehe bes. Christoph Lenz: Art. „Apokatastasis", in: RAC. Bd. 1. Stuttgart 1950, Sp. 510–516; Horacio E. Lona: Eschatologie im Neuen Testament, in: Handbuch der Dogmengeschichte. Hg. v. Michael Schmaus u. a. Bd. IV. Sakramente. Eschatologie. Faszikel 7a, Freiburg u. a. 1986, S. 44–83 (Lit.); Wilhelm Michaelis: Versöhnung des Alls. Die frohe Botschaft von der Gnade Gottes, Gümlingen (Bern) 1950; Albrecht Oepke: Art. „ἀποκατάστασις", in: ThWNT. Bd. 1. Stuttgart 1933, S. 386–392; Ramelli: Larger hope, S. 10–19. Vgl. Literaturverzeichnis.

1. Universale Heilserwartungen und Apokatastasisvorstellungen im frühen Christentum

1.1 Apokatastasisvorstellungen und universale Heilserwartungen in nachapostolischer Zeit

Die frühesten groben Entwürfe und lehrmäßigen Darstellungen eschatologischer Heilserwartungen für ausnahmslos alle Menschen finden sich eigentlich erst in der zweiten Hälfte des 2. und ersten Hälfte des 3. Jahrhunderts. Dabei gilt gemeinhin der griechische Theologe und Schriftsteller Clemens von Alexandria (um 150 – um 215) als derjenige, welcher die universale Heilserwartung für alle Menschen (Apokatastasis panton) erstmals zurückhaltend ‚formuliert' hat, allerdings ohne inhaltliche und thematische Kohärenz. Eine systematische Explikation der Vorstellungen von der Apokatastasis erfolgte dann erst durch Origenes (um 185–254), eine der bedeutendsten und wirkungsmächtigsten Gestalten des Christentums.

Clemens von Alexandria

Clemens besuchte in Athen, wo er wahrscheinlich auch geboren wurde, die Schule der Philosophen, fand zum christlichen Glauben und unternahm ausgedehnte Reisen: Unteritalien, Syrien, Palästina und Ägypten. In der multiethnischen und multikulturellen Welt- und Handelsstadt Alexandria wurde er gefördert von dem zum Christentum konvertierten Stoiker Pantänus, seit 180 Leiter der dortigen Katechetenschule. An dieser ersten bekannten Katechetenschule wurde Clemens um 175 Lehrer für neubekehrte Christen und ‚Katecheten' und um 200 deren Leiter. Die Christenverfolgung unter Kaiser Septimius Severus (193–211) zwang ihn kurz vor seinem Tode, aus Alexandria zu fliehen.

Clemens wollte Christentum und griechische Philosophie miteinander verbinden, wobei er davon ausging, dass letztere zweifelsohne „Samenkörner der Wahrheit" enthält. Allerdings besitze nur das Christentum dank der Epiphanie Christi die ganze Wahrheit. Die ‚Philosophie' bildet also lediglich die Vorstufe der Erkenntnis („γνῶσις", gnosis). Aufgrund dieser Prämisse verwies er bei seiner Darstellung der eschatologischen Hoffnung, dass letztendlich alle Menschen das ewige Heil erlangen werden, nicht nur auf neutestamentliche Zeugnisse (u. a. auf Apg 3,21; Röm 5,4–5; 1 Petr 3,19–21) und auf frühchristliche Schriften (bes. auf die Petrusapokalypse), sondern er rekurrierte auch auf platonische, gnostische und besonders auf stoische Quellen, in welchen sich bekanntlich Apokatastasisvorstellungen in vielfältiger Form finden. In seinem bedeutenden Werk, den aus acht Büchern bestehenden „Stromata" („στρωματεῖς", Stromateis, i.S.v. bunter Flecken-Teppich), das, wie der Titel schon andeutet, keine systematische Abhandlung dogmatischer und religionsphilosophischer Fragen ist, konstatierte er: Zur Erlösung des Ganzen ist vom Herrn des Ganzen – aufgrund seines universalen Heilswillens – alles hin geordnet.[3] Dazu dienen nach dieser für getaufte Christen bestimmten Schrift die mannigfachen Strafen, welche Gott den Menschen im Diesseits und Jenseits wegen ihres sündhaften Verhaltens auferlegt. Hierbei handelt es sich keineswegs um Vergeltungsstrafen, sondern stets um ‚Läuterungsstrafen‘, die zur Reue und freiwilligen Umkehr führen sollen. Deshalb verwandte Clemens für diese Strafen vor allem die Metapher Feuer, durch das alles Böse – ontologisch eine Nicht-Substanz – aufgezehrt wird. Die verhängten Strafen sind verschieden schwer und dauern unterschiedlich lange, haben aber nur das eine Ziel: das Heil aller Menschen, auch der Verdammten in der Hölle, wie der Descensus Christi ad inferos (der Abstieg Christi in die Unterwelt; vgl. Eph 4,9 u. 1 Petr 3,19) zeige.[4] Bei diesem zur Reue und Umkehr führenden Läuterungsprozess erweist sich der Christus-Logos als Arzt und Pädagoge. Er hilft ihnen nämlich bei der Purifikation und geleitet sie zur Erkenntnis („γνῶσις", gnosis) und Liebe („ἀγάπη", Agape), dem Ziel („τέλος", Vollendung) der Wiederherstellung, der Apokatastasis. Der Mensch werde also eine größere Herrlichkeit besitzen, als Adam einst vor dem Fall („ἀρχή", Anfang) besessen hat. Mit Recht gilt Clemens also als derjenige christliche Schriftsteller, bei welchem die Erwartung eines eschatologischen Heils für alle Menschen erstmals unter verschiedenen Aspekten betrachtet wurde. Jedoch hat er es nicht unternommen, diese universale Heilshoffnung systematisch näher zu entfalten und lehrmäßig darzustellen.

Origenes

Origenes, um 184/185 in Alexandria in einer gebildeten, wohlhabenden christlichen Familie geboren, erteilte hier in der Alexandrinischen Katechetenschule seit 203 Unterricht. Neben seiner Lehrtätigkeit widmete er sich intensiven philosophischen Studien und unternahm mehrere Reisen (u. a. nach Italien, Palästina, Griechenland). 217 wurde er als Nachfolger von Clemens Lehrer an der Katechetenschule, die sich unter seiner Leitung rasch zu einer bedeutenden Bildungsanstalt entwickelte. 231 sah er sich aber infolge zunehmender Unstimmigkeiten und Kompetenzkonflikte mit Demetrios, dem Bischof von Alexandria, veranlasst, in den syrisch-palästinensischen Raum nach Caesarea Maritima, einer blühenden multireligiösen und -kulturellen Stadt überzusiedeln. Hier hatte er sich nämlich im

---

3 Über die Eschatologie und Apokatastasisvorstellungen bei Clemens von Alexandria siehe Daley: Eschatologie, S. 119–122; ders.: Hope, S. 44–47; Ramelli: Apokatastasis, S. 119–136; dies.: Larger hope, S. 24–30.

4 Siehe Clemens von Alexandria: Stromata, 7, 2, 12, 2–3, 13, 1. – Vgl. Titus Flavius Klemens von Alexandria: Die Teppiche (Stromateis). Deutscher Text nach der Uebersetzung von Franz Overbeck. Im Auftrage der Franz-Overbeck-Stiftung hg. v. u. eingel. v. Carl Albrecht Bernoulli u. Ludwig Früchtel, Basel 1936, S. 583.

Jahr zuvor – auf einer Dienstreise nach Griechenland – zum Presbyter weihen lassen, was Demetrios als Übergehung und Brüskierung empfand. Neben seiner umfangreichen literarischen Tätigkeit war Origenes in Caesarea in der christlichen Unterweisung und Predigt tätig, brach aber auch immer wieder zu Reisen auf, vor allem um an theologischen Disputen und kirchlichen Konventen teilzunehmen. 250 wurde er im Zuge der ersten systematischen Christenverfolgung im gesamten Römischen Reich unter Kaiser Decius gefangengenommen und erlitt schwere Folterungen, an deren Folgen er 254 wahrscheinlich in Tyros, damals Hauptstadt der Provinz Syria Phönice, verstarb.

Origenes bemühte sich um eine systematisierende Zusammenfassung des christlichen Glaubens, so vor allem in seinem unvollständig erhaltenen Hauptwerk „Peri archon" („περὶ ἀρχῶν"; lat. „De principiis"; dt. „Von den Prinzipien"), welches in vielfacher Hinsicht von grundlegender Bedeutung für die Christenheit wurde. In diesem Frühwerk legte er u. a. auch seine eschatologischen und heilsuniversalen Vorstellungen dar, die bereits zu seinen Lebzeiten, vor allem aber nach seinem Tod, mannigfache Kritik und Verurteilungen hervorriefen.[5]

Origenes ging davon aus, dass sich beim Tod eines Menschen dessen unsterbliche geistige Seele vom Körper trennt, um sich vor Gott zu verantworten. Während die Seelen der Heiligen und Märtyrer im Jenseits sogleich in paradiesische Regionen gelangen, kommen die von unbußfertigen Sündern wegen ihres Fehlverhaltens während des irdischen Lebens an Stätten der Läuterung. Die Strafen, welche die Seelen hier erdulden müssen, sind jedoch nicht Quälereien, sondern Medizin; sie sind nicht rächende Vergeltungsmaßnahmen, sondern Wohltaten Gottes. Die Seelen sollen nämlich von ihren „Verirrung[en]" geläutert werden, die sie im Leben begangen haben.[6] Wie in einem „Hörsaal" („auditorio") oder in einer „Schule" („schola") werden sie so auf die selige Schau Gottes vorbereitet.[7] Diese Läuterung erfolgt in einem gestuften Prozess, der sich über große Zeiträume und sogar über mehrere Äonen erstrecken kann. Origenes war davon überzeugt, dass letztendlich alle Seelen so zubereitet werden, dass sie einst in liebender Anschauung mit Gott vereinigt werden können. Bei der allgemeinen Auferstehung der Toten werden dann die gereinigten Seelen auch wieder mit ihren nunmehr „geistigen" („spirituales") Körpern vereinigt.

---

5 Über die Eschatologie und Lehre von der Apokatastasis bei Origenes siehe u. a. Daley: Eschatologie, S. 122–134; ders.: Hope, S. 47–60; Ramelli: Apokatastasis, S. 137–221; dies.: Larger hope, S. 41–61.

6 Origenes: De oratione 29, 15. – Zitiert nach Origenes: Über das Gebet. Eingel. u. übers. v. Maria-Barbara Stritzky (Orig.WD 21), Berlin u. a. 2014, S. 261.

7 Origenes: De principiis 2, 11, 5–7 und 3, 6, 9. – Zitiert nach Origenes: Vier Bücher von den Prinzipien. Hg., übers., mit krit. u. erläuternden Anm. v. Herwig Görgemanns u. Heinrich Karpp (TzF 24), Darmstadt 1976, S. 446–457; die folgenden Zitate ebd., S. 452 u. 453.

Die universale Heilserwartung bezeichnete Origenes manchmal als Apokatastasis. Inhaltlich besteht sie erstens in der Wiederherstellung der einstigen Einheit aller präexistenten Seelen mit Gott, d. h. in der Erneuerung ihrer ursprünglichen Harmonie durch Rückführung zu Gott, zum Göttlich-Einen. Das Ende gleicht nämlich immer dem Anfang („Semper enim similis est finis initiis"). Dieser prozesshafte Aufstieg zum Ur-Einen kann unter Umständen durch Rückfälle unterbrochen werden. Die Wiederherstellung impliziert zweitens, dass dadurch, wie bereits bemerkt, auch die materiellen, irdischen Leiber in die Herrlichkeit geistiger Körper transformiert werden. Drittens erstreckt sich die Wiederherstellung wahrscheinlich auch auf den Satan und dessen Engel. Denn Gott „hat alles geschaffen, damit es sei, und was geschaffen ist, damit es sei, kann nicht nicht sein". Allerdings bestritt Origenes in einem Brief an Freunde in Alexandria, jemals die Erlösung der Teufel gelehrt zu haben und bezichtigte seine Gegner der Fälschung seiner Schriften. Die bei Origenes wiederholt beobachtete Ambivalenz und Unschärfe seiner Apokatastasisvorstellungen ist nicht zuletzt darauf zurückzuführen, dass er diese letzten eschatologischen Fragen bewusst offen hielt: Er wollte hier mehr ein noch Suchender, denn ein bereits Wissender sein.

Die von Origenes entwickelten Apokatastasisvorstellungen haben verschiedene theologische und metaphysische Begründungsebenen. Theologisch rekurrierte er vor allem auf die Güte („bonitas") Gottes sowie auf das Christusgeschehen, wobei er sich exegetisch vor allem auf 1 Kor 15 berief. In seiner metaphysischen Begründung argumentierte er besonders mit der Willensfreiheit des Menschen, der Unsterblichkeit der Seele und der Nichtigkeit des Bösen. Hinzu kamen mannigfache metaphysische und naturkundliche Spekulationen, wie u. a. die stoische Vorstellung von zyklischen Weltperioden. Diesen Regress auf außerbiblische Vorstellungen räumte Origenes bereitwillig ein, da er überzeugt war, das Wissen der heidnischen Philosophen stamme letztendlich auch aus göttlichen Quellen.

Die Apokatastasisvorstellungen des Origenes erfuhren trotz mannigfacher Kritik, Verurteilungen und Verwerfungen eine außergewöhnlich breite Rezeption nicht nur im Christentum, sondern in der gesamten Kultur. Sie sind bis in die Neuzeit allenthalben präsent, allerdings vielfach modifiziert und transformiert.

1.2 Universale Heilserwartungen und Apokatastasisvorstellungen in der Zeit der entstehenden Römischen Reichskirche

In der Zeit der sich ausbildenden Römischen Reichskirche, also zwischen der 313 veröffentlichten Mailänder Konvention (Konstantin I. und Licinius) über die Freiheit für alle Religionen und dem 380 erlassenen Dreikaiseredikt (Theodosius I., Gratian und Valentinian II.), welches das Christentum zur Staatsreligion im Römischen Reich erklärte, waren differierende Apokatastasisvorstellungen in den christlichen Gemeinden recht weit verbreitet. Das geschah vor allem durch Theologen, Kirchenmänner und Mönche, die aus der Alexandrinischen Schule kamen oder von ihr beeinflusst waren. Diese Schule in Alexandria entwickelte sich geradezu zu einem Zentrum und Hort origenistischer Vorstellungen. Dagegen gingen aus der Antiochenischen Schule, gegründet erst Anfang des 4. Jahrhunderts in der großen Handelsstadt Antiochia am Orontes, in welcher bekanntlich die erste heidenchristliche Gemeinde entstand und die dortigen Anhänger der Jesusbewegung nach Lukas erstmals ‚Christianer' (Apg 11,26: „χριστιανοί") genannt wurden, nur wenige Theologen und Schriftsteller hervor, die Apokatastasisvorstellungen vertraten.

Alexandrinische Schule

Abgesehen von den direkten Schülern des Origenes, wie u. a. Dionysius von Alexandria (gest. 264/265) oder Pamphilus von Caesarea (um 240–309), gehörten zur Alexandrinischen Schule zunächst zwei gebürtige Kappadokier: der hochgebildete Gregor von Nazianz und sein Namensvetter Gregor von Nyssa.

Gregor von Nazianz (um 329–390), um 329 auf einem Landgut in der Nähe von Nazianz in Kappadokien geboren, erhielt eine hervorragende Ausbildung in Caesarea Maritima, Alexandria und besonders Athen. Danach hatte er verschiedene kirchliche Ämter inne (u. a. Metropolit von Konstantinopel). 381 zog er sich als Einsiedler zu intensiven theologischen und philosophischen Studien auf das väterliche Gut zurück. Große Bedeutung gewann er als Dichter und vor allem als Rhetor, weshalb er auch als christlicher Demosthenes bezeichnet wurde. Seine Apokatastasisvorstellungen finden sich verstreut in seinen Schriften, besonders in seinen „Orationes theologicae", seinen „Theologischen Reden".[8] Das Ziel der Heilsgeschichte ist nach Gregor die Teilhabe der Menschen an Gott. Deshalb habe der göttliche Logos, Christus, die Niedrigkeit unseres Fleisches angenommen, damit wir den Reichtum seiner Gottheit annehmen können. Voraussetzung für diese Partizipation ist jedoch die Läuterung des Menschen durch das Feuer, das nach Gregor – unter Verweis auf 1 Kor 3,12–15 – als ein reinigendes zu verstehen ist. Dadurch ist es möglich, dass alle intelligiblen Geschöpfe „zum Zeitpunkt der allgemeinen Wiederherstellung" zur Vereinigung mit Gott gelangen.[9] Dann werden alle Menschen „Gott voll ähnlich sein" und „für den ganzen Gott und nur für ihn Raum haben".

---

8 Über die Eschatologie und Apokatastasisvorstellungen bei Gregor von Nazianz siehe u. a. Daley: Eschatologie, S. 151–152; ders.: Hope, S. 83–85; Ramelli: Apokatastasis, S. 440–461; dies.: Larger hope, S. 129–134.

9 Gregor von Nazianz: Orationes theologicae 4, 6; das folgende Zitat ebd. – Zitiert nach Gregor von Nazianz: Orationes theologicae – Theologische Reden. Übers. u. eingel. v. Hermann-Josef Sieben (FC 22), Freiburg u. a. 1996, S. 235; das folgende Zitat ebd., S. 237.

Im Unterschied zu Gregor von Nazianz führte Gregor von Nyssa (um 335/ 340–394), einer der damals bedeutendsten christlichen Denker, die origenistischen Apokatastasisvorstellungen eigenständig weiter.[10] Gregor stellte sein Leben in den Dienst der Kirche als Lektor und Bischof von Nyssa sowie als engagierter Teilnehmer an mehreren Synoden und am ersten Konzil von Konstantinopel (dem zweiten ökumenischen Konzil) (381); zugleich weihte Gregor, der auch eine Zeitlang als Einsiedler lebte, sein Leben aber auch der mystischen Frömmigkeit und der meditativen Reflexion des christlichen Glaubens. Literarisch sehr interessiert, befasste er sich nicht nur mit christlicher, sondern auch mit paganer Literatur; so las er u. a. die Schriften Platons und Plotins. Gregors Auffassung vom eschatologischen Heil aller Menschen umfasst zwei unterschiedliche Aspekte. Einmal besteht das universale Heil bei ihm – aufgrund seines zyklischen Zeitverständnisses, nach dem sich Anfang und Ende aller Dinge jeweils entsprechen – in der Rückführung aller Menschen, also auch der Ungläubigen, in den ursprünglichen Stand der Gnade bzw. in die spirituelle Einheit ihrer Seelen mit Gott, die einst bestanden hat. „Das Endziel der Reise der Menschen durch die ‚Welt‘ ist nämlich ihre Zurücksetzung (Apokatastasis) in den früheren Zustand, der nichts anderes war als Gleichheit mit der göttlichen Wirklichkeit und Schönheit". Dann erst werde Gott „alles in allem [1 Kor 15,28]" sein.[11] Zum anderen versteht Gregor von Nyssa das für alle Menschen erwartete Heil als ein neues Leben, das „voll Seligkeit, göttlicher Art und frei von jeder Trübsal ist".[12] Dieses selige Leben, nach dem alle vernunftbegabten Wesen sehnsuchtsvoll verlangen, so lehrte er in seiner „Oratio catechetica magna" („Große Katechese"), einem Handbuch für kirchliche Amtsträger, erlangt man entweder bereits zu Lebzeiten durch die Taufe, in welcher die „Wiedergeburt zur Auferstehung" geschieht, oder nach dem Tod im Jenseits durch Läuterung. Letztere ist ein langwieriger und schmerzvoller Prozess, den Gregor metaphorisch vor allem mit dem traditionellen Bild vom läuternden Feuer beschreibt. Dieses ‚Feuer‘ soll den Menschen, „deren Leidenschaften sich verhärteten und die kein Mittel [sc. die Taufe oder Buße] zur Reinigung der Befleckung" zu Lebzeiten angewandt haben, nicht zur Strafe, sondern zur „Reinigung" dienen. Dadurch soll nämlich „das ihnen beigemengte Böse ausgeschieden werde[n] und sie so später nach langen

---

10 Über die Eschatologie und Apokatastasisvorstellungen bei Gregor von Nyssa siehe u. a. Daley: Eschatologie, S. 153–157; ders.: Hope, S. 85–89; Ramelli: Apokatastasis, S. 372–440; dies.: Larger hope, S. 109–134. Vgl. Paul Zemp: Die Grundlagen des heilsgeschichtlichen Denkens bei Gregor von Nyssa (MThS. S 38), München 1970, S. 196–206, 242–244.

11 Hierzu siehe bes. Gregor von Nyssa: De mortuis oratio (PG 46, Sp. 497–538).

12 Hierzu siehe Gregor von Nyssa: Oratio catechetica magna 35,3; die folgenden Zitate ebd. – Zitiert nach Gregor von Nyssa: Schriften. Grosse Katechese, über das Gebet des Herrn, über die acht Seligkeiten, Dialog über die Seele, Leben der Heiligen Makrina (BKV, 1. Reihe, 56), Kempten/ München 1927, S. 73.

Zeitläuften für Gott noch Rettung finden". Obgleich sich also Gregor von Nyssa deutlicher als andere ‚Origenisten' zum eschatologischen Heil aller Menschen bekannte, wurde er niemals namentlich anathematisiert, vielleicht weil er zugleich auf den hypothetischen Charakter seiner eschatologischen Vorstellungen hingewiesen hat.

Neben diesen beiden Kappadokiern sind aus der Alexandrinischen Schule noch drei weitere Vertreter der Apokatastasis zu nennen, die alle treue Anhänger des Origenes waren, aber zum Teil dessen universale Heilsvorstellungen modifizierten und auch wesentlich weiterentwickelten: Didymus der Blinde von Alexandria, Evagrius Ponticus und Synesios von Kyrene. Sie verteidigten Origenes, als es vom Ende des 4. bis zu Beginn des 5. Jahrhunderts vor allem in Ägypten und im palästinensischen Raum zum Abwehrkampf der entstehenden bzw. der etablierten Römischen Reichskirche gegen ihn und seine Vorstellungen kam.

Der christliche Schriftsteller Didymus (gr. Didymos) der Blinde von Alexandria (310 oder 313 – um 398), der trotz seiner Erblindung als Vierjähriger eine große philosophische und theologische Gelehrsamkeit besaß, war Leiter der Katechetenschule in Alexandria. Er vertrat wesentliche Aspekte von Origenes' Eschatologie, u. a. die von der Präexistenz der unsterblichen immateriellen Seelen.[13] Wegen ihres Verlangens nach Materie, so lehrte er, wurden sie zur Strafe in das Gefängnis vergänglicher materieller Körper eingeschlossen und sind seitdem mit der Erbsünde behaftet. Nach der allgemeinen Auferstehung der Toten werden die Seelen ihren ursprünglichen immateriellen Status wieder zurückerhalten, nicht jedoch ihre materiellen Körper. Diese hoffnungsvolle Zuversicht dürfen gemäß 1 Kor 15,28 alle vernunftbegabten Wesen hegen. Die Wiederherstellung des einstigen Zustandes soll bei jedem Menschen selbstverständlich bereits während des irdischen Lebens durch allmähliche Zurückdrängung der materiellen Körperlichkeit mittels Askese beginnen. Fortgesetzt wird die prozesshafte Wiederherstellung dann nach dem Tod im Jenseits, die sich allerdings in großen zyklischen Zeiträumen vollzieht. Der Endzustand der körperlosen Seelen, so erläuterte Didymus in seinem Kommentar zum Buch des Propheten Sacharja (gr. u. lat. Bibel Zacharias), sei schließlich ihre vollkommene Einheit mit Gott und Teilhabe an der Fülle der Göttlichkeit („la divinité").[14] Aufgrund dieser origenistischen Ideen wurden die Schriften von Didymus 553 auf dem 2. Konzil von Konstantinopel (dem fünften ökumenischen Konzil) verurteilt; 649 wurde er auf der Lateransynode unter Papst Martin I. dann namentlich anathematisiert.

---

13 Über die Eschatologie und Apokatastasisvorstellungen bei Didymus von Alexandria siehe Daley: Eschatologie, S. 158; ders.: Hope, S. 90; Ramelli: Apokatastasis, S. 286–307; dies.: Larger hope, S. 93–99.

14 Didymos: Commentarium in Zachariam III, 307. – Zitiert nach Didyme l'Aveugle: Sur Zacharie. Ed. de Louis Doutreleau. Vol. 2 (SC 84), Paris 1962, S. 779.

Der Mönch und Schriftsteller Evagrius Ponticus (Euagrios Pontikos) (um 345–399), in der römischen Provinz Pontus im nordwestlichen Kleinasien als Sohn eines Chorbischofs geboren, war ein Schüler von Gregor von Nazianz. Nach der Diakonweihe sowie Tätigkeit in Konstantinopel und Jerusalem ging er wahrscheinlich 383 nach Unterägypten, um hier in der Sketischen Wüste ein klösterliches Leben zu führen. Nach zwei Jahren zog er sich in die Wüste Kellia im westlichen Teil des Nildeltas zurück, wo er bis zu seinem Tode mit einer kleinen Gruppe origenistisch gesinnter Mönche geradezu anachoretisch lebte und mehrere Schriften verfasste. Er rezipierte nicht nur die Apokatastasisvorstellungen des Origenes, sondern entwickelte sie – unter Aufnahme platonischer, stoischer und gnostischer Ideen – spekulativ weiter.[15] In seinem Hauptwerk, den „Kephalaia Gnostica [dt. Grundlehren der Erkenntnis]“, sind seine Vorstellungen vom universalen Heil aller Menschen, d. h. der Wiederherstellung (Restauration) ihres ursprünglichen Seins, zwar nur in Aphorismen dargestellt, werden aber in ihrer Grundstruktur deutlich. Evagrius ging davon aus, dass ursprünglich alle Vernunftwesen („λογικοί“, logikoi) in Einheit („ἕνα“, héna) existierten. Sie sollten Gott, die göttliche Monade, mittels ihrer ‚wesentlichen Erkenntnis' („γνῶσις“, gnosis) und dank ihrer Logosverbundenheit erkennen und sich mit ihm vereinigen. Als sie in ihrer Aufgabe nachlässig wurden, verwandelte sich ihre ursprüngliche Egalität und Harmonie in Ungleichheit und Uneinigkeit; vor allem verloren sie aber ihre ‚wesentliche Erkenntnis'. Um ein weiteres Abdriften zu verhindern, schuf Gott in einem zweiten Schöpfungsakt Menschen, Engel und Dämonen. Sie befinden sich in getrennten Welten, haben unterschiedliche Leiber und besitzen verschiedene kontemplative Anlagen, die sie zu ihrer Weiter- und Höherentwicklung gebrauchen sollen. Möglich wird das jedoch nur durch Christus, der – im Unterschied zu allen anderen Vernunftwesen – als Einziger seine ursprüngliche Beschaffenheit bewahrt hat und seiner Bestimmung treu geblieben ist. Durch ihn wird den Menschen sowie auch allen anderen Wesen der Heilsweg eröffnet, indem sie durch ihn die ‚wesentliche Erkenntnis' wieder erlangen und nach Entfernung alles Materiellen auch geistliche Körper erhalten. Am Ende dieses sich in großen Zeiträumen vollziehenden Prozesses werden sich alle vernunftbegabten Wesen anbetend vor Christus beugen, der allein den Vater (sc. Gott) offenbart, der in ihm ist („the whole nature of rational creatures will adore the Name of the Lord, the one who reveals the Father who is in him").[16] Fazit: Im Prozess der Wiederherstellung erfolgt

---

15 Über die Eschatologie und Apokatastasisvorstellungen bei Evagrius Ponticus vgl. Daley: Eschatologie, S. 158–159; ders.: Hope, S. 91; Ramelli: Apokatastasis, S. 461–512; dies.: Larger hope, S. 134–138.

16 Evagrius: Kephalaia Gnostica 6, 27; das folgende Zitat ebd., 1, 40. – Zitiert nach Evagrius Ponticus: Evagrius's Kephalaia Gnostika. A new translation of the unreformed text from the Syriac. Translated with an introduction and commentary by Ilaria L.E. Ramelli (WGRW 38), Atlanta, GA 2015, S. 331; das folgende Zitat ebd., S. 336.

eine gänzliche Vernichtung der Materie und aller daraus resultierenden Übel. „Es gab eine Zeit, als das Böse nicht war, und es wird eine Zeit geben, in der es nicht mehr sein wird" („There was a time evil did not exist, and there will be a time when, likewise, it will no more exist"). Obgleich die Apokatastasisvorstellungen des Evagrius 553 auf dem 2. Konzil von Konstantinopel – zusammen mit denjenigen von Didymus dem Blinden – verurteilt worden sind, wurden sie vor allem in der Osthälfte des Römischen Reiches, aber auch in der Westhälfte bzw. der lateinischen Welt häufig rezipiert.

Schließlich ist noch der philosophisch hochgebildete Synesios von Kyrene (um 370 – nach 412) als ein namhafter Vertreter der Apokatastasis aus der Alexandrinischen Schule zu nennen.[17] Synesios, aus einer reichen Grundbesitzerfamilie in der bedeutenden Stadt Kyrene (römische Provinz Libya Superior) in der nordafrikanischen Küstenlandschaft Kyrenaika stammend, studierte in Alexandria. Hier war er ein begeisterter Schüler der Mathematikerin, Astronomin und neuplatonischen Philosophin Hypatia, welche der damaligen paganen Minderheit in der mehrheitlich christlichen Stadt angehörte. Nach dreijährigem Aufenthalt in der Hauptstadt des Oströmischen Reiches Konstantinopel als Gesandter der nordafrikanischen Provinz Libya Superior zog er sich zu Privatstudien auf sein Landgut Anchemachos zurück. 412 wurde er zum Bischof der Provinzhauptstadt Ptolemais, dem Metropolitansitz der Pentapolis, gewählt, obgleich er vor der Wahl offen gesagt hatte, dass er an Teilen der kirchlichen Lehre zweifle, so an der von der leiblichen Auferstehung der Toten. Synesios, stark beeinflusst vom Neuplatonismus und um eine Synthese von Platonismus und Christentum bemüht, war überzeugt, dass die Seelen Unsterblichkeit besitzen. Nach dem Verlassen ihrer vergänglichen Körper, in die sie wie in Gefängnisse eingekerkert sind, müssen sie im Jenseits geläutert werden. Dieser Prozess, von Synesios metaphernreich dargestellt, ist mit schweren Strafen verbunden und dauert so lange, bis schließlich alles Böse entfernt ist.[18] Am Ende wird nur noch das All-Eine existieren.

Antiochenische Schule

Im Unterschied zur Alexandrinischen Schule gab es in der Antiochenischen Schule, deren herausragende Leistung auf dem Gebiet der philologischen Bibelexegese lag, keine namhaften Vertreter der Apokatastasis. Jedoch sympathisierten auch in der Metropole Antiochia, die neben Alexandria und (später) Konstantinopel zu den größten und früh christianisierten Städten in der östlichen Hälfte des Römischen

---

17 Über die Eschatologie und Apokatastasisvorstellungen bei Synesios von Kyrene siehe Daley: Eschatologie, S. 159–160; ders.: Hope, S. 91–92; Ramelli: Apokatastasis, S. 602–603; dies.: Larger hope, S. 162–163.

18 Siehe Synesios von Kyrene: Epistolae, 44 (PG 66, Sp. 1365–1374).

Reiches zählte, einige Theologen mit universalen Heilsvorstellungen oder standen ihnen zumindest aufgeschlossen gegenüber.

Zu ihnen gehörte offensichtlich der in Antiochia geborene Diodorus von Tarsus (gest. um 394). Nach philosophischen Studien in Athen führte er mehrere Jahre ein monastisches Leben. Er opponierte gegen die Religionspolitik Kaiser Julians (gen. Julian Apostata) und dessen ‚Repaganisierungsversuch' und beteiligte sich an den christologischen Streitigkeiten. Seit 378 war er Bischof in der Hafenstadt Tarsus in der damaligen römischen Provinz Kilikien. Nach syrischen Zeugnissen – so bei Šelemon von Basra in seinem Werk „Buch der Biene" – soll er die Ewigkeit der Höllenstrafen bestritten haben, da eine solche Vorstellung der Barmherzigkeit Gottes, der göttlichen Vorherbestimmung des Menschen zur Unsterblichkeit und der allgemeinen Auferstehung von den Toten widersprechen würde.[19] Jedoch werden die Sünder im Jenseits wegen ihrer Unrechtstaten mit befristeten Strafen – zur Läuterung – belegt werden.

Eine deutliche Inklination zur Apokatastasis findet sich bei Theodor von Mopsuestia (um 350 – 428), der in Antiochia am Orontes in einer wohlhabenden christlichen Familie geboren wurde, hier studierte und anschließend mehrere Jahre als Mönch lebte. 392/93 wurde er Bischof von Mopsuestia, einer Stadt im östlichen Kilikien. Er verfasste zahlreiche Werke, von denen besonders seine exegetischen Schriften von Bedeutung sind. Bereits die späteren griechischen Theologen waren der Ansicht, dass er geradewegs Origenes' Vorstellungen vom eschatologischen Heil aller Menschen vertreten habe. Dieses Urteil ist in dieser Bestimmtheit und Undifferenziertheit sicherlich unzutreffend. Denn zum einen können seine Ausführungen über das Jüngste Gericht durchaus im Rahmen der gängigen kirchlichen Eschatologie vom dualen Ausgang der Menschheitsgeschichte interpretiert werden. Zum anderen kommen bei dem Antiochener Theodor von Mopsuestia nicht die spekulativen – metaphysischen und kosmologischen – eschatologischen Vorstellungen des Origenes vor.[20] Die bei ihm mehrfach anklingende Erwartung, die im Endgericht Verdammten werden letztendlich doch noch aus der Hölle befreit werden, wird vielmehr entschlossen christologisch begründet. Gott, so argumentierte er nach den Exzerpten des Marius Mercator, eines treuen Anhängers Augustinus', würde ihnen die große Gnade der Auferstehung von den Toten sicherlich nicht

---

19 Über die Eschatologie bei Diodorus von Tarsus siehe u. a. Ramelli: Apokatastasis, S. 526–539; dies.: Larger hope, S. 139–141. Siehe auch Šelemon (Solomon) von Basra: The book of the bee. The Syriac text from the manuscripts in London, Oxford, and Munich with an English translation by Ernest A. Wallis Budge, Oxford 1866, S. 163–164. Vgl. Giuseppe [Joseph] Simone Assemani: Bibliotheca orientalis Clementino-Vaticana. Vol. 3, Rom 1725, S. 324.

20 Über die Eschatologie bei Theodor von Mopsuestia siehe Daley: Eschatologie, S. 175–178; ders.: Hope, S. 111–115; Ramelli: Apokatastasis, S. 539–548; dies.: Larger hope, S. 141–146; Wilhelm de Vries: Das eschatologische Heil bei Theodor von Mopsuestia, in: OCP 24 (1952), S. 300–338.

zuteil werden lassen, wenn er ihnen Höllenstrafen ohne jegliche Aussicht auf ein Ende oder eine Änderung auferlegen würde ("si eos suppliciis quibusdam sine fine et sine correctione tradiderit").[21]

Schließlich hat man gelegentlich auch Johannes Chrysostomus (um 354 – 407), den berühmtesten Prediger der christlichen Antike, zu den Vertretern oder zumindest Sympathisanten der Apokatastasis gezählt.[22] Chrysostomus, seit 398 Bischof in seiner Vaterstadt Konstantinopel, gelangte als gefeierter Prediger zu großen Ehren, erlebte aber auch perfide Intrigen und Verbannung. Aus einigen Stellen seiner Werke meinte man folgern zu können, er habe auch für die Verdammten eine Heilshoffnung gehegt, da er unter anderem – unter Verweis auf die Wirkmächtigkeit von Gebet und Mildtätigkeit (Apg 10,4) – empfohlen hatte, für sie Fürbitte zu tun und Almosen zu spenden. Dem steht jedoch entgegen, dass er in zahlreichen Predigten mit Nachdruck betonte, dass denjenigen, die sich im irdischen Leben gegen Christus entschieden haben, im Jüngsten Gericht eine endgültige Verurteilung zu andauernden, unterschiedlich schweren Höllenqualen drohen werde.[23] Nicht auszuschließen ist allerdings, dass Johannes Chrysostomus diese Androhungen von ‚ewigen‘ Strafen ausschließlich aus ‚disziplinarischen‘ Gründen verwendet hat.

2. Ablehnung universaler Heilserwartungen durch Theologen und ihre Verurteilung auf Synoden und Konzilien

Nachdem das Christentum 380 durch das erwähnte Edikt „Cunctos populos (Alle Völker)" zur Staatsreligion im Römischen Reich erklärt worden war und dann 391/ 92 die heidnischen Kulte und ihre Ausübung verboten wurden, kam es seit dem ausgehenden 4. Jahrhundert verstärkt zu Auseinandersetzungen um die in vielen römischen Provinzen weit verbreiteten, recht unterschiedlichen Heilserwartungen und Apokatastasisvorstellungen. Diese wurden erstens von Theologen, Klerikern und Mönchen mit verschiedenen Argumenten kritisiert und zurückgewiesen. Die Zurückweisungen erfolgten zumeist exegetisch anhand von Bibelstellen, die von einem dualen Ausgang der Menschheitsgeschichte handeln, wie beispielsweise die Gerichtsparabel Mt 25,31–46. Theologisch argumentierte man vor allem mit der Gerechtigkeit Gottes und der freien Eigenverantwortlichkeit des Menschen für Annahme oder Zurückweisung der göttlichen Gnade zu Lebzeiten. Von den

---

21 Marius Mercator: Translationes variorum opusculorum […] III. Symbolum Theodori Mopsuesteni et ejus refutatio 4, hier 4,1 (PL 48, Sp. 213–232, hier Sp. 232).

22 Über die Eschatologie bei Johannes Chrysostomus siehe Daley: Eschatologie, S. 170–173; ders.: Hope, S. 105–109; Ramelli: Apokatastasis, S. 549–572; dies.: Larger hope, S. 163.

23 Siehe beispielsweise Johannes Chrysostomus: Homiliae in Epistolam ad Hebraeos 31, 4 (PG 63, Sp. 217–218).

Theologen, die gegen die Vorstellung von einem künftigen eschatologischen Heil für ausnahmslos alle Menschen heftig opponierten, seien hier lediglich Hieronymus und Augustinus genannt. Beide trugen nämlich aufgrund ihrer Autorität und der außerordentlichen Wirkungsgeschichte ihrer Schriften entscheidend zur Ablehnung und Verurteilung der ‚Apokatastasislehre' bei.

Zweitens wurde in dieser Zeit die ‚Apokatastasislehre' auch von der Reichskirche zunehmend bekämpft. Hierbei erfuhr die Kirche fallweise die Unterstützung durch die kaiserliche Religionspolitik. Auf mehreren Provinzialsynoden und Konzilien wurden eschatologische Vorstellungen vom Heil aller Menschen zurückgewiesen, verurteilt und verworfen.

2.1 Kritik und Ablehnung universaler Heilserwartungen bei Hieronymus und Augustinus

Hieronymus

Hieronymus (347–420) stand von 386 bis zu seinem Tode in dem südlich von Jerusalem im Judäischen Bergland gelegenen Bethlehem, das sich seit dem Besuch (324) der Kaiserin Helena, der Mutter Konstantins des Großen, zur frequentierten Wallfahrtsstätte entwickelt hatte, mehreren Klöstern vor und verfasste hier außer der Vulgata (lat. Übersetzung der Bibel; Standardübersetzung des Mittelalters) zahlreiche exegetische, dogmatische, apologetische und praktische Schriften. Er gehörte in seiner Jugend zu den großen Bewunderern der Schriften des Origenes. Deshalb übersetzte er u. a. eine große Anzahl der Homilien des Origenes ins Lateinische, um dadurch zu deren größeren Verbreitung beizutragen. Auch wurden einige Origenisten für Hieronymus' Leben und Werk von nicht geringer Bedeutung, so der Origenes-Übersetzer Tyrannius Rufinus von Aquileia, Gregor von Nyssa, Evagrius von Antiochia und Didymus der Blinde. An Origenes schätzte Hieronymus vor allem dessen spiritualistisch-allegorische Schriftauslegung. Dagegen lagen dessen eschatologische Vorstellungen nicht im Zentrum seines Interesses. Dennoch finden sich beim jungen Hieronymus zahlreiche zustimmende Äußerungen über die Erwartungen eines eschatologischen Heils aller Menschen, allerdings zurückhaltender formuliert als bei Origenes. So bekannte er sich in seinem Kommentar zum Epheserbrief (385/386) zur Hoffnung auf eine universale ‚Restitution', in welche auch die gefallenen Engel mit einbezogen sind.[24]

Seit 394 verteidigte Hieronymus jedoch überraschend dezidiert die kirchliche Lehre von der Ewigkeit der Höllenstrafen für alle, die während ihres irdischen Lebens das Heilsangebot ausgeschlagen hätten, sowie auch für alle Teufel und Dämonen. 401 schrieb er beispielsweise an den römischen Senator Pammachius, ein

---

24 Siehe bes. Hieronymus: Commentarius in Epistolam ad Ephesios 4, 16 (PL 26, Sp. 503).

bedeutendes Mitglied der christlichen Gemeinde in Rom, und an seinen Freund Oceanus, einen römischen Prätor, dass die Erwartung eines künftigen Heils für alle Menschen falsch ist und in den Abgrund der Hölle führt. Im Diesseits entscheidet sich das ewige Heil oder Unheil eines jeden Menschen: Hier wird das Leben gewonnen oder verloren („Hic aut quaeritur vita, aut amittitur").[25] In seinem von 408 bis 409/410 verfassten Jesajakommentar äußerte er die feste Überzeugung, dass alle Sünder und alle Gottlosen, die in ihrem Herzen Gott leugnen, im Endgericht ewige Bestrafung („aeterna tormenta") erfahren werden. In dem Zusammenhang merkte er jedoch an, er meine, dass Christen, deren Werke im ‚Feuer' geprüft und geläutert werden müssen, von Christus ein milderes Urteil erhalten werden („moderatam arbitramur et mixtam clementiae sententiam judicis").[26]

Dieser schroffe Positionswechsel gründet möglicherweise u. a. darin, dass Hieronymus befürchtete, seine Rechtgläubigkeit könnte wegen seiner einstigen Inklination zu Origenes in Verdacht geraten. Jedenfalls beteiligte er sich maßgeblich Ende des 4. Jahrhunderts am ersten origenistischen Streit mit mehreren agitatorischen Schriften, besonders mit seiner dreibändigen „Apologia contra Rufinum" (402/403), einer polemischen Schrift gegen seinen Jugendfreund Rufinus, der weiterhin ein glühender Verehrer und eifriger Verteidiger des Origenes geblieben war. Dieser hatte Origenes vom Verdacht der Irrlehre dadurch zu befreien versucht, dass er 397/398 folgende Schriften herausgab: die „Apologia" des Presbyters Pamphilus von Caesarea und des Bischofs Eusebius von Caesarea, die ersten zwei Bücher von Origenes' Hauptwerk „De principiis" (mit Auslassungen und Kompilationen) in lateinischer Übersetzung sowie seine eigene „Apologia contra Hieronymum" (400/402). Diese Streitigkeiten zwischen Hieronymus und Rufinus führten dazu, dass die theologischen und metaphysischen Vorstellungen des Origenes, nicht zuletzt auch dessen Lehre von der Apokatastasis, in der lateinischen Christenheit nun näher – allerdings teilweise verzerrt – bekannt und als Irrlehren verdächtigt wurden. Anfang 400 wurden Origenes' Schriften auf einer Provinzialsynode in Alexandria erstmals verurteilt, woran Hieronymus jedoch nicht direkt beteiligt war.

Augustinus

Im Unterschied zu Hieronymus lehnte Augustinus (354–430), der bedeutendste Theologe der christlichen Antike und einer der wichtigsten Denker des christlichen Abendlandes überhaupt, von Anfang an die Lehre von der Apokatastasis ab. Entschieden verteidigte er die Lehre von immerwährenden physischen und psychischen Qualen für alle Verdammten in der Hölle. Damit setzte er sich explizit vor

---

25 Hieronymus: Epistola ad Pammachium et Oceanum 84, 6 (PL 22, Sp. 748).
26 Siehe Hieronymus: Commentariorum in Isaiam prophetam libri duodeviginti 18, 66, 24 (PL 24, Sp. 678).

allem im 21. Buch von „De civitate Dei" („Vom Gottesstaat") auseinander. Dieses große geschichtsphilosophische und apologetische Alterswerk hatte er 413/426 in der wichtigen antiken Küsten- und Handelsstadt Hippo Regius in der römischen Provinz Africa proconsularis verfasst, wo er von 395 bis zu seinem Tode 430 Bischof war.

Augustinus wandte sich gegen die ‚weichherzigen' Menschen, welche sich weigern zu glauben, dass der barmherzige Gott die im Endgericht verdammten Menschen endlos bestrafen werde. Diese „mitleidigen Seelen" bewegen sich in den Bahnen des Origenes, der allerdings noch „mitleidiger" gewesen sei. Jener habe nämlich die Meinung vertreten, dass nicht nur alle Menschen, sondern sogar auch der Teufel und dessen Engel nach „schwereren und länger dauernden Strafen, wie sie ihren Mißverdiensten entsprächen, diesen Peinen entrissen und den heiligen Engeln beigesellt werden".[27] Unter scharfer Zurückweisung der Unterstellung, dass die „Vertreter des Gegenteils", also die Anhänger der Lehre von der Ewigkeit der Höllenstrafen, den Verdammten die „Himmelsseligkeit" missgönnen würden, äußerte Augustinus seine feste Überzeugung, dass alle Menschen, die zu Lebzeiten nicht Buße getan haben, ewige Verdammnis erleiden werden. Er verwies hierbei auf Drohworte Jesu, wie beispielsweise: „Weichet von mir, ihr Verfluchten, in das ewige Feuer, das dem Teufel und seinen Engeln bereitet ist [Mt 25,41]". Dieses Logion aus der Bildrede vom Weltgericht (Mt 25,31–46) und andere Gerichtsworte dürfen nicht als eine bloße Androhung gedeutet werden, sondern müssen als Verkündung einer „wirklichen" Strafe verstanden werden, die einst vollstreckt werden wird. Die neutestamentlichen Gerichtsworte sind also verbaliter zu verstehen. Theologisch begründete Augustinus die Ewigkeit der Höllenstrafen vor allem mit der Gerechtigkeit Gottes. Er argumentierte: Jeder, der ein vergängliches Gut stiehlt, verdient eine zeitliche Strafe; wer aber ein unvergängliches Gut entwendet, muss eine ewige Strafe erhalten. Da die Seele eines Menschen ewig ist und Gott gehört, ist es gerecht, dass derjenige, welcher Gott seine Seele vorenthält, eine immerwährende Strafe bekommt. Jedoch könne es sein, so Augustinus, dass Gott einigen „Bösen" aus Barmherzigkeit „mildere oder leichtere Strafen" auferlegt, als sie eigentlich verdient hätten. Jedoch würden sie niemals der „ewigen Strafe ganz überhoben" werden oder „ein Ende der Strafe" erleben.

---

27 Siehe Augustinus: De civitate Dei XXI, 17; die folgenden Zitate ebd., 23 u. 24. – Zitiert nach Augustinus: Zweiundzwanzig Bücher über den Gottesstaat. Bd. 3. Buch XVII–XXII. Aus dem Lateinischen übersetzt v. Alfred Schröder (BKV 1. Reihe, 28), Kempten/München 1916, S. 393–394 (XXI, 17); die folgenden Zitate ebd., S. 401 (XXI, 23), 403 (XXI, 24), 406 (XXI, 24).

2.2 Verurteilung universaler Heilserwartungen und Apokatastasisvorstellungen durch die Reichskirche auf Synoden und Konzilien

Für die Lehre vom eschatologischen Heil aller Menschen und deren weitere Verbreitung im Römischen Reich war es folgenschwer, dass sie nicht nur von einzelnen Theologen und Mönchen bestritten wurde, sondern auch durch die Kirche mehrfach offizielle Verurteilungen und Verwerfungen erfuhr.

Bereits Anfang 400 wurde Origenes auf einer Provinzialsynode von Alexandria, wie bereits erwähnt, posthum anathematisiert. Diese Verurteilung geschah auf Initiative des energischen und konfliktbereiten Theophilos, von 385 bis zu seinem Tod 412 Patriarch von Alexandria. Theophilos, der einst ein Bewunderer des Origenes gewesen war, kämpfte seit Ende der 90er Jahre des 4. Jahrhunderts gegen die Vorstellungen des Origenes, ließ die Lektüre seiner Schriften verbieten und ging gegen dessen Anhänger vor, die es damals besonders unter den Mönchen in der Sketischen Wüste südöstlich von Alexandria gab. Die origenistisch gesinnten Mönche wurden aus Ägypten ausgewiesen; dieses Vorgehen führte allerdings zu schweren kirchlichen und kirchenpolitischen Konflikten, besonders mit dem Patriarchen von Konstantinopel.

Als dann um 542/543 im palästinensischen Raum Mönche aus Jerusalem origenistische Lehren verbreiteten, meinte der oströmische Kaiser Justinian I. (um 482 – 565), der sich in seinem Denken und Handeln stets auch als Theologe verstand, einschreiten zu müssen. Er verfasste das Schreiben „Liber adversus Origenem", in welchem er mit Hinweis auf Origenes' Hauptwerk „De principiis" unter anderem dessen Auffassung von einer Befristung der Höllenstrafen verurteilte.[28] Dieses Schreiben sandte er als Edikt an Menas, seit 536 Patriarch von Konstantinopel. Auf kaiserliche Weisung wurden die Schlussfolgerungen dieses Schreibens bzw. Ediktes 543 auf einer Provinzialsynode in Konstantinopel proklamiert[29] und dann unter kaiserlichem Druck auch von sämtlichen Patriarchen anerkannt. Anscheinend wurde die Verwerfung des Origenes schließlich auch von Papst Vigilius (537–555) im Jahre 554 anlässlich eines Aufenthalts in Konstantinopel bestätigt.

Weitaus gravierender war es jedoch, dass Origenes' Person und Werk im Jahre 553 auf dem 5. ökumenischen Konzil verdammt wurden.[30] Diese Verurteilung erfolgte im Zusammenhang mit dem sogenannten Dreikapitelstreit, einer innerkirchlichen Auseinandersetzung über die Korrektheit von drei Beschlüssen (‚Drei Kapitel'), die 451 auf dem 4. ökumenischen Konzil zu Chalcedon gefasst worden waren.

---

28 Siehe Acta conciliorum oecumenicorum (ACO). Ed. Edvardus Schwartz. Vol. 3: Collectio Sabbaitica contra Acephalos et Origeniastas destinata, Berlin 1940, S. 189–214.
29 Vgl. DH (2017) 403–411, bes. 411.
30 Siehe DH (2017) 433.

Da die Anathematisierung des Origenes vor dem eigentlichen Beginn des konstantinopolitanischen Konzils erfolgte, meinte man lange Zeit, diese Verurteilung von Origenes' Apokatastasisvorstellungen als nicht zu den Konzilsentscheidungen gehörend verstehen zu können.

3. Universale Heilserwartungen und Apokatastasisvorstellungen in der Spätantike

Obgleich die Lehre von der Apokatastasis bereits seit dem 3. Jahrhundert vielfachen Widerspruch durch Theologen erfahren hatte und dann durch die Kirche, die sich durch das Dreikaiseredikt (380) und durch das theodosianische Edikt über das Verbot heidnischer Kulte (391) im Kern als Römische Reichskirche etabliert hatte, auf mehreren Provinzialsynoden und auf dem 5. ökumenischen Konzil verworfen worden war, blieb sie im Römischen Reich weiterhin präsent. Vor allem in den Provinzen des Oströmischen Reiches (395 Teilung des Römischen Reiches) gab es auch im 5. bis 7. Jahrhundert mehrere bedeutende Theologen, Kleriker und Mönche, die unterschiedlichen universalen Heilserwartungen und Apokatastasisvorstellungen anhingen. Allerdings war deren Zahl bedeutend geringer und ihre Einflussmöglichkeit stark reduziert. Von den namhafteren Theologen seien genannt Stephen Bar Sudhaili (um 480 – um 543) und Maximus Confessor (580–662).

Der Mönch und Mystiker Stephen Bar Sudhaili (Sudaili), aus Edessa in Mesopotamien stammend, lebte wahrscheinlich viele Jahre in Jerusalem bzw. in der Judäischen Wüste Palästinas. Er gilt als ein entschiedener Vertreter der Apokatastasislehre.[31] Möglicherweise ist er der Verfasser des „Liber Hierothei" („Book of Saint Hierotheos"; „Buch des Heiligen Hierotheos"), in welchem u. a. Einflüsse des Philosophen und Theologen Dionysius Areopagita, eines namentlich unbekannten christlichen Autors aus dem frühen 6. Jahrhundert, sowie des neuplatonischen Philosophen und Universalgelehrten Proklos deutlich erkennbar sind.[32] Nach dem Zeugnis des Bischofs Philoxenos (Xenajas) von Mabbug (Hierapolis) im heutigen Syrien berief sich Stephen bei seinen Apokatastasisvorstellungen exegetisch

---

31 Über die Eschatologie und Apokatastasisvorstellungen bei Stephen Bar Sudhaili siehe Daley: Eschatologie, S. 220–222; ders.: Hope, S. 177–178; Ramelli: Apokatastasis, S. 690–694; dies.: Larger hope, S. 164; Karl Pinggéra: All-Erlösung und All-Einheit: Studien zum „Buch des heiligen Hierotheos" und seiner Rezeption in der syrisch-orthodoxen Theologie (Sprachen und Kulturen des Christlichen Orients 10), Wiesbaden 2002.

32 Da die Autorenfrage des unter dem Pseudonym Hierotheos verfassten Traktates „Liber Hierothei" (siehe Arthur Lincoln Frothingham: Stephen Bar Sudaili the Syrian mystic, and the Book of Hierotheos, Leyden 1886) nicht völlig geklärt ist, wurde er zur Darstellung von Stephens Apokatastasisverständnisses nicht herangezogen.

vor allem auf 1 Kor 15,28. Er lehrte, dass im Eschaton die Seelen aller Gläubigen und Ungläubigen, aller Christen und Heiden mit Gott substantiell wesenseins sein werden.[33] Es werde also keinen Unterschied mehr zwischen Schöpfer und Geschöpf geben; sogar Christus werde in Gott ‚aufgehen‘ und die Trinität werde zu einer einzigen Hypostase verschmelzen. Am Ende werde alles Gott sein. Diese aus Platonismus, Gnostizismus und origenistischen Ideen synkretistisch geformten pantheistischen Vorstellungen, welche die äußerste Grenze des Christlichen streiften oder überschritten, waren letztlich der Grund, weshalb Stephen aus der Syrischen Kirche ausgeschlossen wurde.

Als einen Anwalt der Hoffnung, die keinen Menschen vom Heil ausschließt, hat man Maximus Confessor (der Bekenner) (um 580–662), den letzten großen Theologen der griechischen patristischen Literatur, bezeichnet.[34] Um 580 in einer begüterten oströmischen Familie in der Reichshauptstadt Konstantinopel geboren, stand er hier als Sekretär in kaiserlichen Diensten, bevor er 613/14 Mönch und später Abt im nahen, am Bosporus gelegenen Kloster Chrysopolis wurde. 628/630 floh er vor den nach Kleinasien vordringenden Persern nach Nordafrika und ging 645/46 nach Rom. Hier wurde Maximus, ein energischer Bekenner des Chalcedonense, wegen seiner Parteinahme im monotheletischen Streit für die Dyotheliten verhaftet. Nach deren Lehre besitzen die göttliche und die menschliche Natur Jesu Christi jeweils einen selbstständigen Willen („μόνος, mónos, dt. einzig, allein, „θέλω", thélo, dt. wollen), jedoch ordnet sich der menschliche Wille stets dem göttlichen freiwillig unter. 653 wurde er nach Konstantinopel gebracht und durch ein kaiserliches Gericht zu Kerkerhaft verurteilt. 662 wurde Maximus schließlich nach Lasika an der Ostküste des Schwarzen Meeres deportiert, wo er alsbald an den Folgen schwerster Misshandlungen und Verstümmelungen verstarb. In seiner Theologie versuchte er unterschiedliche kirchliche Traditionen des Ostens und des Westens miteinander zu verbinden, wobei er immer um eine ‚biblische‘ Legitimation bemüht war. Schon aufgrund seines Verständnisses der ‚Heilsgeschichte‘ ist es durchaus naheliegend, bei ihm eine Inklination zur Apokatastasis anzunehmen. Die Geschichte Gottes mit den Menschen zielt nämlich nach seiner Auffassung von Anfang an, also schon vor dem Sündenfall, auf das Heil aller Menschen, d. h.

---

33 Hierzu und dem Folgenden siehe Brief: Philoxenos (Xenajas) von Mabbug an Stephen und Orestes, in: Frothingham: Stephen Bar Sudaili (wie Anm. 23), S. 28–48, hier S. 31: „and are to become consubstantial with God, the Lord of the Universe"; S. 35: „if he [Stephen] raves that the Creator and all his creatures [...] will become one nature and person, how must not consubstantial persons of necessity also become one person?".

34 Über die Eschatologie bei Maximus Confessor siehe u. a. Daley: Eschatologie, S. 239–240; ders.: Hope, S. 201–202; Ramelli: Apokatastasis, S. 738–757; dies.: Larger hope, S. 176–186. Vgl. Hans Urs von Balthasar: Kosmische Liturgie. Das Weltbild Maximus' des Bekenners. 2. Aufl., Einsiedeln 1961.

auf die Gnade der Vergöttlichung („gratiamque deificationis") ab.[35] Zur Teilhabe an der göttlichen Natur und der Ewigkeit, so Maximus, sind die Menschen von Gott geschaffen worden („Nam et in hoc nos fecit, ut efficiamur divinae consortes naturae, atque ejus aeternitatis participes").[36] Jedoch finden sich in seinen Schriften auch Aussagen, wonach denjenigen Menschen, die Gottes Heilsangebot während ihres Lebens zurückweisen, im Jenseits immerwährende physische und psychische Qualen drohen.[37] Gott nötigt nämlich das ewige Heil niemandem auf, sondern trägt der freien Entscheidung des Menschen stets Rechnung. Allerdings sind solche Gerichtsandrohungen in Maximus' Schriften in der Unterzahl. Die dennoch vorhandene Ambivalenz ist wohl auf sein Bestreben zurückzuführen, biblische, kirchliche und spekulative metaphysische Vorstellungen vom eschatologischen Heil möglichst auszutarieren sowie östliche und westliche Traditionen zu harmonisieren. Deshalb war Maximus Confessor zwar sicherlich kein dezidierter und ostentativer Verfechter der Apokatastasis, wohl aber ein Sympathisant der eschatologischen Heilserwartung für alle Menschen.

4.   Universale Heilserwartungen und Apokatastasisvorstellungen im östlichen Christentum und in der Kirche der Orthodoxie

Trotz mehrfacher Verurteilungen und Verwerfungen der Apokatastasislehre durch die Römische Reichskirche blieben in den – durch Trennung und Mission entstandenen – verschiedenen orthodoxen Nationalkirchen und später in der Kirche der Orthodoxie universale Heilserwartungen weiterhin in mannigfacher Form präsent. So lassen sich beispielsweise innerhalb der orientalisch-orthodoxen Kirchen vor allem in der Nestorianischen Kirche bzw. der Assyrischen Kirche Sympathisanten und Anhänger der Apokatastasislehre nachweisen. Diese altorientalische Kirche hatte sich auf der antiken Karawanenstraße (Seidenstraße) bis nach China ausgebreitet und war erst im 14. Jahrhundert im Zuge der Mongolenstürme untergegangen. Ein namhafter Vertreter der ‚Apokatastasis' war zum Beispiel Šelemon (Solomon) (gest. 1240), nestorianischer Metropolit von Basra im südlichen Mesopotamien.[38] Sein Bekenntnis zum eschatologischen Heil aller Menschen findet sich im letzten Kapitel seiner um 1222 auf Syrisch verfassten Schrift, deren Titel ins Deutsche übersetzt lautet „Buch der Biene [Metapher für den Autor, der – ähnlich der Biene –

---

35 Hierzu siehe Maximus Confessor: Quaestiones ad Thalassium 64 (PG 90, Sp. 699 u. 700); vgl. ders.: Ambigua ad Ioannem 7 (PG 91, Sp. 1091 u. 1092).

36 Maximus Confessor: Epistola ad Marinum 43 (PG 91, Sp. 639 u. 640).

37 Hierzu siehe Maximus Confessor: Ambigua ad Ioannem 65 (PG 91, Sp. 1327–1334).

38 Über die Apokatastasis bei Šelemon (Solomon) von Basra siehe Ramelli: Larger hope, S. 164.

aus vielen Schriften seinen ‚Nektar' sammelt]"[39]. Sie wurde ins Englische („The Book of the Bee") und Arabische übersetzt. Es handelt sich um eine kompilierte Darstellung der Schöpfungs- und Heilsgeschichte mit zahlreichen eingefügten theologischen und philosophischen Texten und Legenden. In diesem Werk äußerte Šelemon seine Überzeugung, dass die Sünder wegen ihres Fehlverhaltens während des irdischen Lebens im Jüngsten Gericht verdammt werden. Ihr Aufenthalt in der Hölle werde jedoch „not without end" sein. Seine getroste Zuversicht begründete er relativ knapp theologisch und metaphysisch. Dabei verwies er auch auf einige frühere Vertreter bzw. Sympathisanten des eschatologischen Heilsuniversalismus, so auf Diodorus von Tarsus und auf Theodor von Mopsuestia.

Ein beachtliches Fortbestehen der Apokatastasislehre ist auch in der Kirche der Orthodoxie, besonders in der Russisch-Orthodoxen Kirche, feststellbar. In ihr finden sich bis in die Gegenwart namhafte Theologen, Philosophen und Schriftsteller, welche die traditionelle kirchliche Lehre von der Ewigkeit der Höllenstrafen ablehnen und mit Apokatastasisvorstellungen sympathisieren oder sie sogar vehement vertreten. So war beispielsweise der Religionsphilosoph Nikolai Alexandrowitsch Berdjajew (1874–1948)[40] davon überzeugt, dass in der „harten Lehre von den ewigen Höllenqualen sadistische Instinkte umgeformt wurden".[41] „Jede Ontologie der Hölle" hielt er für „ungeheuerlich"; denn Christus ist nicht in die Welt gekommen, „um zu richten, sondern um zu retten, und zwar alle zu retten".

Auch in der russischen Dichtung begegnet man Apokatastasisvorstellungen. Von den russischen Dichtern sei hier lediglich Fjodor Michailowitsch Dostojewski (1821–1881) genannt. Er bearbeitete die Vorstellung von einer – allerdings nur befristeten – Begnadigung der Verdammten im Jenseits poetisch in seinem Spätwerk „Die Brüder Karamasow" (1878/80). Unmittelbar bevor Dostojewski im fünften Buch dieses Romans den atheistischen Intellektuellen Iwan Karamasow seinem Bruder Aljoscha (Alexej), einem tiefgläubigen Mönch, die ‚phantastische' Legende vom „Großinquisitor" erzählen lässt, fügte er – inhaltlich – noch ein altes Klosterpoem ein: „Die Wanderung der Mutter Gottes durch die Stätten der Qual". Dieses Gedicht, dem eine aus dem 9. Jahrhundert stammende griechische Apokryphe (Theotokos-Apokalypse mit Maria als Hauptfigur) zugrunde liegt, war durch südslavische Vermittlung um das 11. Jahrhundert nach Russland gelangt.[42] In diesem Klosterpoem wird berichtet, wie Gott einer Schar von Verdammten

---

39 Šelemon von Basra: Book of the bee (wie Anm. 17); das folgende Zitat ebd., S. 142.
40 Über das Apokatastasisverständnis bei Berdjajew vgl. Deak: Apokatastasis, S. 20–60.
41 Nikolai Alexandrowitsch Berdjajew (Berdjaev): Selbsterkenntnis. Versuch einer philosophischen Autobiographie, Darmstadt/Gent 1953, S. 78; die folgenden Zitate ebd., S. 79 u. 338.
42 Über die Rezeptionsgeschichte dieses Gedichts siehe Julian Petkov: Altslavische Eschatologie. Texte und Studien zur apokalyptischen Literatur in kirchenslavischer Überlieferung (TANZ 59), Tübingen 2016, S. 243–245.

– aufgrund der inständigen Fürbitte Marias und aller Heiligen – alljährlich von Karfreitag bis Pfingsten eine Befreiung von ihren Qualen in der Hölle gewährt.[43] Den Verdammten wird also lediglich eine Haftunterbrechung zuteil. Dennoch bedeutet diese bewilligte Pause eine Abschwächung der kirchlichen Lehre von der Ewigkeit der Höllenstrafen.

---

43 Siehe Fjodor Dostojewski: Die Brüder Karamasow. Roman aus dem Russischen von Karl Nötzel, Berlin 2019, S. 424–425.

II. Universale Heilserwartungen in Ketzerbewegungen und in der Volksfrömmigkeit des Mittelalters

In der Kirche des Mittelalters hielt man strikt an der Lehre vom dualen Ausgang der Menschheitsgeschichte fest. Lediglich bei einigen bedeutenden theologischen Außenseitern und in den von ihnen ausgelösten oder beeinflussten ketzerischen und häretischen Bewegungen waren universale Heilserwartungen und Apokatastasisvorstellungen virulent. Solche fanden sich vage und diffus auch in der Volksfrömmigkeit, wie zahlreiche Visionsberichte, Legenden und Gedichte zeigen. Sie machen evident, dass die von der Kirche damals vorgegebene Glaubenslehre vom doppelten Ausgang der Menschheitsgeschichte keineswegs von allen Laien, Mönchen, Klerikern und Theologen ohne weiteres hingenommen wurde.

1. Ablehnung universaler Heilserwartungen in Theologie und Kirche

Die Vorstellung von einem eschatologischen Heil aller Menschen wurde in der Scholastik, d. h. in der mittelalterlichen Theologie, und in der mittelalterlichen Mystik sowie auch weitgehend im Humanismus zurückgewiesen und wiederholt durch päpstliche Lehrschreiben und auf Konzilien und Synoden verurteilt oder anathematisiert.

Scholastik
In der Scholastik vertrat man generell die Auffassung von einem dualen Ausgang der Menschheitsgeschichte, allerdings auf unterschiedliche Weise. Alle Ungläubigen und unbußfertig verstorbenen Sünder kommen nach dem Tod bzw. nach dem Jüngsten Gericht in die Hölle, wo sie ewige Strafen erwarten.[1] Dagegen erhalten alle Gläubigen das ewige Heil und ein seliges Leben in Gemeinschaft mit Gott.

In der Frühscholastik, also in der Zeit zwischen dem 9. und 12. Jahrhundert, ging man davon aus, dass durch den Tod eine Trennung von Leib und unsterblicher Seele erfolgt. Die körperlosen Seelen erhalten sogleich nach dem Tod im Jenseits, so lehrte man gemeinhin seit Petrus Lombardus (um 1095/1100–1160), Leiter der Kathedralschule von Notre Dame in Paris und später Bischof von Paris,

---

1 Über die Lehre von der Ewigkeit der Höllenstrafen in der Scholastik siehe bes. Ludwig Ott: Eschatologie. In der Scholastik, in: Handbuch der Dogmengeschichte. Hg. v. Michael Schmaus u. a. Bd. IV. Sakramente. Eschatologie. Faszikel 7b, Freiburg u. a. 1990, S. 56–70 u. 169–192 (Lit.).

in Partikulargerichten, d. h. in individuellen göttlichen Gerichtsverfahren, unterschiedliche Aufenthaltsorte zugewiesen: Die guten Seelen der Märtyrer und Zeugen Christi kommen direkt ins Paradies, die hinlänglich guten Seelen zur Läuterung ins ‚Fegfeuer‘ und die lasterhaften und unbußfertigen Seelen in die Hölle. Nach der allgemeinen Auferstehung der Toten, in welcher die Seelen wieder ihre Leiber zurückerhalten, wird im Jüngsten Gericht, dem Endgericht, ein endgültiges Urteil über jeden Menschen gesprochen. Die Erlösten bzw. Geläuterten kommen in den Himmel oder das Paradies. Die Verdammten kommen nun endgültig in die Hölle, wo sie mit ewiger physischer und psychischer Pein und Qual bestraft werden. Diese Lehre von der immerwährenden Verdammnis findet sich bei einigen Theologen, wie beispielsweise Petrus von Poitiers (um 1125/1130 – 1205), Simon von Tournai (um 1130–1201) oder Radulfus Ardens (gest. um 1200), mit ausdrücklicher Zurückweisung der Apokatastasislehre.

Auch die Theologen der Hoch- und Spätscholastik (12. bis 15. Jahrhundert) lehrten, ungeachtet aller bedeutenden Unterschiede in ihren Eschatologien, einheitlich einen doppelten Ausgang der Menschheitsgeschichte. Mit der Liturgie des Totenoffiziums (lat. Officium defunctorum), das zu den integralen Bestandteilen der mittelalterlichen Stundenbücher (Liturgia Horarum) gehört,[2] betonten sie: „In der Hölle gibt es keine Erlösung" („In inferno nulla est redemptio"). Alle Verdammten werden wegen ihres Unglaubens und ihrer Unbußfertigkeit mit ewigen Höllenstrafen, d. h. mit immerwährenden physischen und psychischen Qualen, hauptsächlich durch Feuer und Gewissensbisse, bestraft. In dem Zusammenhang wandten sich namhafte Theologen auch ausdrücklich gegen die universalen Heilsvorstellungen des Origenes, so der Dominikaner Thomas von Aquin (um 1225–1274), einer der einflussreichsten Theologen und Philosophen des Christentums,[3] und der Franziskaner Bonaventura (1221–1274)[4], der den Franziskanerorden viele Jahre leitete und als dessen zweiter Stifter gilt. Die ewige Bestrafung der Verdammten begründeten sie mit der Heiligen Schrift und mit Aussagen der Kirchenväter sowie verstärkt auch mit Vernunftgründen. Besonders argumentierten sie, dass Gott aus Billigkeitsgründen den sündigen Menschen wegen ihres Fehlverhaltens gegen die göttliche Majestät ewige Strafen auferlegen müsse.

Mystik

Nicht nur in der Theologie, sondern auch in der Mystik hielt man im Mittelalter im Wesentlichen an dem dualen Ausgang der Menschheitsgeschichte fest. Mehrfach wurde zwar die Meinung vertreten, einzelne Mystiker wie beispielsweise Meister

---

2 Vgl. Chor-Amt für die Verstorbenen, München 1863, S. 80–81 (Liturgie zur Matutin, lat. (hora) matutina).
3 Vgl. Ott: Eschatologie (wie Anm. 1), S. 171.
4 Vgl. Ott: Eschatologie (wie Anm. 1), S. 172.

Eckhart (um 1260–1328), Johannes Tauler (um 1300–1361), Heinrich Seuse (1295/ 1297–1366), Johann Pupper von Goch (um 1410–1475) oder Wessel Johannes Gansfort (1419–1489) hätten mit universalen Heilsvorstellungen sympathisiert oder wären in ihren Schriften Apokatastasisideen gelegentlich sehr nahe gekommen. In der Forschung wird aber überwiegend bestritten, dass diese Mystiker die kirchliche Glaubenslehre von der Ewigkeit der Höllenstrafen für Ungläubige und Unbußfertige tatsächlich – in letzter Konsequenz – ernsthaft in Frage gestellt hätten.[5] Am ehesten ist es wohl möglich, bei Meister Eckhart aus mehreren seiner Aussagen oder theologischen und metaphysischen Vorstellungen eine gewisse Inklination zur Apokatastasis zu folgern.

Humanismus

Die Stellung der Humanisten zum Heilsuniversalismus war diesseits und jenseits der Alpen unterschiedlich. Im Humanismus nördlich der Alpen war man im Allgemeinen von der ewigen Verdammnis der Gottlosen und Unbußfertigen überzeugt. Allerdings erweiterten hier einige Humanisten vorsichtig den Kreis derjenigen, die das ewige Heil am Ende der Zeit doch noch erwarten dürfen. Sie waren der Meinung, dass auch ‚fromme‘ Heiden, wie beispielsweise Sokrates, Vergil oder Horaz, das Heil erlangen werden. Sie begründeten das damit, dass diese einen moralisch untadeligen Lebenswandel geführt und in ihren Schriften viele christliche Vorstellungen antizipiert hätten. Hingewiesen sei auf den vielzitierten Ausruf des Erasmus von Rotterdam (1466/1469–1536): „Heiliger Socrates, bitte für uns!" („Sancte Socrates, ora pro nobis"), der sich in seinen „Colloquia familiaria" („Vertrauten Gespräche") findet.[6] Dieser tugendsame Heide habe nämlich, bevor er den Schierlingsbecher an seine Lippen setzte, zu seinem Freund und Schüler Kriton gesagt: „Ob Gott unsere Werke billigen wird, weiß ich nicht. Wir haben uns jedenfalls ernsthaft bemüht, ihm zu gefallen". Das sei ein Bekenntnis gewesen, so erklärte Erasmus durch den Tischgast Chrysoglottus, das jedem Christenmenschen gut anstehen würde.

Dagegen wurden im transalpinen Raum von einzelnen Humanisten Apokatastasisideen dezidiert und öffentlich vertreten, so von Giovanni Pico della Mirandola (1463–1494), einem bedeutenden italienischen Philosophen der Renaissance. In

---

5 So z. B. Köstlin: Art. „Apokatastasis", S. 617: „Auch Mystiker wie Eckart, Suso u.s.w. bestreiten sie nicht (noch etwa Wessel)". Vgl. dagegen Ramelli: Larger hope, S. 202–210.

6 Erasmus von Rotterdam: Convivium religiosum – Zitiert nach Erasmus von Rotterdam: Colloquia familiaria. Vertraute Gespräche. Übers., eingel. u. mit Anm. versehen v. Werner Welzig (Erasmus von Rotterdam: Ausgewählte Schriften. Ausg. in acht Bde. Lat. u. Dt. Hg. v. Werner Welzig). Bd. 6, Darmstadt 1967, S. 86–87; das folgende Zitat ebd., S. 87.

einer seiner 900 Thesen („Conclusiones nongentae"),[7] die er im Dezember 1486 zum Zweck einer Disputation über strittige Lehrsätze („disputanda dogmata") in Rom öffentlich angeschlagen hatte, wies er die traditionelle Vorstellung von der Ewigkeit der Höllenstrafen zurück. Er begründete deren Endlichkeit damit, dass zeitlich begrenzte Verfehlungen nicht mit unbegrenzt lange dauernden Strafen geahndet werden dürfen, sondern nur mit endlichen („non debetur pena infinita secundum tempus, sed finita tantum") belegt werden können.[8]

Verurteilungen universaler Heilsvorstellungen in Lehrschreiben und auf Konzilien
Die Kirche des Mittelalters verurteilte Vorstellungen vom eschatologischen Heil aller Menschen in mehreren Lehrschreiben als häretisch. Dagegen wurde die immerwährende, aber unterschiedlich schwere Pein der Verdammten in der Hölle mit Nachdruck betont. Verwiesen sei auf die 1336 erlassene Konstitution Benedictus Deus (dt. „Gott der Gepriesene") von Papst Benedikt XII. (1334–1342),[9] der vor seiner Papstwahl Bischof von Pamiers im Hochland der französischen Pyrenäen gewesen war. Hier war er in seinem Bistum als bevollmächtigter Inquisitor energisch gegen die Katharer (besonders im Dorf Montaillou) vorgegangen. Folgenreicher war es, dass der Heilsuniversalismus auch auf einigen Konzilien verurteilt wurde: auf dem 4. Laterankonzil 1215[10], auf dem 2. Konzil von Lyon 1274[11] und auf dem Konzil von Basel-Ferrara-Florenz 1431–1445 in der Bulle (Laetentur caeli, 1439) über die Union mit den Griechen.[12]

2. Universale Heilserwartungen bei theologischen Außenseitern und in devianten Bewegungen

Universale Heilsvorstellungen bei theologischen Außenseitern
Gegen die Kirchenlehre vom dualen Ausgang der Menschheitsgeschichte opponierte im Frühmittelalter von den namhaften Theologen eigentlich nur der westfränkische Hoftheologe Johannes Scotus Eriugena (um 810–877) offen und wir-

---

7 Über Picos „Conclusiones nongentae" siehe u. a. Stephen A. Farmer: Syncretism in the West. Pico's 900 Theses (1486). The evolution of traditional religious and philosophical systems. With Text, Translation, and Commentary (MRTS 167), Tempe, Arizona 1998; das folgende Zitat ebd., S. 210.
8 Giovanni Pico della Mirandola: Neunhundert Thesen. Übers. u. hg. v. Nikolaus Egel (PhB 708), Hamburg 2018, S. 126, Nr. 20 (Conclusiones in theologia). Diese These gehörte zu den 13 Thesen, die Papst Innozenz VIII. in seiner Bulle vom 4. August 1487 verurteilt hat.
9 DH (2017) 1000–1002 (Konstitution vom 29.1.1336), hier 1002.
10 DH (2017) 801.
11 DH (2017) 858.
12 DH (2017) 1306.

kungsmächtig. Dieser irische Gelehrte wirkte von etwa 845 bis nach 867 an der Hofschule König Karls des Kahlen, einer hervorragenden Bildungsstätte in der Endphase der karolingischen Renaissance. In seinem fünfbändigen neuplatonisch grundierten Hauptwerk „Periphyseon" bzw. „De divisione naturae" („Über die Einteilung der Natur", 866/867), welches er auf Bitten von Erzbischof Wulfhard von Bourges in Dialogform verfasste, ging er davon aus, dass in der allgemeinen Auferstehung der Toten alle Menschen mit denselben Leibern, die sie im irdischen Leben besessen hatten, auferstehen werden. Diese werden sodann zusammen mit ihren Seelen in Geist mutieren: „Aus Leib wird Geist".[13] Am Ende wird schließlich Gott gemäß 1 Kor 15,28 alles in allem sein, „wie sich Luft in Licht verwandelt". Jedoch hielt Eriugena daran fest, dass diese stufenförmige Rückkehr aller Menschen zu Gott nur durch Christus und seine Gnade möglich ist: „Durch die Menschwerdung des Sohnes Gottes erlangt alle Kreatur, im Himmel und auf Erden, das Heil" („Per inhumanationem Filii Dei omnis creatura, in caelo et in terra, salua facta est", Periphyseon 5,24). Diese prozesshafte Umwandlung aller Körper in Geist und schließlich in ‚Gott' zeigt, wie tief Eriugena vom Neuplatonismus beeinflusst war. Sein panentheistisches Gottesverständnis wurde erst 1210 im Zusammenhang mit den Verfolgungsmaßnahmen gegen seine Anhänger auf der Provinzialsynode der Kirchenprovinz Sens entdeckt. 1225 befahl Papst Honorius III. in Briefen an französische und englische Bischöfe die Vernichtung aller Exemplare der Schrift „Periphyseon".

Im Hochmittelalter vertrat besonders Amalrich von Bena (um 1140/1150–1205 oder 1206) universale Heilsideen. Dieser Kleriker lehrte bis zu seinem Tod als Magister an der Artistenfakultät der Pariser Universität die Artes liberales. Da von ihm selbst keine Schriften überliefert sind, können seine Vorstellungen nur aus Aussagen seiner Anhänger, den Amalrikanern, und seiner Gegner erschlossen werden. Danach ging Amalrich, der Johannes Scotus Eriugena teilweise rezipierte, letztendlich von einer Einheit alles Seienden aus und konstatierte, dass alle Dinge eins seien: Denn was auch immer ist, ist Gott („Omnia unum, quia quidquid est, est deus").[14] Damit wollte Amalrich sicherlich nicht die völlige Identität Gottes mit jedem Einzelwesen zum Ausdruck bringen, sondern nur Gottes Identität mit der Summe alles Seienden. Von diesem sublimen Pantheismus aus war für ihn selbstverständlich die Kirchenlehre von ewigen Höllenstrafen und ständiger Gottesferne aller Ungläubigen obsolet. 1204 wurde Amalrichs Lehre von der Universität

---

13 Johannes Scotus Eriugena: Periphyseon. De divisione naturae V, 37 – Zitiert nach Johannes Scotus Eriugena: Periphyseon. De divisione naturae. Dt. Übers. v. Hans Günter Zekl, Würzburg 2016, S. 698; das folgende Zitat ebd. Über die Apokatastasis bei Eriugena siehe Ramelli: Apokatastasis, S. 773–815; dies.: Larger hope, S. 190.-196.

14 Heinrich Denifle et Emilio Châtelain (Ed.): Chartularium Universitatis Parisiensis (ChUP). Vol. 1, Paris 1889, S. 71.

Paris als Pantheismus verurteilt. Auch Papst Innozenz III., an den Amalrich in Rom appellierte, verwarf seine Anschauungen. Nach seinem Tode (1205/06) wurde seine Lehre 1210 durch die Provinzialsynode in Paris verurteilt. Er wurde posthum exkommuniziert und sein Leichnam im Pariser Kloster St-Martin-des-Champs exhumiert und verbrannt. Das 4. Laterankonzil erneuerte 1215 die Verurteilung und verwarf die Lehre Amalrichs im zweiten Kapitel als Häresie und bezeichnete sie als „unsinnig" („insana").[15]

Universale Heilsvorstellungen bei den häretischen Amalrikanern und den Brüdern und Schwestern vom freien Geist sowie im devianten Beginentum

Apokatastasisvorstellungen finden sich im Mittelalter vor allem bei zwei häretischen Bewegungen, nämlich bei den Amalrikanern und den Brüdern und Schwestern vom freien Geist.

Bei den Amalrikanern,[16] die ausschließlich in Frankreich agierten, handelt es sich um Anhänger von Amalrich von Bena, die dessen Anschauungen popularisierten und in der altfranzösischen Volkssprache verbreiteten. Ihre häretischen Ansichten kamen erst nach Amalrichs Tod mit Hilfe verdeckter Ermittler ans Licht. 1210 wurden auf einer Provinzialsynode zu Sens mehrere Amalrikaner des Pantheismus bezichtigt und verurteilt. Zehn von ihnen wurden in Anwesenheit von König Philipp II. außerhalb der Stadtmauer von Paris öffentlichkeitswirksam verbrannt.

Ähnlich wie bei den Amalrikanern begegnen diffuse universale Heilsvorstellungen bei den Brüdern und Schwestern vom freien Geist, einer sehr heterogenen und kaum organisierten Bewegung.[17] Diese ketzerische Bewegung, in der mystische und pantheistische Ideen vielfältig virulent waren, tauchte nach der Mitte des 13. Jahrhunderts zuerst im Nördlinger Ries auf, machte sich während des 14. und 15. Jahrhunderts in ganz Süd- und Westdeutschland bemerkbar und strahlte schließlich bis nach Frankreich und Italien aus. Im Zentrum des Denkens und Lebensvollzugs der Brüder und Schwestern vom freien Geist stand die Deifikation des Menschen, d. h. dessen Vergöttlichung. Der Mensch vermag Christus nicht nur gleich zu werden, sondern ihn sogar zu übertreffen: Der Mensch wird Gott-Vater gleich und überragt den Sohn („Homo equetur Patri et transcendat filium").[18] Nach

---

15 DH (2017) 808.

16 Über die Amalrikaner und ihre Verurteilung in Paris 1210 siehe u. a. Herbert Grundmann: Religiöse Bewegungen im Mittelalter. Untersuchungen über die geschichtlichen Zusammenhänge zwischen Ketzerei, den Bettelorden und der religiösen Frauenbewegung im 12. und 13. Jahrhundert und über die geschichtlichen Grundlagen der deutschen Mystik. 2., verb. u. erg. Aufl., Hildesheim 1961, S. 355–373.

17 Über die Brüder und Schwestern vom freien Geist bes. im Schwäbischen Ries vgl. Grundmann: Bewegungen (wie Anm. 16), S. 402–438.

18 Wilhelm Preger: Geschichte der deutschen Mystik im Mittelalter. Nach den Quellen untersucht und dargestellt. Bd. 1: Geschichte der deutschen Mystik bis zum Tode Meister Eckhart's, Leipzig

einem von dem Dominikaner Albertus Magnus (um 1193/1200–1280) erstellten Gutachten, zu welchem er 1270 beauftragt wurde und welches auf fast hundert Aussagen von Mitgliedern dieser ketzerischen Bewegung im Nördlinger Ries fußte, leugnete man bei ihnen – offensichtlich aufgrund pantheisierender Vorstellungen – auch die Existenz von Fegfeuer und Hölle („purgatorium et infernum non esse").

Vereinzelt finden sich universale Heilserwartungen auch in Teilen des Beginentums,[19] das sich seit Anfang des 13. Jahrhunderts in nahezu ganz Europa verbreitete. In dieser devianten religiösen Bewegung lebten Frauen, die Beginen, und Männer, die Begarden, in kleinen, getrenntgeschlechtlichen Gemeinschaften ohne Gelübde in Keuschheit und Armut zusammen und ernährten sich von ihrer Hände Arbeit. Sie pflegten eine intensive Religiosität außerhalb der großen Ordensgemeinschaften. Die bedeutendste Gestalt der Beginen, Mechthild von Magdeburg (um 1207–1282), Verfasserin der mystischen Schrift „Das fließende Licht der Gottheit", lebte etwa 40 Jahre als Begine in Magdeburg, bevor sie sich um 1270 in das Zisterzienserinnenkloster Hefta östlich von Eisleben zurückzog. Unter den Beginen kam es auch zu Abweichungen von der kirchlichen Lehre, deshalb wurden ihnen auf dem Konzil von Vienne 1311–1312 unter Androhung der Exkommunikation gewisse Lebensformen, wie das Tragen eines Ordenshabits, untersagt und einige Tätigkeiten, wie Predigen und Seelsorge, verboten. Auf diesem Konzil verurteilte Papst Clemens V. 1312 in der Konstitution Ad nostrum qui auch eine Reihe ihrer Lehren. Unter diesen befand sich aber nicht die Lehre von der Apokatastasis.[20] Jedoch ist bekannt, dass bei einzelnen Beginen, die den Brüdern und Schwestern vom freien Geist nahe standen, universale Heilsvorstellungen im Umlauf waren.

3. Die Präsenz von universalen Heilserwartungen in der Volksfrömmigkeit – ihre Spiegelung in Visionsberichten und Legenden sowie in der Dichtung

Universale Heilsideen in Visionsberichten und Legenden

Im Mittelalter gab es eine Reihe von Visionsberichten und Legenden, in denen geschildert wird, wie Verdammte, die sich in der Hölle befanden, dank der Fürbitte oder Bußleistung von Heiligen bis zum Jüngsten Gericht aus den Stätten der Qual befreit oder wenigstens für eine bestimmte Zeit daraus entlassen wurden. Im letzteren Falle erhielten die Verdammten also nur eine befristete Strafaussetzung,

---

1874, S. 466, Nr. 58 (Anhang I: Sätze der Brüder des freien Geistes um die Mitte des dreizehnten Jahrhunderts); das folgende Zitat ebd., S. 465, Nr. 46.

19 Über das Beginentum und dessen Abweichungen von der kirchlichen Lehre siehe u. a. Grundmann: Bewegungen (wie Anm. 16), S. 319–354, 377–402, 431–438.

20 DH (2017) 891–899.

meistens sonntags oder an besonderen Feiertagen. Sie waren demnach Freigänger für eine begrenzte Zeit.

Von den Legenden, die von einer gänzlichen Befreiung einzelner Verdammter aus dem Ort der Qual bis zum Jüngsten Gericht zu berichten wissen, seien als Beispiele genannt: die Gregor-Trajan-Legende und die Tolentino-Legende.

Die in mehreren Versionen überlieferte Gregor-Trajan-Legende findet sich unter anderen in der aus der Mitte des 12. Jahrhunderts stammenden, von einem unbekannten Geistlichen in deutschen Reimen verfassten „Kaiserchronik", welche die Geschichte des römischen Reichs von Julius Caesar bis zum römisch-deutschen König Konrad III. schildert.[21] Die Legende erzählt, wie Papst Gregor I. (590–604) von Trauer und Schmerz ergriffen wurde, als er erfuhr, dass die Seele von Kaiser Trajan (53–117 n. Chr.), der in der Spätantike und im Frühmittelalter als Prototyp eines gerechten Herrschers galt, nach seinem Tod in die Hölle gekommen sei. Er hatte nämlich zu Lebzeiten nicht das Sakrament der Taufe empfangen.[22] Papst Gregor I. bat daraufhin Gott um Begnadigung des Kaisers Trajan und pries dessen Menschenfreundlichkeit und Gerechtigkeitssinn. So wies er darauf hin, dass Trajan einst einer Witwe, deren Sohn ermordet worden war, Trost gespendet und ihr zum Recht verholfen habe, obgleich er unmittelbar vor Beginn eines neuen Feldzuges stand. Gott erfüllte Gregors Bitte unter der Bedingung, sieben Krankheiten auf sich zu nehmen. Gregor willigte ein und der Teufel musste Trajan freigeben. Da aber dem Verfasser der „Kaiserchronik" bewusst war, dass die Befreiung eines Ungetauften aus der Höllenpein gegen die kirchliche Lehre verstößt, war er offensichtlich um eine Erklärung dieses außerordentlichen Gnadenaktes bemüht. Mit Nachdruck ließ er Papst Gregor auf die große moralische Integrität dieses heidnischen Kaisers hinweisen.

Die Tolentino-Legende[23] erzählt, wie der asketisch lebende Augustinereremit Nikolaus von Tolentino (um 1245–1305), später ein sehr volkstümlicher Heiliger Italiens, u. a. einen Adeligen, der im Duell erstochen wurde und folglich ohne das Sakrament der Beichte gestorben war, durch seine Gebete und Kasteiungen aus der Hölle bzw. dem Purgatorium befreit habe. Damit war zum Ausdruck gebracht, dass auch Menschen, die im Zustand schwerer Sünde verstorben sind, unter Umständen

---

21 Kaiserchronik eines Regensburger Geistlichen. Hg. v. Edward Schröder (MGH.DC 1), Hannover 1895 (ND 1984), S. 188–193, v. 5839–6096. Vgl. Die Kaiserchronik. Eine Auswahl. Mittelhochdt. / Neuhochdt. Übers., komm. und mit einem Nachw. versehen v. Mathias Herweg (Reclams Universal-Bibliothek 19270), Stuttgart 2014, S. 110–113.

22 Hierüber vgl. Leopold Kretzenbacher: Versöhnung im Jenseits. Zur Widerspiegelung des Apokatastasis-Denkens in Glaube, Hochdichtung und Legende (SBAW. PH 7), München 1971, S. 30–40.

23 Siehe ActaSS. Vol. 42 (Septembris, tomus III), Antwerpen 1750, S. 636–743 [Legendensammlung über Nikolaus von Tolentino], hier S. 647. Vgl. Kretzenbacher: Versöhnung (wie Anm. 22), S. 41–46.

bis zum finalen Jüngsten Gericht noch einmal aus der Hölle bzw. dem Purgatorium entkommen können. Diese Tolentino-Legende wurde in lateinische, italienische, spanische, niederländische und süddeutsche Mirakelbücher, Sammlungen von Wunderberichten, aufgenommen und erlangte dadurch große Bekanntheit.

Im Mittelalter gab es außerdem Legenden, die lediglich von einer zeitweiligen Haftunterbrechung in der Hölle dank der Fürbitte von Asketen oder Heiligen zu berichten wussten.[24] So teilte der lateinische Kirchenschriftsteller Tyrannius Rufinus von Aquileia (um 345–411/12), ein Verteidiger des Origenes und Übersetzer seiner Werke, mit, dass der in der Sketischen Wüste lebende Mönch Makarios, gen. der Ägypter oder der Große (gest. um 390), einen ehemaligen heidnischen Priester für einige Zeit von seinen Höllenqualen befreit habe.[25]

Sodann sei hingewiesen auf die „Visio Wettini" („Vision Wettis"), d. h. auf das ‚Gesicht' des Mönches und Schulleiters Wetti (um 780–824) aus dem Benediktinerkloster auf der Bodenseeinsel Reichenau.[26] Von dieser ‚Erscheinung' hatte der sterbende Wetti den fünf Mitbrüdern berichtet, welche als Wärter sein Krankenlager umstanden. Unter ihnen befand sich der gelehrte Altabt Heito (gest. 836). Dieser hielt auf Bitten Wettis dessen Bericht schriftlich fest; denn sonst, so hatte der sterbende Wetti gemahnt, würde nach seinem Tod nicht das bekannt werden: „Was ich gesehen, was unter der Drohungen lastendem Zwange / Mir ward auferlegt mit deutlichen Worten zu künden" (v. 844–845). Nach dem Tod Wettis, in der Nacht vom 3. auf den 4. November, beauftragte die Klostergemeinschaft den begabten Mönch Walahfrid Strabo, die Vision Wettis aufgrund der lateinischen Mitschrift des Altabtes Heito poetisch zu bearbeiten. In dem lateinischen Poem wird in Hexametern berichtet, wie Wetti wenige Tage vor seinem Tod auf einer visionären Reise von einem Engel durch drei Jenseitsregionen geleitet wurde. In der zweiten sah er, wie eine große Schar von Sündern („turba reorum", v. 316), unter ihnen sehr viele unzüchtige Kleriker hohen und niederen Ranges („maior et alter in undis / Ordo sacerdotum", v. 319–320), gepeinigt wurde. Schmerzvoll gefesselt an Pfählen befanden sie sich in einem feurigen Fluss und „Jedem vor Augen stand die Frau, die teilhat am Laster, / Zunder zu schändlicher Glut, Gefährtin der Pein in der Hölle" (v. 322–324). Laut Heitos Nachschrift wurden die Qualen stets an einem besonderen Tag in der Woche, vermutlich sonntags, unterbrochen („Uno die tantum intermissio"). Diese kurzfristige Aussetzung der Torturen geschah, um den Gequälten ein wenig Erleichterung zu gewähren. Diesen Passus der Haftunterbrechung hat Walahfrid allerdings nicht in sein Gedicht übernommen. Das unterließ

---

24 Siehe Kretzenbacher: Versöhnung (wie Anm. 22), S. 51–69.
25 Siehe ActaSS. Vol. 1 (Januarii, tomus I), Antwerpen 1643, S. 1011.
26 Heito und Walahfrid Strabo: Visio Wettini. Einf., lat.-dt. Ausg. und Erl. v. Hermann Knittel. 2. erw. Aufl. Mit einem Geleitwort v. Walter Berschin (Reichenauer Texte und Bilder 12), Heidelberg 2004, S. 64–123 (v. 1–945 u. 1–13); das folgende Zitat ebd., S. 43; vgl. S. 135, Komm. zu v. 324.

er wohl deshalb, weil eine solche der kirchlichen Lehre von den immerwährenden Strafen im Jenseits widersprach.

Außerdem sei auf die Judas-Episode aufmerksam gemacht, die sich in der wiederholt überarbeiteten und übersetzten Erzählung „Navigatio [dt. Seefahrt]" des irischen Priesters und Mönches sowie Klostergründers Brendan findet.[27] In dieser Episode wird geschildert, wie Brendan, gestorben 577 und begraben in dem von ihm gegründeten Kloster Clonfert in der Grafschaft Galway, auf einer Seereise, die er zwischen 565 und 573 zusammen mit zwölf Mönchen unternahm, um im Westen des Ozeans zur paradiesischen Insel der Verheißung zu gelangen, u. a. Judas Iskariot begegnet sei. Der Verräter Jesu war gerade für einige Tage[28] aus der Hölle entlassen worden und rastete auf einer von Wasserwogen umbrandeten, sturmumtosten Felsklippe. Nach der qualvollen Hitze in der Höllenglut genoss er die erfrischende Gischt des Meeres und die Kühle der Luft als eine Abkühlung („refrigerium").[29] Judas erzählte dem Brendan, dass er zwar zu Lebzeiten drei gute Taten getan hätte, aber wegen fehlender Reue über den von ihm begangenen Verrat an Jesus und wegen seines verübten Selbstmords (Mt 27,5; vgl. dagegen Apg 1,18) zu ewigen Höllenqualen verdammt worden sei. Dank der Barmherzigkeit Gottes werde er jedoch regelmäßig für einige Tage aus der Hölle entlassen. Brendan, von Mitleid tief bewegt, bat daraufhin Gott, die Haftunterbrechung zeitlich etwas zu verlängern. Sein Flehen wurde erhört und Judas zusätzliche freie Tage gewährt. Die in der „Navigatio" erzählte Judas-Episode[30] ist ein Indiz dafür, dass in der damaligen Volksfrömmigkeit Vorstellungen von einer zeitweiligen Unterbrechung der Höllenqualen für verdammte Seelen verbreitet waren.

Solche volksfrömmigkeitlichen Vorstellungen waren im Mittelalter auch in Kreisen des höheren Klerus bekannt. Zeugnis hiervon gibt ein Schreiben von Petrus Damiani, seit 1043 Prior der bedeutenden mittelitalienischen Einsiedelei Fonte Avellana bei Gubbio, an Papst Nikolaus II. aus dem Jahr 1061.[31] Darin informierte Petrus Damiani den Papst über einen Bericht des Erzbischofs Humbert, seit 1051

---

27 Sanct Brandan. Ein lateinischer und drei deutsche Texte. Hg. v. Carl Schröder, Erlangen 1871, S. 29, Z. 30 – S. 31, Z. 33. Über Herkunft, Inhalt und Verbreitung der Judas-Episode vgl. Kretzenbacher: Versöhnung (wie Anm. 22), S. 55ff. Neben dem üblichen Titel „Navigatio" für Brendans Erzählung gibt es noch andere, u. a. „Peregrinatio".

28 Die Haftentlassung des Judas erfolgte jeweils von Samstagmittag bis Sonntagabend, zu Weihnachten 15 Tage, ferner zu Ostern und Pfingsten sowie an allen Marienfesten.

29 Sanct Brandan (wie Anm. 27), S. 30, Z. 22; vgl. S. 179, Z. 6.

30 Die Judas-Episode in der „Navigatio" bedarf auch wegen der kontroversen Judas-Deutung einer gründlichen Untersuchung.

31 Siehe Brief: Petrus Damiani an Papst Nikolaus II., [Dezember 1059 – Juli 1061], in: Die Briefe des Petrus Damiani. Hg. v. Kurt Reindel. Teil 2: Nr. 41–90. Register (MGH.B 4), München 1988, Nr. 72, S. 326–366, hier S. 334, Z. 10 – S. 388, Z. 24. Vgl. PL 145, 427–429. Über diesen Bericht und deren Rezeption siehe Kretzenbacher: Versöhnung (wie Anm. 22), S. 64–66.

Kardinalbischof des damaligen Bistums Silva Candida, in welchem dieser ihm mitgeteilt hatte, dass in der feuchten Gegend von Pozzuoli bei Neapel Verdammte jeweils sonntags in Gestalt von Sumpfvögeln Hafturlaub aus der Hölle erhielten. An diesem Ruhetag dürfen sie sich von den in der Hölle erlittenen Qualen erholen.

Universale Heilsideen in der Dichtung

Auch in der Dichtung des Mittelalters leuchtet gelegentlich die ‚Apokatastasis' in unterschiedlicher Weise als Hoffnung auf. So wird in dem bereits erwähnten Gedicht „Offenbarung der Gottesmutter über die Höllenstrafen"[32] von einem unbekannten Verfasser geschildert, wie Maria an der Hand des Erzengels Michael bei ihrem Gang durch die verschiedenen Regionen der Hölle bis zu jener Gegend gelangte, wo sich diejenigen befinden, deren selbst Gott nicht mehr gedenkt. Von Mitleid überwältigt fleht die Gottesmutter – unterstützt von allen Patriarchen, Propheten und Aposteln sowie später auch noch von sämtlichen Heiligen, Engeln und allen Sündern – Gott um Gnade an. Dank dieser verstärkten Interzession gewährt Gott den an dem Ort der äußersten Qual befindlichen Verdammten jährlich von Karfreitag bis Pfingsten eine Unterbrechung ihrer höllischen Folter. Die kirchliche Lehre von einer ewigen Dauer der Höllenstrafen ist also keineswegs preisgegeben, sollte aber durch die Annahme einer regelmäßigen temporären Unterbrechung etwas abgeschwächt werden.

Hinzuweisen ist aber vor allem auf Dantes „Commedia", in welcher bekanntlich dessen Reise durch die dreigeteilte jenseitige Welt geschildert wird: von der Hölle (Inferno), durch den Läuterungsbereich (Purgatoria) zum Paradies (Paradiso). In diesem um 1307 bis 1312 entstandenen Gedicht scheint es vordergründig um eine poetische Bearbeitung der scholastischen Lehre von dem dualen Ausgang der Menschheitsgeschichte zu gehen. Sobald jedoch die Reaktion Dantes beim Anblick der Verdammten im Limbus (dt. Rand, Saum, Grenzgebiet der Hölle), d. h. im Vorraum der Hölle (volkstümlich Vorhölle), näher in den Fokus rückt, ändert sich die Perspektive. Zum Entsetzen Dantes befand sich nämlich hier unter den ‚Verdammten' auch der untadelige, von ihm verehrte Dichter Vergil, der ihn zuvor ein Stück Wegs durch Jenseitsregionen – nicht aber in die paradiesischen Gefilde – begleitet hatte.[33] Als Angehöriger einer vor- und außerchristlichen Kultur hatte dieser 19 v. Chr. in Brindisi verstorbene römische Poet das Sakrament der Taufe nicht empfangen können und war deshalb nach der kirchlichen Lehre von der Erlösung ausgeschlossen. Im Limbus musste er hier wie andere tugendhafte Heiden, die vor der Geburt Christi gelebt haben, zwar keine physischen Strafen

---

32 Über die Ausgaben dieses Gedichts siehe François Halkin (Hg.): Bibliotheca hagiographica graeca (BHG 8a). 3. ed. Vol. 3, Brüssel 1957 (ND 1986), S. 128–139.
33 Siehe Dante Alighieri: Die Göttliche Komödie, München 1965, S. 9–11 (Hölle I. Gesang).

erleiden, aber in Gottesferne leben. In der „Commedia" äußerte Dante nun seine sehnliche Hoffnung, dass Gott letztendlich auch Vergil – und damit allen, die das Sakrament der Taufe unverschuldet nicht erhalten konnten, aber tugendhaft gelebt haben – das Licht des Heils schenken werde.

In Kirche und Gesellschaft des Mittelalters war, so kann resümiert werden, die Vorstellung von einem dualen Ausgang der Menschheitsgeschichte durchwegs verbreitet und unhinterfragt anerkannt. Nur bei einzelnen Theologen, Klerikern, Mönchen und Philosophen sowie in einigen ketzerischen oder häretischen Bewegungen und devianten Gemeinschaften traten differierende eschatologische Heilserwartungen für alle Menschen offen zu Tage oder wurden inquisitorisch entdeckt. Außerdem leuchteten universale Heilshoffnungen gelegentlich in der mittelalterlichen Volksfrömmigkeit und Literatur kurzzeitig und verhalten auf.

III. Universale Heilserwartungen in der Epoche der Reformation

Die reformatorischen Kirchen hielten mit der Kirche des Mittelalters bei allen lehrmäßigen Unterschieden strikt am Glauben an einen dualen Ausgang der Menschheitsgeschichte fest. Ihre führenden Reformatoren Martin Luther, Philipp Melanchthon, Martin Bucer, Johannes Calvin und eigentlich auch Huldrych Zwingli wiesen universale Heilserwartungen nicht ohne Grund vielmals entschlossen zurück. Solche eschatologischen Vorstellungen machten sich nämlich im linken Flügel der Reformation bereits seit den zwanziger Jahren des 16. Jahrhunderts allenthalben bemerkbar. Vertreten und verbreitet wurden sie von einigen führenden Gestalten und kleineren Gruppierungen innerhalb des Täufertums und besonders des mystischen Spiritualismus. Das geschah mit sehr unterschiedlicher Begründung und Intensität, teils insgeheim, teils ‚halböffentlich‘.

1. Zurückweisung des eschatologischen Heilsuniversalismus durch die Reformatoren Luther, Zwingli und Calvin

Martin Luther (1483–1546), von der immerwährenden Verdammnis aller Ungläubigen und Gottlosen in der Hölle überzeugt, wies eschatologische Heilserwartungen für alle Menschen mehrfach in Wort und Schrift zurück. Das geschah bereits 1522 in einem Brief an Hans von Rechenberg, Hauptmann und Diplomat in Diensten des polnischen Königs Sigismund I., der sich um Auskunft über diese Lehre an ihn gewandt hatte.[1] In seinem Antwortschreiben räumte Luther zwar ein, dass Gott auch diejenigen, welche ohne Glauben sterben, selig machen könne, aber dass „ers thue", so konstatierte er, „kan man nicht beweyßen".[2] Vor allem ist aber hinzuweisen auf Luthers Schrift „Vom Abendmahl Christi, Bekenntnis" aus dem Jahr 1528, in welcher er ausdrücklich bekannte, dass „die bösen ewiglich sterben mit dem teuffel und seinen engeln, Denn ichs nicht halte mit denen, so da leren, das die teuffel auch werden endlich zur seligkeit komen".[3] Die hier erfolgte dezidierte Zurückweisung universaler Heilserwartungen ist deshalb wichtig, weil sie in

---

1 Über Hans von Rechenberg und seine Verbindung zu Luther siehe WA 10 II, S. 318–319.
2 WA 10 II, S. (318) 322–326 (Ein Sendbrief über die Frage, ob auch jemand, ohne Glauben verstorben, selig werden möge), hier S. 325, Z. 5–6.
3 WA 26, S. (241) 261–509 (Vom Abendmahl Christi, Bekenntnis), hier S. 509, Z. 16–18.

den von Luther verfassten Schwabacher Artikeln vom Oktober 1529[4] und dann in den Fränkischen Bekenntnissen, der Vorstufe der Confessio Augustana, Eingang gefunden hat.[5] Einige Jahre später, 1532, bemerkte Luther in einer Tischrede mit Nachdruck, dass er Origenes, seit dem Frühmittelalter Archetyp und Galionsfigur der Apokatastasislehre, „schon in bann gethan [sc. aus der Gemeinschaft (Kirche) ausgeschlossen]" habe.[6] Es ist jedoch zu fragen, ob Luthers kategorische Zurückweisung der Vorstellungen des Origenes nicht auch mit seiner Befürchtung zusammenhing, dass durch eine intensivere Beschäftigung mit der ‚Apokatastasis' die Rechtfertigung, mit welcher der Glaube steht und fällt, aus dem Zentrum des christlichen Glaubens gerückt werden könnte.

Auch der Zürcher Reformator Huldrych Zwingli (1484–1531), der nicht nur für die Ausbreitung der Reformation in der Schweiz, sondern für die Entstehung der reformierten Kirche mitbestimmend war, bekannte sich grundsätzlich zur ewig währenden Verdammnis der Gottlosen und Ungläubigen. So schrieb er im Sommer 1531 in seiner Hauptschrift „Christianae fidei brevis et clara expositio" („Eyn kurtze klare summ und erklärung des Christenen gloubens", 1536; von Leo Jud ins Deutsche übersetzt): Es würde für die Ungläubigen für immer ein „arbeitsälligs [mühselig], jämerlichs vnd ellends" Leben geben.[7] Jedoch konzedierte Zwingli, der stark vom Humanismus beeinflusst war, dass im himmlischen Zeltlager („contubernium") auch auserwählte Heiden anzutreffen sein werden, beispielsweise Sokrates, Aristides, die beiden Cato u. a.[8] Er meinte sogar: „Es hat kein frommer mann nie vff erden geläbt, kein glöubige seel ist von anfang der wält ye gewäsen biß zum end der wält, die du da [sc. im „contubernium"] nit sähen werdest".[9] Allerdings stand auch für Zwingli fest, dass diese ‚frommen' Heiden nur infolge ihrer Erleuchtung durch den Geist Christi und aufgrund ihrer göttlichen Erwählung durch Christus

---

4 Siehe WA 30 III, S. (81) 86–91 (Schwabacher Artikel), hier S. 90, Z. 7–10: „Das vnnser her jhesus Cristus an dem jungsten tag kumen wurdt, zu richten die lebenndigen vnnd die todten vnnd […] Die vnglaubigen vnnd gotlosenn straffen vnnd sampt dem teuffl in die helle verdammen ewiglich".

5 Siehe Die fränkischen Bekenntnisse. Eine Vorstufe der Augsburgischen Konfession. Hg. vom Landeskirchenrat der Evang.-Luth. Kirche in Bayern r. d. Rhs. 1. Teil: Untersuchungen. Bearb. v. Wilhelm Ferdinand Schmidt, München 1930, S. 135–151.

6 WA.TR 1, Nr. 252, S. 106, Z. 3 (Veit Dietrichs Nachschriften 15.–20.4.1532).

7 Ulrich Zwingli: Eyn kurtze klare summ vnd erklärung des Christenen gloubens, Zürich [1537], S. 45r. Vgl. Huldreich Zwingli: Christianae fidei brevis et clara expositio ad regem Christianum (1531). In: CR 93.5, Nr. 181, S. (1) 50–162 (163), hier S. 126, Z. 10–11: „miseram autem ac tristem impiis sive perfidis".

8 Vgl. Rudolf Pfister: Die Seligkeit erwählter Heiden bei Zwingli. Eine Untersuchung zu seiner Theologie, Zollikon-Zürich 1952, bes. S. 82–89.

9 Zwingli: Eyn kurtze klare summ (wie Anm. 7), S. 48r. Vgl. Zwingli: Christianae fidei […] expositio (wie Anm. 7), S. 132, Z. 7–9: „Non fuit vir bonus, non erit mens sancta, non est fidelis anima ab ipso mundi exordio usque ad eius consummationem, quem non sis isthic cum deo visurus".

selig werden. Luther war jedoch über diese Aussage Zwinglis entsetzt. Er erklärte, Zwingli habe sich durch seine Schrift „Expositio" nicht nur erneut als „ein Feind des heiligen Sacraments" zu erkennen gegeben, sondern werde nun „auch gantz und gar zum Heiden".[10]

Der Genfer Reformator Johannes Calvin (1509–1564), Wegbereiter und Gestalter des westeuropäischen Protestantismus, lehrte in der „Institutio Christianae Religionis" (1536) („Unterricht in der christlichen Religion", 1536), seinem theologischen Hauptwerk, dass die Seelen der Ungläubigen und unbußfertigen Sünder sogleich nach ihrem Tod durch individuelle Partikulargerichte (Einzelgerichte) ihre Bestrafung erfahren. Nach der allgemeinen Auferstehung am Jüngsten Tag, wenn ihre einstigen Leiber wiederum mit ihren Seelen vereinigt sein werden, erleiden sie dann die ewig dauernde und irreversible Verdammnis. Denn „Gottes Majestät, auch seine Gerechtigkeit, die sie mit ihrem Sündigen verletzt haben, die ist ewig! Das Gedächtnis an ihre Ungerechtigkeit geht also verdientermaßen nie zu Ende".[11] Die Verdammnis besteht vor allem darin, dass sie von jeglicher Gemeinschaft mit Gott ausgeschlossen sind, also in der Gottesferne leben. Sie müssen „außerhalb des Lebens, im Tode – leben!".

2. Verbreitung eschatologischer Heilserwartungen im Täufertum und mystischen Spiritualismus

Im linken Flügel der Reformation gab es von Anfang an sowohl innerhalb des Täufertums als auch vor allem des mystischen Spiritualismus Sympathisanten, Anhänger und Verfechter des eschatologischen Heilsuniversalismus. Dagegen beschritten die Sozinianer, die neben den Täufern und Spiritualisten bekanntlich die dritte bedeutende Gruppierung im linken Flügel der Reformation bildeten, einen Sonderweg. Sie lehnten ebenfalls die Vorstellung von niemals endenden Höllenqualen für die Gottlosen und Ungläubigen als Folter ab: Derartig grausame Vergeltungsmaßnahmen widersprächen der Liebe Gottes. Stattdessen vertraten sie die Lehre von der Annihilation (lat. annihilatio, dt. Zunichtemachung, Auslöschung) der Gottlosen und Ungläubigen, also deren vollständige Vernichtung nach dem Ende ihrer irdischen Existenz. Sie werden nicht wie die Gläubigen an der allgemeinen Auferstehung der Toten teilhaben, sondern den endgültigen Tod erleiden. Dieser sogenannte „zweite Tod" (Apk 20,14; 21,8) ist die göttliche Strafe für ihren

---

10 WA 54, S. (119) 141–175 (Kurzes Bekenntnis vom heiligen Sakrament), hier S. 143, Z. 15–16.

11 Jean Calvin: Institutio Christianae religionis (1559), III, 25, 5 – Zitiert nach Johannes Calvin: Unterricht in der christlichen Religion. Institutio Christianae Religionis. Nach der letzten Ausg. übers. und bearb. v. Otto Weber. 6. Aufl., Neukirchen-Vluyn 1997, S. 671; das folgende Zitat ebd., S. 677 (III, 25, 9).

Unglauben und ihr verfehltes Leben. Führende Vertreter dieser Vorstellung von einer Vernichtung aller Gottlosen waren im deutschsprachigen Raum der italienische Jurist und theologische Schriftsteller Fausto Sozzini (1539–1604), das Haupt der nach ihm benannten antitrinitarischen Bewegung, und der deutsch-polnische Theologe Johannes Krell (Crellius) (1590–1633) sowie der deutsche Medizinprofessor Ernst Soner (1572–1612). Letzterer konnte zahlreiche polnische Adlige, die zum Studium an die seit 1581 bestehende Nürnberger Hochschule, die Altdorfina, ins mittelfränkische Altdorf gekommen waren, für den Unitarismus (lat. unitas; dt. Einheit) gewinnen. Eingehend diskutiert und lehrmäßig entfaltet wurde die Vorstellung von einer Annihilation 1601 auf der Synode zu Raków.[12] Diese Stadt war 1569 als Hort der Toleranz in der Woiwodschaft Heiligkreuz im südlichen Polen gegründet worden. Bemerkenswerterweise war die Vorstellung von einer Annihilation dann in der weiteren Geschichte des deutschsprachigen Protestantismus nicht sehr verbreitet, sieht man von der Epoche der Aufklärung einmal ab.[13] Allerdings war auch für die meisten Aufklärer die Vorstellung von einer völligen Annihilation aus theologischen, metaphysischen und anthropologischen Gründen nicht nachvollziehbar. Dagegen gab es im anglo-amerikanischen Raum seit der Aufklärung zahlreiche Anhänger der Annihilation. Verwiesen sei beispielsweise auf den einflussreichen englischen Philosophen John Locke (1632–1704), der in seinen jungen Jahren ein Anhänger der traditionellen Lehre von ewigen Höllenqualen gewesen war.

Täufertum

Im Täufertum hielt man größerenteils an der Lehre von der immerwährenden Verdammnis der Gottlosen und Ungläubigen fest. Daneben gab es aber erstens einige kleinere Täufergemeinschaften, die das endgültige Geschick der Verdammten als vollständige Vernichtung (Annihilation) beschrieben, wie die Täufersynode in Venedig von 1550 zeigt. Zweitens gab es einige täuferische Gemeinschaften oder Gruppierungen, die sich um Täuferführer scharten, welche einen eschatologischen Heilsuniversalismus vertraten. Von diesen seien hier nur zwei erwähnt, der Elsässer Jakob Kautz (um 1500 – nach 1536) und vor allem der Thüringer Hans Hut (um 1490–1527).

---

12 Bezüglich der Verhandlungen der Polnischen Brüder, hervorgegangen 1563/65 aus der reformierten Kirche Polens, über die Annihilation auf der Synode in Raków (1601) siehe Faustus Socinus et al.: Epitome of a Colloquium Held in Raków in the Year 1601. In: George Huntston Williams (Ed.): The Polish Brethren: Documentation of the History and Thought of Unitarianism in Polish-Lithuanian Commonwealth and in the Diaspora, 1601–1685 (HThS 30), Missoula, MT 1980, S. (83) 89–126 (Doc. III), bes. S. 112–124 (On the State of the Dead up to the Last Day).

13 Über die Annihilation in der Epoche der Aufklärung siehe u. a. Janowski: Allerlösung, Bd. 2, S. 514–518.

Jakob Kautz, seit 1524 evangelischer Prediger in Worms, wandte sich seit 1527 unter dem Einfluss des mit den Täufern sympathisierenden Spiritualisten Hans Denck und des radikalen Spiritualisten Ludwig Hätzer einem stark spiritualistisch geprägten Täufertum zu. Als er im Juli desselben Jahres aus Worms verbannt wurde, wirkte er in den nächsten Jahren als Wanderprediger in mehreren Reichsstädten Süddeutschlands sowie in Mähren, wo sich seine Spur verliert. In der fünften These seiner „Syben Artickel", die er im Sommer 1527 für eine öffentliche Disputation in Worms verfasst hatte, erklärte er: „Alle[s], das imm ersten Adam vndergangen vnd gestorben [ist], das selbige ist vnnd wirt reichlicher imm andern Adam[,] das ist inn Christo[,] vnserm Herrn vnd fürgenger[,] auffgehen vnd lebendig werden".[14]

Von weitaus größerer Bedeutung für den Heilsuniversalismus im Täufertum wurde jedoch der Buchbinder und fahrende Buchhändler Hans Hut, der Gründer des nach ihm benannten Hutschen Täufertums. Hut, der stark von Thomas Müntzer beeinflusst war und sich am Thüringer Bauernaufstand (Mai 1525) beteiligt hatte, empfing zu Pfingsten 1526 in Augsburg durch Hans Denck die Taufe, zog missionierend durch Franken, Mähren sowie Österreich und fügte seine Anhängerschaft zu einer religiös singulären Gemeinschaft fest zusammen. In Augsburg, wo er an der sogenannten ‚Märtyrer-Synode', einer überregionalen Zusammenkunft von täuferischen Abgesandten, teilnahm (Täuferkonzil), wurde er Mitte September 1527 gefangen genommen und zu langjähriger Haft verurteilt. Er starb Anfang Dezember an den Folgen eines angeblich selbst gelegten Brandes im Gefängnis (Fluchtversuch). Nach seinem Tode löste sich das Hutsche Täufertum aus verschiedenen Gründen relativ rasch auf, beziehungsweise assimilierte sich mit anderen Richtungen des Täufertums. Huts Lehre vom universalen Heil weist auf den ersten Blick eine gewisse Widersprüchlichkeit auf, was wohl auf sein Bemühen zurückzuführen ist, seine eschatologischen Vorstellungen vom Heil aller Menschen zu kaschieren oder zu verschleiern.[15] Einerseits verkündigte er, dass alle Ungläubigen und unbußfertigen Sünder unmittelbar nach ihrem leiblichen Tod im Jenseits – vor dem Jüngsten Gericht – die Bestrafung Gottes erfahren und läuternde Qualen erleiden werden. Nur dadurch können sie mit Christus, der Kreuz und Leid während seines Erdenwandels, vor allem in der Passion, erlitten hat, eins werden und das ewige Heil erlangen. Diese Läuterung dachte er sich offensichtlich als einen langen, peinvollen Prozess, durch welchen die Sünden getilgt werden. Denn der Büttner (Küfer) Georg Volk, einer seiner treuesten Anhänger, verkündigte: „Es mussen die verdamten so lang leiden, bis sie gnug ton [getan], immer einer nach

---

14 Quellen zur Geschichte der Täufer. Bd. 4. Baden und Pfalz. Hg. v. Manfred Krebs (QFRG 22), Gütersloh 1951, S. 113–114, Nr. 129 (Die Sieben Artikel des Jakob Kautz), hier S. 114, Z. 7–9.

15 Über Huts Apokatastasislehre siehe bes. Gottfried Seebaß: Müntzers Erbe. Werk, Leben und Theologie des Hans Hut (QFRG 73), Gütersloh 2002, S. 363–365.

dem andern".[16] Davon ausgenommen sind natürlich diejenigen Sünder, welche bereits während ihres irdischen Lebens wie Christus durch Leiden geläutert wurden. Andererseits bekannte Hut aber, dass es Sünden gibt, für die keine Vergebung gewährt wird, nämlich für die Lästerungen gegen den Heiligen Geist (Mt 12,31–32, par.). Das folgt aus den von Hut in seiner „Konkordanz" angeführten Bibelstellen sowie aus seinen Antworten auf ihm vorgelegte thesenhafte Formulierungen bei seinem ‚gütigen' Verhör (Interrogatorium ohne Anwendung der Folter) in Augsburg am 16. September 1527. Für solche Sünder bleibt, so Hut, gemäß Apk 20,14–15 nach der allgemeinen Auferstehung der Toten und dem Endgericht nur die ‚Hölle' übrig.[17] Diese Diskrepanz versuchte er jedoch auszugleichen, indem er die Hölle hier nicht als einen lokalisierbaren Verdammungsort verstand, sondern metaphorisch als Zorn Gottes interpretierte. Hierbei verwies er auf Dtn 4,24, wonach Gott ein „verzehrendes Feuer" und ein „eifersüchtiger Gott" ist. Die wegen Lästerung des Heiligen Geistes verdammten Sünder kommen also unter den Zorn Gottes und sind dessen verzehrendem Feuer ausgesetzt (Apk 20,14–15). Dieses ist aber immer ein läuterndes Feuer, das zuletzt auch unvergebbare Sünden tilgen wird. Durch diese Interpretation konnte Hut formal der kirchlichen Lehre von der Existenz einer ‚Hölle' für Verdammte durchaus zustimmen und zugleich an seinem eschatologischen Heilsuniversalismus festhalten.

Mystischer Spiritualismus

Die mystischen Spiritualisten des 16. Jahrhunderts waren keineswegs ausnahmslos Sympathisanten oder Vertreter von universalen Heilsvorstellungen. Zu den bedeutenderen Spiritualisten, die diese abgelehnt haben, gehörten beispielsweise der schlesische Laientheologe Caspar Schwenckfeld von Ossig (1490–1561) und seine Anhänger, die sogenannten Schwen(c)kfelder. Diese lebten seit dem zweiten Drittel des 16. Jahrhunderts völlig allein oder zu mehreren in zahlreichen Territorien des Heiligen Römischen Reiches und bildeten nur in Schlesien und in der Grafschaft Glatz größere durative Gemeinschaften. Zwischen 1731 und 1737 emigrierten einige Hundert von ihnen aus Schlesien (d. h. aus der südwestlichen Randzone des Herzogtums Liegnitz und dem daran anstoßenden Grenzgebiet des Erbfürstentums Schweidnitz-Jauer) – unter dem Druck habsburgischer Rekatholisierungsmaßnahmen durch eine errichtete Jesuitenmission – über Holland nach

---

16 Quellen zur Geschichte der Wiedertäufer. Bd. 2. Markgraftum Brandenburg (Bayern I. Abt.). Hg. v. Karl Schornbaum (QFRG 16), Leipzig 1934, S. 78–94, Nr. 82 (Bekenntnisse der Baiersdorfer Gefangenen), hier S. 83, Z. 34–36.

17 Hierzu und zum Folgenden siehe Hans Hut: Konkordanz. In: Seebaß: Müntzers Erbe (wie Anm. 15), S. 502–504, Nr. 2, hier S. 502, zu 7 (Vom ewigen urtl.); und Hans Hut: Aussagen im Verhör am 16.9.1527. In: ebd., S. 515–521, Nr. 10, hier S. 520, zu (vorgelegten Fragen bzw. Thesen) 66 u. 72. Über Huts Interrogatorium siehe ebd., S. 123–131 u. 599–600.

Amerika (Pennsylvania). 1542 schrieb Schwenckfeld in seinem „Bekantnus vnsers allgemeinen Christlichen Glaubens", dass „die verdampten vnd ungleubigen [...] in die ewige pein gehen" werden.[18] Allerdings sympathisierten in späterer Zeit einzelne Schwenckfelder in Schlesien und vor allem in Pennsylvania mit universalen Heilsvorstellungen. Hingewiesen sei beispielsweise auf die vielfältigen Kontakte, die mehrere schwen(c)kfeldische Emigranten dort zu dem Arzt und Philanthropen George de Benneville (1703–1793), einem führenden Vertreter des frühen Universalismus in Nordamerika, hatten.[19]

Zu den namhaften Spiritualisten, welche universale Heilserwartungen indirekt vertraten, gehörte Hans Denck (um 1495–1527), der zwar gemeinhin den Täufern spiritualistischer Observanz zugerechnet wird, aber wohl eher den Spiritualisten zuzuordnen ist. Denck wurde nach Studien an den Universitäten in Ingolstadt und Basel 1523 Rektor an der Lateinschule St. Sebald in Nürnberg. Als er Anfang 1525 diese bedeutende Reichsstadt, damals das ‚Aug und Ohr' Deutschlands, wegen religiöser Devianz wieder verlassen musste, begab er sich nach Augsburg, wo er Anschluss an die dortigen Täufer fand und von dem Täuferführer Balthasar Hubmaier getauft wurde. Nach seiner Flucht aus Augsburg begab er sich über Straßburg nach Worms, wo er zusammen mit dem Publizisten Ludwig Hätzer (vor 1500–1529), einem Spiritualisten, Antitrinitarier und Sympathisanten der frühen Täuferbewegung, die erste protestantische Übersetzung der Prophetenbücher des Alten Testaments aus dem Hebräischen ins Deutsche schuf. Dann zog er durch Süddeutschland und die Schweiz, bis er Ende September 1527 in Basel ein Exil fand, aber bereits Mitte November an der Pest starb.

Denck war davon überzeugt, dass Gott das Heil aller Menschen will, wobei er u. a. auf 1 Tim 2,4 verwies.[20] Am deutlichsten lasse sich Gottes universaler Heilswille an der Geschichte Israels ablesen. Obgleich das Volk Israel wiederholt von Gott verworfen, gerettet und erneut verworfen wurde, wird ihm schließlich doch Rettung widerfahren.[21] Bibelstellen, die von einer ewigen Pein und Qual der Sünder sprechen, entkräftete er zunächst mit dem philologischen Argument, dass das Adjektiv ewig in der Bibel im Sinne von sehr langer Zeit zu verstehen sei. Zur

---

18 CSch VIII, S. (231) 251–259 (Bekantnus vnsers allgemeinen Christlichen Glaubens), hier S. 256, Z. 33–35.

19 Über die nach Pennsylvania emigrierten Schwenkfelder und George de Benneville siehe Horst Weigelt: Migration and Faith. The Migration of the Schwenkfelders from Germany to America – Risks and Opportunities (FKDG 10), Göttingen u. Bristol, CT 2017, S. 162–164 (Lit.).

20 Siehe Hans Denck: Ordnung Gottes (1527). In: Denck: Schriften. 2. T. Religiöse Schriften. Hg. v. Walter Fellmann (QFRG 24), Gütersloh 1956, S. 87–103, hier S. 90, Z. 21–22. Zu Dencks eschatologischem Heilsuniversalismus und dessen kontroverser Beurteilung siehe u. a. Parry: Larger hope, S. 15–19.

21 Siehe Hans Denck: Was geredt sei, daß die Schrift sagt (1526). In: Denck: Schriften (wie Anm. 20), S. 27–47, hier S. 46, Z. 1–5.

Rettung aller Menschen, in deren Herzen sich – so Dencks Hauptargument – „das liecht, das wort Gottes […] von anbeginn" befindet,[22] dienen mannigfache göttliche Strafmaßnahmen, nicht zuletzt auch die von den Menschen selbst begangenen Sünden. Diese stürzen die Menschen nämlich in Finsternis und Friedlosigkeit („finsternuß und unfrid"). Dort verbleiben sie, bis sie diese schließlich als Pein (im Diesseits oder Jenseits) empfinden und ihrer „müd" werden.[23] Allerdings stand der Heilsuniversalismus bei Denck weder im Mittelpunkt seiner Lehre, noch hat er diesen öffentlich expressis verbis vertreten. Dennoch apostrophierten mehrere Zeitgenossen Denck als einen hartnäckigen Verfechter der Apokatastasislehre, so der lutherische Reformator Urbanus Rhegius, der reformierte Theologe Johannes Kessler und der Humanist Joachim Vadian. Dass Denck auch die zukünftige Seligkeit des Teufels propagiert habe, wie seine Gegner behaupteten, lässt sich allerdings anhand seiner Schriften nicht nachweisen.

Ob auch der Chronist, Herausgeber und Theologe Sebastian Franck (1499–1542/ 43), zweifelsohne der bedeutendste Vertreter des Spiritualismus in der Reformationsepoche, zum eschatologischen Heilsuniversalismus neigte oder ihn sogar verteidigte, kann nicht definitiv entscheiden werden. In seinem umfangreichen Œuvre hat er sich nirgends offen als dessen Anhänger bekannt. Jedoch würde der eschatologische Heilsuniversalismus durchaus seinem ‚pantheisierenden' Gottesverständnis und seiner anthropologischen Vorstellung vom göttlichen Seelenfunken, der sich in jedem Menschen befindet, entsprechen. Bemerkenswert ist ferner, dass er in seiner erstmals 1531 erschienenen „Chronica, Zeytbuch vnd geschycht bibel", einer umfassenden Weltgeschichte, relativ ausführlich auf Dencks universales Heilsverständnis einging[24] und dazu ohne jede Kritik anmerkte: Denck sei der „meynung" des Origenes gewesen, daß sich Gott „endtlich werd aller erbarmen/ Gott werd vnd mög nit ewig zürnen noch verstossen/ vnd [es] werde in Summa endtlich alles selig/ auch die verstossnen geister [sc. die aus dem Himmel verbannten, gegen Gott rebellierenden Engel, vgl. 2 Petr 2,4] vnd Teufel". Es ist also durchaus möglich, dass Franck, der jedem selbst gewählten Märtyrertum abhold war, seine Sympathie für die Apokatastasis lediglich kaschiert hat.

---

22 Denck: Ordnung Gottes (wie Anm. 20), S. 90, Z. 14–16.

23 Denck: Was geredt sei (wie Anm. 21), S. 30, Z. 13 u. 38.

24 Sebastian Franck: Chronica, Zeytbuch vnd geschycht bibel von anbegyn biß inn diß gegenwertig MDXXXI. jar, Straßburg 1531, fol. AA 2v–4r (S. 410v–412r) („Johannes Denck vnd sein Artickel"); das folgende Zitat ebd., fol. AA 2v (S. 410v).

3. Verwerfung des eschatologischen Heilsuniversalismus in den reformatorischen Bekenntnisschriften

Als sich in den Territorien, in welchen die Reformation Fuß gefasst hatte, mehrfach universale Heilsvorstellungen auf unterschiedliche Weise bemerkbar machten, war es notwendig, dass sich die führenden Reformatoren damit auseinandersetzten. Es erschienen zahlreiche Streitschriften und Predigten zu dieser Thematik. Auch wurden die Apokatastasiserwartungen sowohl in den lutherischen als auch in den reformierten Bekenntnisschriften auf das Entschiedenste verurteilt.

Im Augsburger Bekenntnis (lat. Confessio Augustana) von 1530, der grundlegenden Bekenntnisschrift der lutherischen Reformation, zeitgleich auf Latein und Deutsch verfasst, wird im 17. Artikel, der verallgemeinernd gegen die „Wiedertaufer" („Anabaptistas") gerichtet ist, die Lehre von der Wiederbringung (die Allversöhnung) dezidiert zurückgewiesen. Es werden diejenigen „verworfen, so lehren, daß die Teufel und verdammte Menschen nicht ewige Pein und Qual haben werden" („Damnant [...], qui sentiunt hominibus damnatis ac diabolis finem poenarum futurum esse").[25] Nach der „Apologia Confessionis", einer Schrift, die 1531 zur Verteidigung des Augsburger Bekenntnisses unter der Federführung von Philipp Melanchthon verfasst und durch Justus Jonas d.Ä. übersetzt wurde („Apologia der Confession aus dem Latin verdeudscht"), werden „die Gottlosen" („impios") am Jüngsten Tag „zu ewiger Pein mit dem Teufel" verdammt („condemnaturum esse, ut cum diabolo sine fine crucientur").

In den beiden wichtigsten reformierten Bekenntnisschriften des 16. Jahrhunderts im deutschsprachigen Raum, im Zweiten Helvetischen Bekenntnis und im Heidelberger Katechismus, wird der Heilsuniversalismus ebenfalls verworfen. „Das Zweite Helvetische Bekenntnis" („Confessio Helvetica Posterior"), von Heinrich Bullinger, einem der damals führenden reformierten Theologen, 1562 als Privatbekenntnis verfasst und 1566 als gesamtschweizerisches Bekenntnis herausgegeben, verurteilt ebenfalls die Vorstellung von einem eschatologischen Heil aller Menschen. Im 11. Kapitel werden – unter Verweis auf Mk 9,48 – diejenigen verdammt, die glauben, auch die Teufel und alle Gottlosen müssten einst schließlich noch gerettet werden und ihre Strafen werden ein Ende haben („Damnamus eos qui senserunt et daemonas et impios omnes aliquando servandos, et poenarum finem futurum").[26] Der Heidelberger Katechismus („Catechismus oder christlicher Vnderricht"), 1563

---

25 BSLK (1930), S. 70, Z. 5–8 (Augsburgische Konfession); die folgenden Zitate ebd., S. 310, Z. 49–52 (Apologie der Konfession).

26 Confessio Helvetica posterior (1566). In: Reformierte Bekenntnisschriften. Hg. im Auftrag der Evangelischen Kirche in Deutschland v. Andreas Mühling u. Peter Opitz. Bd. 2/2. 1562–1569, Neukirchen-Vluyn 2009, S. (243) 268–345, Nr. 61 (bearb. v. Emidio Campi), hier S. 295, Z. 8–9.

im Auftrag des Kurfürsten Friedrich II. von der Pfalz hauptsächlich von dem reformierten Theologen Zacharias Ursinus erstellt, weist an mehreren Stellen universale Heilsvorstellungen zurück. So wird in dessen zweitem Teil „Von des Menschen Erlösung" in der Antwort auf die 20. Frage verneint, dass „alle menschen widerumb durch Christum selig" werden. Vielmehr wird gelehrt, dass allein diejenigen die Seligkeit erlangen, welche durch wahren Glauben Christus „eingeleibet" werden und „alle seine wolthaten annemen".[27]

In dem Zusammenhang sei darauf hingewiesen, dass der Heilsuniversalismus auf dem Konzil zu Trient (1545–1563), auf welchem die römisch-katholische Kirche ihre Lehre – nicht zuletzt in Auseinandersetzung mit der Lehre der Reformation – definierte, nicht explizit Verhandlungsgegenstand gewesen ist. Dazu bestand keine Notwendigkeit, da damals in der katholischen Kirche die Lehre vom doppelten Ausgang der Menschheitsgeschichte unstrittig war. Jedoch kann aus dem Dekret zur Rechtfertigung (Sessio VI), das am 13. Januar 1547 verabschiedet wurde, indirekt eine Zurückweisung von eschatologischen Heilserwartungen für alle Menschen gefolgt werden. Im dritten Teil dieses Dekrets wird nämlich im 15. Kapitel gelehrt, dass die Gnade der Rechtfertigung („iustificationis gratiam") nicht nur durch den Unglauben („infidelitate"), sondern auch „durch jede beliebige andere Todsünde" („quocumque alio mortali peccato") verloren werde.[28] Gemäß der „Lehre des göttlichen Gesetzes" („divinae legis doctrinam") sind nicht nur die „Ungläubigen" („infideles"), also die Heiden, vom Reich Gottes ausgeschlossen, sondern auch „die gläubigen [sc. die getauften] Unzüchtigen, Ehebrecher, Lüstlinge, Päderasten, Diebe, Geizhälse, Trunkenbolde, Lästerer und Räuber" („et fideles quoque fornicarios, adulteros, molles, masculorum concubitores, fures, avaros, ebriosos, maledicos, rapaces") – sofern keine Reue und Buße erfolgt. Einen Ausschluss nicht nur sämtlicher Ungläubigen, sondern auch aller unbußfertigen Todsünder vom ewigen Leben wird ferner im Dekret über den Läuterungsort (Sessio XXV) gelehrt. Darüber wurde im Dezember 1563 in der letzten Konzilssitzung verhandelt.

Die reformatorischen Kirchen hielten mit der Kirche des Mittelalters, so kann resümiert werden, lehrmäßig strikt am dualen Ausgang der Menschheitsgeschichte fest. Entschieden verurteilten sie universale Heilserwartungen und Hoffnungen, wie in den lutherischen und reformierten Bekenntnisschriften deutlich wird. Dennoch fanden solche eschatologischen Vorstellungen in der ersten Hälfte des 16. Jahrhunderts mannigfach Eingang in zahlreichen deutschen Territorien, in denen

---

27 Heidelberger Katechismus (1563). In: Reformierte Bekenntnisschriften (wie Anm. 26), S. (167) 174–212, Nr. 59 (bearb. v. Wilhelm H. Neuser), hier S. 180, Z. 17; das folgende Zitat ebd., S. 180, Z. 20–21.

28 DH (2017) 1544; das folgende Zitat ebd.

die Reformation Fuß gefasst hatte. Führende Vertreter und ihre oft sehr engagierten und zum Martyrium bereiten Anhänger aus dem Täufertum und besonders aus dem mystischen Spiritualismus verbreiteten diese hier zumeist im Geheimen, selten in ‚halböffentlichen‘ Räumen. Ihre eschatologischen Heilserwartungen und Hoffnungen für alle Menschen, die in Form und (exegetischer, theologischer und metaphysischer) Begründung sehr differierten, hinterließen aber im Grunde genommen keine tieferen, bleibenden Spuren, sieht man von wenigen Ausnahmen ab. Jedoch waren sie für die Entwicklung der Toleranzidee in der Moderne von erheblicher Relevanz.

IV. Universale Heilserwartungen in heterodoxen Strömungen im Konfessionellen Zeitalter

Im Konfessionellen Zeitalter – also etwa zwischen 1555 und 1670 – waren Kirche und Gesellschaft im Heiligen Römischen Reich Deutscher Nation entscheidend mitbestimmt von den wechselseitigen konfessionellen Abgrenzungen der drei großen Kirchen (der katholischen, der lutherischen und der reformierten Kirche), die sich im Laufe der zweiten Hälfte des 16. Jahrhunderts als Konfessionskirchen herausgebildet hatten. Diese Abschottungen lösten zahlreiche Kontroversen um die ‚reine‘ (orthodoxe) Lehre sowie konfessionspolitische Konflikte (z. B. den Jülich-Klevischen Erbfolgestreit) aus und führten zu machtpolitischen Händeln (z. B. die habsburgisch-französische Rivalität) und zu bewaffneten Konflikten. Das vielfältige Konfliktpotential entlud sich dann im Dreißigjährigen Krieg, in dessen Verlauf die konfessionellen Gegensätze allerdings immer mehr in den Hintergrund und die machtpolitischen Interessen in den Vordergrund traten. Diese kriegerischen Auseinandersetzungen, die zunächst weitgehend regional und territorial begrenzt waren, weiteten sich alsbald auf nahezu ganz Europa aus, wobei deutsche Territorien zum Hauptkriegsschauplatz wurden. Die jahrzehntelangen kriegerischen Kämpfe hatten verheerende Folgen für die Bevölkerung, die Wirtschaft und die Kultur. Über das namenlose Elend der Menschen schrieb der schwäbische Schuhmacher, Bauer und Chronist Hans Heberle in seinem autobiographischen „Zeytregister“: „In summa es [ist] so ein jämerlicher handel geweßen, das sich einem stein solt erbarmet haben, wül [will] geschweigen ein menschliches hertz. Dan [denn] wir seyen gejagt worden wie das gewildt [Wild] in wälden“.[1]

Der Westfälische Friede (Oktober 1648) brachte zwar keine individuelle Glaubensfreiheit, stellte aber die drei christlichen Konfessionen, die katholische, die lutherische und die reformierte, reichsrechtlich gleich. Dagegen wurden die Täufer und andere religiöse Gruppen reichsrechtlich nicht anerkannt.

An den äußeren ‚Rändern‘ der zwei evangelischen Konfessionskirchen oder jenseits von ihnen gab es im 17. Jh. mehrere heterodoxe religiöse Strömungen. Sie waren zumeist sehr inhomogen und überlagerten sich des Öfteren teilweise. Die bedeutendsten waren der Weigelianismus, der Paracelsismus, das Rosenkreuzertum,

---

1 Hans Heberle: Zeytregister (1618). In: Gerd Zillhardt (Hg.): Der Dreißigjährige Krieg in zeitgenössischer Darstellung. Hans Heberles »Zeytregister« (1618–1672). Aufzeichnungen aus dem Ulmer Territorium. Ein Beitrag zu Geschichtsschreibung und Geschichtsverständnis der Unterschicht (Forschungen zur Geschichte der Stadt Ulm 13), Ulm 1975, S. 85–273, hier S. 225.

die christliche Kabbala und vor allem der europaweit verbreitete mystische Spiritualismus. Letzterer war entscheidend bestimmt von mystischen und spiritualistischen Traditionsströmen des Mittelalters und der frühen Neuzeit.

Die Anhänger dieser devianten Strömungen übten auf unterschiedliche Art und Weise vielfältige Kritik an der institutionellen Gestalt der beiden evangelischen Konfessionskirchen und an ihren orthodoxen Lehrsystemen. Hierbei opponierten sie auch gegen die traditionelle kirchliche Lehre von dem dualen Ausgang der Menschheitsgeschichte und von der ewig währenden Verdammnis aller Ungläubigen und Gottlosen in der Hölle. An dieser Kritik beteiligten sich vor allem die Sympathisanten und Vertreter des mystischen Spiritualismus, die mystischen Spiritualisten unterschiedlichster Richtung.

1. Ablehnung und Verwerfung des eschatologischen Heilsuniversalismus in der lutherischen und reformierten Kirche

Sowohl in der lutherischen als auch in der reformierten Kirche und Theologie hielt man im Konfessionellen Zeitalter in der Lehre von den letzten Dingen (Tod, Auferstehung, Gericht, Weltvollendung) – bei allen Unterschieden im Detail – übereinstimmend an der ewigen Verdammnis aller Ungläubigen und Gottlosen in der Hölle fest. Die den Verdammten dort drohenden Strafen bestehen, so lehrte man, in ständigen physischen oder psychischen Qualen unterschiedlichen Grades als Folge ihrer endgültigen und immerwährenden Trennung von Gott.[2] Dieser Überzeugung waren auf lutherischer Seite beispielsweise die orthodoxen Theologen Leonhard Hutter[us] (1563–1616), Johann Gerhard (1582–1637), Georg Calixt (1586–1656), Johann Matthäus Meyfart (1590–1642), Johann Wilhelm Baier (1647–1695) und Johann Franz Buddeus (1667–1729)[3]. Letzterer ging bemerkenswerterweise jedoch bereits sehr ausführlich darauf ein, dass in jüngster Zeit Theologen darüber diskutieren würden, ob die in biblischen Schriften vielfach angedrohten ewigen Höllenstrafen im Sinne von Zeitlosigkeit, d. h. ohne Anfang und Ende, verstanden werden müssen.

---

2 Über die Lehre von der ewigen Verdammnis in der lutherischen Orthodoxie siehe bes. Erhard Kunz: Protestantische Eschatologie. Von der Reformation bis zur Aufklärung, in: Handbuch der Dogmengeschichte. Hg. v. Michael Schmaus u. a. Bd. IV. Sakramente. Eschatologie. Faszikel 7c (1. Teil), Freiburg u. a. 1980, S. 66–67 (Lit.); Carl Heinz Ratschow: Lutherische Dogmatik zwischen Reformation und Aufklärung. Teil II, Gütersloh 1966, § 21, S. 251–252, 258–260.

3 Hierzu und zum Folgenden siehe Johann Franz Buddeus: Institutiones theologiae dogmaticae variis observationibus illustratae, Leipzig 1723, S. 630–642, bes. 631–642 (lib. II, c. III, § XVII (Poenarum infernalium gradus, duratio, locus)).

Begründet wurde die ewige Verdammnis der Gottlosen und Ungläubigen bei den orthodoxen Theologen zuerst und vor allem mit neutestamentlichen Gerichtsworten, die als Beweise oder Belege, sog. Dicta probantia, dienten. Daneben argumentierte man besonders mit der wesensmäßigen Gerechtigkeit Gottes, welche eine dermaßen schwere Bestrafung für den Unglauben und die zu Lebzeiten verübten Unrechtstaten unbedingt verlange. Dieser Rekurs auf die Gerechtigkeit Gottes, bereits in Philipp Melanchthons 1559 erschienener Schrift über die wesentlichsten Lehrstücke der Theologie „Loci praecipui theologici" vorhanden,[4] findet sich bei den meisten lutherischen orthodoxen Theologen, so bei Buddeus.[5] Der Regress auf die Gerechtigkeit gründete in dem Bemühen, die Vorstellung von immerwährenden Höllenstrafen auch rational einsichtig oder zumindest nachvollziehbar zu machen.

Auch die reformierten Theologen hielten unbeschadet aller gravierenden Unterschiede zu den lutherischen Theologen strikt an der immerwährenden Verdammnis der Gottlosen und Ungläubigen sowie unbußfertigen Sünder fest.[6] Verwiesen sei auf die „Synopsis purioris theologiae", eine Zusammenfassung der ‚reinen' (orthodoxen) Theologie aus dem Jahr 1625. Verfasst von den vier Leidener Theologieprofessoren Johannes Polyander, Andreas Rivetus, Antonius Walaeus und Antonius Thysius d.Ä. ist dieses Werk die Summe reformierter Theologie im Konfessionellen Zeitalter. In diesem wiederholt herausgegebenen, eigentlich für die Theologenausbildung bestimmten Werk wird gelehrt, dass die Gottlosen und unbußfertigen Sünder für ihre Vergehen im irdischen Leben ewige Strafen erleiden werden. Diese sind identisch mit dem ‚Ewigen Tod', d. h. sie bestehen in dem völligen Ausschluss des Menschen aus der Gemeinschaft mit Gott und in ewiger Qual („Poena peccatis debita est duplex, vel damni [sc. Gottverlassenheit] vel sensus [sc. Strafleiden]").[7] Die Erwartung des Origenes und seiner Anhänger sowie einiger Täufer („opinionem Origenistarum, & quorundam Anabaptistarum"), dass die Höllenqualen schließlich doch noch ein Ende finden werden, wurde als irrig verworfen.

---

4 Siehe Philipp Melanchthon: Loci praecipui theologici (1559). In: CR 21, Sp. 601–1106, hier Sp. 929.

5 Siehe Buddeus: Institutiones (wie Anm. 3), S. 642–644 (lib. II, c. III, § XVIII (Caussae damnationis)).

6 Über die Lehre von der ewigen Verdammnis in der reformierten Orthodoxie siehe bes. Kunz: Protestantische Eschatologie (wie Anm. 2), S. 66–67; Heinrich Heppe: Die Dogmatik der evangelisch-reformierten Kirche. Dargestellt und aus den Quellen belegt. Neu durchgesehen u. hg. v. Ernst Bizer, Neukirchen 1958, S. 254–295 (Locus XV) u. S. 557–570 (Locus XXVIII).

7 Johannes Polyander u. a.: Synopsis purioris theologiae, Leiden 1652, S. 165–177 (Disputatio XVI. De peccato actuali), hier S. 170 (Thesis XXV); das folgende Zitat ebd., S. 803–822 (Disputatio LII. De vita ac morte aeterna & consumatione seculi), hier S. 818 (Thesis XLVII).

2. Mystische Spiritualisten als Sympathisanten und Vertreter universaler Heilserwartungen

Während des Konfessionellen Zeitalters bildete der mystische Spiritualismus, wie schon bemerkt, eine beachtliche religiöse Strömung, in der eschatologische Heilserwartungen für alle Menschen zwar keineswegs generell, aber relativ häufig anzutreffen waren, was auch im Kontext der damaligen politisch-militärischen Konflikte (Konfessionskriege) zu sehen ist. Seine führenden Gestalten schöpften jedoch nicht nur aus der breiten spiritualistischen Tradition, sondern sie rezipierten nicht selten auch Vorstellungen aus der spätmittelalterlichen Mystik und der christlichen Kabbala sowie aus Naturphilosophie und Theosophie. Allerdings geschah das in verschiedenem Umfang und unterschiedlicher Intensität. In Anbetracht der Komplexität des mystischen Spiritualismus und seiner europaweiten Verbreitung werden folgende Vertreter des eschatologischen Heilsuniversalismus paradigmatisch präsentiert: der wallonische Theologe Petrus Serrarius (1600–1669), der schlesische Dichter und Hofrat Christian Knorr von Rosenroth (1636–1689) und der flämische Universalgelehrte und Diplomat Franciscus Mercurius van Helmont (1614–1699). Anhand dieser drei mystischen Spiritualisten wird nicht nur die beachtliche Verschiedenheit ihrer eschatologischen Heilserwartung für alle Menschen deutlich, sondern auch ihre enge Vernetzung über Landes- und Konfessionsgrenzen hinweg.

Petrus Serrarius – Christologisch konnotierter Heilsuniversalismus

Petrus Serrarius (Serarius) gehörte im 17. Jahrhundert zu den bekanntesten Vertretern des eschatologischen Heilsuniversalismus in Europa.[8] 1600 in London in einer wohlhabenden wallonischen Kaufmannsfamilie geboren, wirkte er nach dem Theologiestudium in Oxford und Leiden seit 1626 in Köln an der dortigen Wallonischen Gemeinde, die er aber bereits 1628 wegen Lehrdifferenzen wieder verlassen musste. Nach einem kurzen Studienaufenthalt an der niederländischen Universität Groningen nahm er 1630 bis zu seinem Tod 1669 seinen ständigen Wohnsitz in Amsterdam, damals Sammelbecken und Hort sehr unterschiedlicher religiöser und philosophischer Strömungen. Hier hatte er vor allem Kontakte zu den überkonfessionellen Kollegianten (u. a. zu dem Theologen und Hebräisten Adam Boreel) sowie zu portugiesischen Juden (u. a. zu dem Philosophen Baruch (lat. Benedictus) de Spinoza). Er arbeitete als Korrektor und Übersetzer von deutschen, englischen und lateinischen Schriften (u. a. übersetzte er 1647 Werke Taulers ins Niederländische), verfasste mehrere theologische Werke und führte einen umfangreichen

---

8 Über die Apokatastasislehre bei Serrarius siehe Ernestine Gesine Everdine van der Wall: De mystieke chiliast Petrus Serrarius (1600–1669) en zijn wereld, Leiden 1987, S. 537–542 (Lit.).

Briefwechsel mit Spiritualisten, Kabbalisten, Böhmisten und Weigelianern. Zu seinen europäischen Briefpartnern gehörten u. a. Johann Amos Comenius, Friedrich Breckling, Jean de Labadie, Paul Felgenhauer, Christian Hoburg, Baruch de Spinoza, Johann Georg Gichtel. Serrarius war ein eifriger Verfechter des Chiliasmus und Förderer des Philosemitismus. Religiös beheimatet war er in Kollegiantenkreisen, freien christlichen Gemeinschaften, die sich vor allem der Toleranz verpflichtet fühlten.

Wie sein posthum von dem Theologen und Spiritualisten Christian Hoburg aus dem Niederländischen ins Deutsche übersetzter und unter verschiedenen Titeln erschienener dialogischer Traktat „Gespräch im Reich der Gnade"[9] (1722) zeigt, war er ein dezidierter Vertreter der ‚Apokatastasis'. Er war davon überzeugt, dass alle Menschen, welche wegen der Schwachheit des Fleisches (Röm 6,19) oder durch Verführung gesündigt und zu Lebzeiten nicht Buße getan haben, dennoch einst das ewige Heil erhalten werden. Dieses eschatologische Heil werden sie aber erst nach unterschiedlich langen Läuterungsprozessen im Jenseits erlangen, „der eine eher als der andere".[10] „Denn das Geschöpffe wird nicht eher wiederum in die unergründliche [abgrundtiefe] Reinigkeit seines Schöpfers eingehen können, bis es gantz und gar von den Schlacken, womit es durch die Sünde bedecket worden, gereiniget seyn wird". Ermöglicht werde diese Erneuerung durch das „Licht [sc. Logos bzw. Christus]", das nach Joh 1,9 in diese Welt kam und in jede Menschenseele „eingepflantzet" ist. Dieses ‚Licht' begleitet jede Menschenseele nach dem leiblichen Tod ins Jenseits, ja sogar „bis in die Hölle". Hier werde dann das ‚Licht', dieses „verborgene Kleinod", diese „getreue Gefehrdin [Gefährtin]", auf die Seele so lange einwirken, bis diese „sich endlich daselbst vor ihrem Schöpffer demüthiget". Es werden also alle Menschen durch das „Licht", d. h. den Logos bzw. Christus, selig werden, und die Hölle wird „aus Mangel ihrer Nahrung [sc. von Bösen, Verdammten] aufhören" zu existieren. Daraufhin wird Christus seinem Vater alles, was dieser ihm einst anvertraut hat, vollendet übergeben. Dann wird das „Ende aller Zeyten" kommen, die „völlige Wiederbringung aller Creaturen [vgl. 1 Kor 15,28]": der „Eingang in die selige Ewigkeit ohne Ende". Serrarius begründete also seine Vorstellung von der Wiederbringung mit der ‚Einwohnung' Christi in jeder Menschenseele und seinem soteriologischen Handeln an ihr.

Die Wiederbringung aller Kreatur hat nach Serrarius darüber hinaus auch große Bedeutung für das zwischenmenschliche Zusammenleben in der Gegenwart, die

---

9 [Petrus Serrarius]: Gespräch im Reich der Gnade, Amsterdam 1722 (Een bleyde boodschap aen Jerusalem. Nopende, de herstellinge des rijcks in Israël, Amsterdam 1665). Vgl. Johanna Bundschuh-van Duikeren: Bibliographie der niederländischen Literatur in deutscher Übersetzung. Bd. 2. Niederländische Literatur des 17. Jahrhunderts, Berlin u. a. 2011, S. 519–520; Wall: Serrarius (wie Anm. 8), S. 542–562.

10 [Serrarius]: Gespräch (wie Anm. 9), S. 23; die folgenden Zitate ebd., S. 27, 34, 27, 37, 17.

damals bekanntlich von konfessionellen Streitigkeiten und Religionskämpfen sowie deren gravierenden wirtschaftlichen und kulturellen Folgen zutiefst gekennzeichnet war. Die Erwartung eines zukünftigen Heils für alle Menschen macht nämlich, so Serrarius, ein gegenseitiges Verketzern und Bekämpfen unmöglich und bestärkt in der Liebe zueinander. Das ist aber „nöthiger" als „wunderthätiger Glaube und alle Erkenntniß [vgl. 1 Kor 13]".

Knorr von Rosenroth – Mystisch-spiritualistisch und kabbalistisch bestimmter Heilsuniversalismus

Der Theologe, Dichter und Hofrat Knorr von Rosenroth, 1636 in Alt-Raudten in Schlesien als Sohn eines lutherischen Pfarrers geboren, vertrat die Erwartung eines eschatologischen Heils für alle Menschen zu keinem Zeitpunkt ostentativ. Eine solche Devianz von der kirchlichen Lehre von der Ewigkeit der Höllenstrafen für alle Verdammten wäre ihm als Hofkanzleirat sogar im toleranten Fürstentum Pfalz-Sulzbach nicht möglich gewesen. In dieser Stellung stand er hier – nach seinem Studium in Leipzig und seiner ausgedehnten Peregrinatio academica durch die Niederlande und Frankreich sowie vielleicht auch durch England – seit 1668 in Diensten des toleranten, 1656 zur katholischen Kirche konvertierten Pfalzgrafen Christian August (1622–1708). Vermittelt wurde ihm dieses Amt durch den Universalgelehrten und Diplomaten Franciscus Mercurius van Helmont. Neben seinen Amtspflichten befasste sich Knorr intensiv mit theologischen und philosophischen, jüdischen und kabbalistischen sowie naturkundlichen und alchemistischen Studien. Unermüdlich war er als Herausgeber und Bearbeiter, Übersetzer und Dichter tätig und führte eine weite Korrespondenz, u. a. mit den Philosophen Henry More und Gottfried Wilhelm Leibniz. Besondere Verdienste erwarb er sich als Editor und Kommentator einer Anthologie kabbalistischer Texte, die 1677 und 1678 anonym unter dem Titel „Kabbala Denudata" in Sulzbach gedruckt wurde. Im Zentrum dieser ausgewählten Textsammlung stehen Teile aus dem „Zohar", der bedeutendsten Schrift aus der mystischen Tradition des Judentums. Da Knorr den „Zohar" auch deshalb für besonders wichtig hielt, weil er den Juden eine Konversion zum Christentum – angesichts der nahen Erwartung der Wiederkunft Jesu Christi (des Messias) – erleichtern könnte, publizierte er dessen Text vollständig in lateinischer Übersetzung mit dem Titel „Liber Sohar Restitutus". Dieses voluminöse Werk erschien 1684 in Frankfurt am Main wiederum anonym als zweiter Teil der „Kabbala Denudata".

Knorr, der außer von der Kabbala stark von den Cambridger Platonisten beeinflusst war, ging – wie diese einflussreichen englischen Philosophen und Theologen des 17. Jahrhunderts – davon aus, dass alle Seelen schon vor ihrem Eintritt in einen menschlichen Körper im ‚Jenseits‘ existieren, demzufolge präexistent sind.[11] Hierbei handelte es sich bekanntlich um eine Vorstellung, die bereits 543 auf dem 5. ökumenischen Konzil anathematisiert worden war. Allerdings lehnte Knorr die Annahme ab, dass sich eine Seele wiederholt zu reinkarnieren vermag (Palingenesia, Metempsychose, Seelenwanderung). Jede Seele kann sich nach seiner Überzeugung vielmehr nur ein einziges Mal in einem Körper inkarnieren. Alle Seelen der Menschen – sowohl der Frommen als auch der Bösen – kommen nach dem Verlassen ihrer Körper bis zur allgemeinen Auferstehung der Toten zum Jüngsten Gericht ins Totenreich, für welches Knorr gemeinhin das Wort ‚Hölle‘ verwandte. Diese interpretierte er, wie seine Auslegung des Gleichnisses vom reichen Mann und armen Lazarus (Lk 16,19–31) zeigt, auf zweifache Weise.[12] Einerseits verstand er die Hölle topographisch als eine „unsern irdischen Augen" unsichtbare Region „der weiten Luft". Während die „frommen" Seelen hier an „absonderliche [abgesonderte] hohe Oerter" gelangen, werden die Seelen, welche „böse" gewesen sind, an „absonderliche tieffe finstere Oerter" versetzt. Andererseits war für ihn die ‚Hölle‘ eine Metapher für eine „lebendige Bewegung und Empfindung" der Sinne: Die Frommen werden „die Freude deß Paradieses" antizipatorisch genießen, die Bösen werden dagegen mit „unbeschreiblicher Gewissens-Angst erschrecklich gefoltert". Deren psychische Qualen schilderte Knorr poetologisch in seiner Arie „O Mensch bekehre dich dieweil du lebst auff Erden". Dieses Lied findet sich in seinem 1684 in Nürnberg gedruckten „Neuen Helicon", einer Sammlung von 70 von ihm verfassten, übersetzten oder bearbeiteten Liedern. Seine fünfte Strophe lautet: „Wer aber Christi Bund mit Frevel-Muth verachtet / Und in der Gnaden-Zeit nach Fleisches-Lüsten trachtet / Der geht den breiten Pfad zur tieffen Höllen-Pein / Wo freylich Buß’ und Straff / und Reu wird ewig seyn".[13] Dabei ging Knorr zweifellos davon aus, dass die Verweildauer der bösen Seelen in der Hölle zwar ewig genannt werde, aber nicht im Sinne von immerwährend zu verstehen ist. Am Ende werde auch deren Vereinigung mit Gott „als dem höchsten Gut / und Ursprung alles

---

11 Hierzu siehe [Christian Knorr von Rosenroth]: Dissertatio singularis De Existentia animarum. Hg., übers. u. komm. v. Erna Handschur, in: Morgen-Glantz. Zeitschrift der Christian Knorr von Rosenroth-Gesellschaft 19 (2009) (Buch und Fürstenhof in der frühen Neuzeit, hg. v. Ulrich Johannes Schneider), S. 453–504. Vgl. Gerold Necker u. Rosemarie Zeller: Die Präexistenz der Seelen. Eine interreligiöse Debatte im 17. Jahrhundert, in: ebd., 24 (2014), S. 9–14.

12 Siehe [Christian Knorr von Rosenroth]: Harmonia Evangeliorum, Oder Zusammenfügung der vier H. Evangelisten […], Frankfurt a.M. 1672, S. 553–563 (Kap. 84); die folgenden Zitate ebd., S. 556–557.

13 Christian Knorr von Rosenroth: Neuer Helicon mit seinen Neun Musen. Hg. v. Rosemarie Zeller u. Wolfgang Hirschmann (om 124), Beeskow 2016, S. 45–46, Nr. XXVII (Ermahnung seine Bekehrung zur Reinigung in dieser Welt anzustellen), hier S. 46.

Guten" erfolgen. Sie gelangen zur Seligkeit, zu welcher „die von Gott abgefallene[n] Menschen / Christus wiederumb erlöset / und mit seinem Blute geheiliget" hat.[14]

Obgleich sich Knorr in seinen Schriften und Dichtungen, wie erwähnt, niemals explizit zur Wiederbringung aller Menschen ohne Ausnahme bekannt hat, kann diese auch aus seiner mystisch-kabbalistisch bestimmten Lebens- und Vorstellungswelt gefolgert werden. Diese spiegelt sich beispielsweise in einem bizarren Bericht[15] seiner Tochter Anna Dorothea über eine Vision, die sie angeblich im Bibliothekszimmer des väterlichen Landsassengutes Großalbershof bei Sulzbach gehabt hat. Hier erschien ihr der geliebte Vater einige Zeit nach seinem Tod, so teilte sie mit, in einem „Traum-Gesicht" in einem „schönen Talar [langes Gewand, Amtskleidung]". Auf ihre Frage nach seinem Ergehen sagte dieser: Er sei „wohl seelig / aber nicht im Schauen / sondern nur in der Hoffnung". Er weile an einem „Orte", an dem ihm soweit „wohl" sei, da er „mit vielen heiligen Männern am Tisch Abrahams [vgl. Mt 8,11] sitze". Jedoch müsse seine Seele zu gewissen Zeiten „von dieser Gesellschafft hinweg" und zur Buße zu seinem verwesenden „Cörper ins Grab" hinab. Wie lange das noch „währen wird", wisse er nicht. Etwa ein halbes Jahr später berichtete Anna Dorothea von einer neuen Traumvision. In dieser habe der Vater ihr mitgeteilt, dass er zur Läuterung weiterhin Pein erleide. Am Schluss habe er ihr gesagt, dass die Menschen nicht „glauben [sc. sich eigentlich nicht vorstellen können]", wie „genaue" sie im Jenseits „Rechenschafft" über ihr ganzes irdisches Leben ablegen müssen; aber sie würden auch nicht glauben, „wie unermeßlich die Liebe und Barmherzigkeit Gottes ist. Denn sie [sc. die Liebe] bearbeitet sich [müht sich ab] / wie sie uns möge seelig machen".

In dem Zusammenhang sei darauf hingewiesen, dass Knorrs eschatologische Heilserwartung für alle Menschen ohne Zweifel mit dazu beigetragen hat, dass sich das kleine Fürstentum Sulzbach in der zweiten Hälfte des 17. Jahrhunderts zu einem Zentrum der Toleranz entwickelte. Hier konnten nicht nur Katholiken, Lutheraner und Reformierte, sondern auch Heterodoxe und Juden friedlich miteinander leben und ihren Glauben öffentlich ausüben.[16]

Franciscus Mercurius van Helmont – Kabbalistisch und neuplatonisch grundierter Heilsuniversalismus

Der Naturforscher, Philosoph und Diplomat Franciscus Mercurius van Helmont, 1614 in den damaligen Spanischen Niederlanden als Sohn des berühmten Uni-

---

14 [Christian Knorr von Rosenroth]: Harmonia Evangeliorum (wie Anm. 12), Vorrede, fol. 2v.

15 Dieser Bericht findet sich in Johann Wilhelm Petersen: Mysterion Apokatastaseos Panton, Das ist: Das Geheimniß Der Wiederbringung aller Dinge […], Pamphylia [i.e. Offenbach] 1700, S. 143–144; die folgenden Zitate ebd.

16 Hierüber siehe Manfred Finke: Sulzbach im 17. Jahrhundert. Zur Kulturgeschichte einer süddeutschen Residenz, Regensburg 1998 (Lit.).

versalgelehrten und stark von Paracelsus beeinflussten Arztes Johan Baptista van Helmont geboren, bekannte und propagierte seine universale Heilserwartung ostentativ in seinen Schriften und seiner ausgedehnten Korrespondenz sowie auf seinen häufigen Reisen in den Niederlanden, England und Deutschland. Das war ihm wohl nur dank seiner sozialen Herkunft und herausgehobenen gesellschaftlichen Stellung möglich. Helmont war beeinflusst vom Paracelsismus, von der Kabbala und vom Neuplatonismus, der ihm besonders durch den englischen Dichter und Cambridger Platoniker Henry More (1614–1687) vermittelt wurde. Von 1644 bis 1658 stand er in mehreren Territorien des Deutschen Reiches in diplomatischen Diensten, u. a. bei Pfalzgraf Christian August von Pfalz-Sulzbach. 1670 ging er nach England, wo er im Herrenhaus Ragley Hall (Warwickshire) mit der theologisch-philosophisch gebildeten, tiefreligiösen Viscountess Anne Conway, geb. Finch zusammenarbeitete. 1677 schloss er sich den Quäkern an und gewann mit seinen kabbalistischen Ideen bei ihnen vorübergehend großen Einfluss. Er trennte sich aber wieder von ihnen, als George Fox, einer der Gründerväter der Quäker, gegen ihn opponierte. Nach Conways Tod 1679 verließ Helmont erneut England und verbrachte die letzten Lebensjahre in verschiedenen Orten Deutschlands; 1699 ist er in Berlin verstorben. Im Vorwort seiner Schrift „Ortus medicinae" (1652) nannte er seine Lebensform „Eremita peregrinans [pilgernde Einsiedelei]".[17]

Helmonts universale Heilsvorstellungen[18] werden am deutlichsten in seiner 1684 in London gedruckten Schrift „Two hundred Queries [...] concerning the Doctrine of the Revolution of Humane Souls", die zwei Jahre später auch in deutscher Übersetzung mit dem Titel erschien „Zweyhundert [...] Fragen, betreffend die Lehre von der Wider-Kehr der menschlichen Seele".[19] Allerdings entfaltete er in dieser Schrift vor allem seine Vorstellungen von der Seelenwanderung, welche stark von den damals bekannten Reinkarnationslehren differierten. Infolge der Fähigkeit der präexistenten Seelen zu aufeinanderfolgenden Inkarnationen, so Helmont, erhalten erstens alle Menschen, die ante Christum gelebt haben und somit der Evangeliumsverkündigung entbehren mussten, nachträglich die Chance („fair opportunity"), dieses zu hören und durch den Glauben an Jesus Christus von der

---

17 Franciscus Mercurius Helmont: Ortus medicinae, id est, initia physicae inaudita, Amsterdam 1652, Praefatio, unpag. [fol. 1r].

18 Über die Apokatastasisvorstellungen bei Franciscus Mercurius Helmont siehe u. a. Walker: Hell, bes. S. 122–124, 141–146.

19 [Franciscus Mercurius Helmont]: Two hundred Queries moderately propounded concerning the Doctrine of the Revolution of Humane Souls and its Conformity to the Truths of Christianity. Ed. by Robert Kettlewell, London 1684; [Franciscus Mercurius Helmont]: Zweihundert mit gebührender Bescheidenheit vorgestellte Fragen, betreffend die Lehre von der Wider-Kehr der menschlichen Seele, und wie solche mit der Warheit des Christenthums überein komme, o.O. 1686. Vgl. auch [Franciscus Mercurius Helmont]: De revolutione animarum humanarum [...], [Amsterdam 1690].

Gewalt des Satans losgekauft oder befreit und Diener und Kinder Gottes zu werden („of being redeemed, or delivered from Satan's power, and of becoming the servants and children of God").[20] Dank dieser Möglichkeit wiederholter „revolutions" dürfen zweitens auch alle diejenigen Menschen des ewigen Heils gewiss sein, die außerhalb des christlichen Kulturkreises gelebt haben oder leben und somit keine Kenntnis von der christlichen Botschaft haben konnten oder können. Aber auch alle Menschen, welche zu Lebzeiten die christliche Botschaft zwar verkündigt bekamen, aber keine Buße getan haben, werden einst das Heil erlangen. Deren Seelen kommen nämlich nach ihrem Tod im Jenseits an besondere Orte, wie das Gleichnis vom reichen Mann und armen Lazarus (Lk 16,19–31) zeige. Der dortige Aufenthalt dauert unterschiedlich lang und wird erforderlichenfalls auch in anderen Welten oder Universen fortgesetzt. Die hier vollstreckte Bestrafung dient ausschließlich zur Besserung; sie ist Arznei und mithin ein Akt der Liebe. Letztendlich erlangen also alle Menschenseelen die ewige Seligkeit, wenngleich auch erst nach mehrfachen „revolutions". Sie werden gemäß 2 Kor 5, 4–5 wie Christus einen himmlischen Leib erhalten und in der Herrlichkeit Gottes leben.

Dass Gottes Heilswille universal ist und der gesamten Menschheit gilt, wird nach Helmont zuerst und vor allem an Wort und Werk Christi evident. Christus habe am Kreuz auch für seine Feinde gebetet (Lk 23,34) und sei für alle Menschen gestorben, folglich auch für den Brudermörder Kain, den Betrüger Esau und den Verräter Judas. Diese christologische Begründung der universalen Heilserwartung findet sich nach seiner Überzeugung auch vielfach in den neutestamentlichen Schriften bezeugt, so beispielsweise 2 Kor 5,19: „Gott war in Christus und versöhnte die Welt mit ihm selbst". Helmont begründete seinen Heilsuniversalismus jedoch nicht nur christologisch, sondern auch schöpfungstheologisch. Wie kann der unwandelbare Gott, so fragte er rhetorisch, eines seiner Geschöpfe für immer verwerfen, die er einst geliebt hat („absolutely hate any of his Creatures which once he loved"). Drittens brachte er ein rationales Argument für seine Apokatastasislehre vor: Endliche Verfehlungen mit unbefristeten Strafen zu ahnden, sei ungerecht und gegen die Vernunft. Die Vorstellung immerwährender Höllenstrafen widerspreche der Gerechtigkeit Gottes.

Helmont hielt also die traditionelle kirchliche Lehre vom dualen Ausgang der Menschheitsgeschichte theologisch für falsch und rational für widersinnig. Sie verkehre das Bild von Gott als einem gütigen Vater in das eines grausamen Wüterichs. Das führe dazu, dass sich gegenwärtig viele vom christlichen Glauben abwenden und geradezu in die Arme des Atheismus getrieben werden. Von diesem sah er die damalige europäische Gesellschaft zutiefst bedroht. Der Atheismus scheint, so

---

20 [Helmont]: Queries (wie Anm. 19), Qu. 30 (S. 25); die folgenden Zitate ebd., Qu. 146 (S. 119), 142 (S. 115).

schrieb er 1684, die sich ausbreitende Seuche dieses Jahrhunderts zu sein: Der einzige Plan Satans sei, diese ‚Höllenbrut' unter den Völkern zu verbreiten („Atheism seems to be the spreading disease of the Age: and Satan's singular design in the Nations amongst men, to sow this wicked Spawn").

Helmont war in seinen Apokatastasisvorstellungen außer von neuplatonischen und naturphilosophischen Ideen stark beeinflusst von der lurianischen Kabbala, die er durch Lektüre sowie auch durch persönliche Begegnungen mit deren führenden Vertretern während seines Amsterdamer Aufenthaltes 1648 kennengelernt hatte. In dieser kabbalistischen Lichtmystik, entworfen von dem bedeutenden jüdischen Mystiker Isaak ben Salomo Luria (1534–1572), ging es auch um eschatologische Fragen, zumal man in Kürze die Ankunft des Messias erwartete. Dabei war man der Überzeugung, dass nach einer Reihe von Weltzeiten schließlich alle Zerrissenheit und Unvollkommenheit in der Welt, d. h. alle Disharmonien und Defizite, durch Gott behoben werden. Diese Restitution, die Wiederherstellung (hebr. Tikkun, Tiqqun; eig. Reparatur der göttlichen Harmonie), werde durch Adam Kadmon (hebr. Adam Qudmon; dt. ursprünglicher Mensch oder Urmensch), das Urbild des Menschen, erfolgen. Aus dessen Stirn werden heilende Lichtkonfigurationen heraustreten: Alles Böse wird vernichtet werden. Schließlich wird nur noch reines Sein existieren. Helmont identifizierte Adam Kadmon mit Jesus Christus und meinte so eine Brücke zwischen jüdisch-kabbalistischen und christlichen Vorstellungen herstellen zu können.

Die universalen Heilserwartungen waren im mystischen Spiritualismus des 17. Jahrhunderts in Form und Begründung sehr unterschiedlich, wie anhand von Petrus Serrarius, Christian Knorr von Rosenroth und Franciscus Mercurius van Helmont deutlich wurde. Begründet war diese Disparität nicht zuletzt darin, dass die mystischen Spiritualisten vielfach nicht nur aus differierenden spiritualistischen Traditionen schöpften, sondern öfters auch vom Neuplatonismus, von der christlichen Kabbala, der Naturphilosophie oder der Theosophie unterschiedlich intensiv beeinflusst waren. Allerdings weisen ihre Vorstellungen vom eschatologischen Heil aller Menschen aber auch eine bemerkenswerte Konformität auf. In fast allen wird nämlich mit Nachdruck betont, dass diese künftige Heilserwartung für alle Menschen dazu befähigt, schon in der Gegenwart religiöse Gegensätze zu überwinden und ein friedvolles Zusammenleben von Menschen unterschiedlicher Glaubensrichtungen und Frömmigkeitsformen zu verwirklichen. Der eschatologische Heilsuniversalismus des mystischen Spiritualismus stand also im Zeichen der Irenik. Diese starke Betonung seiner Relevanz für das Hier und Jetzt ist ohne Zweifel vor dem Hintergrund der Konfessionskriege während des Dreißigjährigen Krieges und dessen verheerenden gesellschaftlichen, wirtschaftlichen und kulturellen Folgen zu sehen und zu beurteilen.

Bei alldem ist zu beachten, dass die eschatologische Heilserwartung für alle Menschen auch im Konfessionellen Zeitalter zumeist nur heimlich in heterodoxen Kreisen und Zirkeln verkündigt wurde. ‚Halböffentlich' konnte sie im Grunde nur in solchen Territorien vertreten werden, in denen der Toleranzgedanke bereits im Ansatz Eingang gefunden hatte. Davon abgesehen hatten allenfalls Personen hohen Standes mit weitreichenden Beziehungen die Möglichkeit, sich zum eschatologischen Heilsuniversalismus frei zu bekennen.

V. Die Lehre von der Wiederbringung aller Dinge im Pietismus

Der Pietismus, die bedeutendste Reformbewegung innerhalb des europäischen Protestantismus, betonte – in kritischer Distanz zu Orthodoxie und Aufklärung – die unbedingte Notwendigkeit persönlicher Glaubenserfahrung (Bekehrung und Wiedergeburt), drang auf eine fromme individuelle und gemeinschaftliche Lebensgestaltung (Praxis pietatis) und intendierte eine christliche Durchdringung der Welt (Erziehung, Mission, Liebestätigkeit). Die Umsetzung dieses Reformprogramms gestaltete sich im Detail sehr unterschiedlich. Ferner waren die theologischen Grundaussagen in den einzelnen Richtungen des Pietismus recht verschieden. Das gilt auch hinsichtlich der Eschatologie im Allgemeinen und der Frage nach dem eschatologischen Heil aller Menschen, d. h. der ‚Wiederbringung aller Dinge‘, im Besonderen.

Die universale Heilserwartung erfuhr im Pietismus teils Kritik und Ablehnung, teils Akzeptanz und sogar Hochschätzung. Ersteres geschah weitgehend im kirchlichen Pietismus, letzteres besonders im radikalen (kirchenkritischen und separatistischen) Pietismus. Auch im Spätpietismus, also an der Wende vom 18. zum 19. Jahrhundert, gab es einige namhafte Vertreter des eschatologischen Heilsuniversalismus. Diese waren jedoch zum Teil bereits stark vom Geist der Aufklärung mitbestimmt. Da der europäische Pietismus im 17. und 18. Jahrhundert verschiedene religiöse Bewegungen und Denominationen in Nordamerika nachhaltig beeinflusste, trug er dort zumindest anfänglich erheblich zur Entstehung und Ausbildung des Universalismus bei.

1. Die Lehre von der Wiederbringung aller Dinge im kirchlichen Pietismus und in der Herrnhuter Brüdergemeine sowie im Württembergischen Pietismus

Im kirchlichen Pietismus wie auch im Herrnhuter Pietismus lehnte man die Lehre von der Wiederbringung aller Dinge im Allgemeinen entschieden ab. Eine bemerkenswerte Ausnahme bildete der facettenreiche kirchliche Pietismus im damaligen Herzogtum Württemberg.

1.1 Ablehnung der Wiederbringungslehre im kirchlichen Pietismus und in der Herrnhuter Brüdergemeine

Philipp Jakob Spener (1635–1705), die zentrale Gestalt des lutherischen Pietismus, opponierte gegen die Wiederbringungslehre in mehreren Schriften, Gutachten und Briefen. Auch August Hermann Francke (1663–1727), der Begründer des Hallischen Pietismus, lehnte die Lehre von der Wiederbringung ab. Allerdings stand er ihr anfänglich durchaus aufgeschlossen gegenüber. Spener warnte Francke deshalb Ende 1695 eindringlich vor dieser Lehre, da sie in der Bibel nicht hinlänglich bezeugt sei. Vor allem sollte er sich über sie nicht öffentlich äußern, weil daraus nur „jammer" und „ärgernus" erwachse.[1] Im Gefolge dieser beiden Protagonisten wies man im kirchlichen Pietismus universale Heilserwartungen in der Regel zurück, wie die wiederholt aufgelegte pietistische Normaldogmatik „Theses credendorum atque agendorum fundamentales" (1694) („Grund-Sätze Christlicher Glaubens- u. Lebens-Pflichten", 1702) des Hallenser Theologieprofessors Joachim Justus Breithaupt (1658–1732) zeigt.

Im Unterschied zu Spener und Francke sympathisierte Ludwig Nikolaus Graf von Zinzendorf und Pottendorf (1700–1760), Gründer der Herrnhuter Brüdergemeine, zumindest anfänglich mit der Lehre von der Wiederbringung. Jedoch wollte auch er nicht, dass sie lehrmäßig vertreten würde, da sie sich in der Bibel nicht mit klaren Worten finde. Man dürfe sie im Stillen aber als frommen Wunsch hegen, weil es in ihr indirekte Hinweise auf eine Rettung aller Ungläubigen und sogar des Teufels gäbe. Dagegen hielt man in der Herrnhuter Brüdergemeine – von wenigen Ausnahmen wie dem Prediger Friedrich Emanuel Kleinschmidt abgesehen – an der immerwährenden Verdammnis der Ungläubigen in der Hölle fest. Bemerkenswert zurückhaltend erklärte August Gottlieb Spangenberg (1704–1792), Bischof der Herrnhuter Brüdergemeine und nach Zinzendorfs Tod eigentlich deren Leiter, in seiner Schrift „Idea fidei Fratrum" (1779), dass die Heilige Schrift zwar vieles von der „ewigen Pein" und von dem „ewigen Leben" verkündige, dass aber „das meiste dunkel bleibt".[2]

---

1 Brief: Philipp Jakob Spener an August Hermann Francke, 31.12.1695. In: Philipp Jakob Spener: Briefwechsel mit August Hermann Francke. 1689–1704. Hg. v. Johannes Wallmann und Udo Sträter, in Zus.-Arb. mit Veronika Albrecht-Birkner, Tübingen 2006, Nr. 114, S. 423–426, hier S. 425, Z. 46 u. 48.

2 August Gottlieb Spangenberg: Idea fidei Fratrum oder kurzer Begriff der Christlichen Lehre in den evangelischen Brüdergemeinen, Barby 1779, § 271, S. 576.

1.2 Akzeptanz der Wiederbringungslehre aller Dinge im Württembergischen Pietismus

Obgleich der Pietismus im Herzogtum Württemberg dem kirchlichen Pietismus zuzuordnen ist, gab es in ihm beachtliche Richtungen, in denen Vorstellungen vom eschatologischen Heil aller Menschen und gelegentlich sogar aller Tiere lebendig waren, wie beispielsweise Christian Adam Danns Schrift „Bitte der armen Tiere" (1822) zeigt. Ihre Zentralgestalten waren Johann Albrecht Bengel und Friedrich Christoph Oetinger. Deren universale Heilserwartungen wurden dann – teilweise stark modifiziert – weitergeführt von dem Theologen Christian Gottlob Pregizer und dem Laien Johann Michael Hahn, die beide eine relativ große Anhängerschaft um sich scharen konnten.

Johann Albrecht Bengel

Johann Albrecht Bengel (1687–1752), zuletzt Prälat in Stuttgart, äußerte sich in seinen Werken nur gelegentlich expressis verbis zur ‚Apokatastasis'.[3] Obgleich von der Wiederbringung aller Menschen persönlich überzeugt, widerriet er, über sie zu diskutieren oder sie sogar lehrmäßig zu vertreten. Das könne zu sittlicher Laxheit und missionarischer Inaktivität führen und außerdem den Pietismus bei der Obrigkeit diskreditieren. Allenfalls dürfe sie als ein Arkanum vor gefestigten Christen verkündet werden. Bengel begründete den eschatologischen Heilsuniversalismus erstens exegetisch-philologisch mit solchen Bibelstellen, in denen er eine universale Heilsperspektive zu finden meinte. So folgerte er beispielsweise aus Apk 22,2, wo von der „Heilung der Völker" durch die „Blätter" des Lebensbaumes die Rede ist, die getroste Zusicherung, dass alle, die von dem „Heil Gottes weit entfernt" waren, schließlich „doch auch zurechte gebracht" werden.[4] Die den Ungläubigen in biblischen Schriften vielfach angedrohten ewigen Höllenqualen seien, so Bengel, als sehr lange während Strafen zu verstehen. Das Adjektiv ewig bedeute nämlich in den biblischen Gerichtsworten zwar eine lange, aber limitierte Zeitspanne. Bengel begründete seine universale Heilserwartung zweitens vor allem theologisch mit seinem Verständnis von Geschichte: Geschichte ist das offene oder verborgene Heilshandeln Gottes mit den Menschen. Sie ziele von Anfang an auf das eschatologische Heil aller Menschen.

---

3 Über die Lehre von der Wiederbringung aller Dinge bei Bengel siehe vor allem Friedhelm Groth: Die Wiederbringung aller Dinge im württembergischen Pietismus. Theologiegeschichtliche Studien zum eschatologischen Heilsuniversalismus württembergischer Pietisten des 18. Jahrhunderts (AGP 21), Göttingen 1984, S. 77–88.

4 Johann Albrecht Bengel: Sechzig erbauliche Reden über die Offenbarung Johannis […], Stuttgart 1758, S. 1198 (56. Rede).

Friedrich Christoph Oetinger

Friedrich Christoph Oetinger (1702–1782), von 1752 bis 1759 Pfarrer und Spezial-superintendent in dem östlich von Heilbronn gelegenen Weinsberg und dann bis zu seinem Tode in gleicher Funktion in Herrenberg, war von den führenden Gestalten des württembergischen Pietismus derjenige, welcher die Lehre von der Wieder-bringung am deutlichsten vertrat.[5] Da er aber nicht nur Bengels Verständnis von der Heilsgeschichte weitgehend folgte, sondern auch Boehmes Naturphilosophie, kabbalistische Lehren und Swedenborgsche Auditions- und Visionsberichte eklek-tisch rezipierte, sind seine Vorstellungen komplexer. Diese finden sich vor allem in seinem zweiteiligen Werk „Biblisches und Emblematisches Wörterbuch" (1776) und in seinen „Murrhardter Predigten" (1780). Nach Oetinger kommen alle christlichen Märtyrer und Heiligen nach ihrem Ableben sofort in himmlische Regionen, wo sie bis zur ersten Auferstehung (Apk 20,5–6) verweilen, um dann mit dem wieder gekommenen Christus – zusammen mit den zu dieser Zeit auf Erden lebenden Christen – im Tausendjährigen Reich (Millennium) zu herrschen. Dagegen werden alle Ungläubigen und unbußfertigen Sünder unmittelbar nach ihrem Tod und den folgenden Partikular- oder Einzelgerichten zur Bestrafung und Läuterung an un-terschiedliche Orte der Hölle gebracht, entsprechend ihrem ‚geistlichen' Zustand im irdischen Leben. Hier werden sie nach der allgemeinen, zweiten Auferstehung der Toten und dem Jüngsten Gericht zunächst auch noch weiterhin verbleiben. Ein sofortiger Straferlass könnte nämlich Satan Anlass geben, Gott als ungerecht hinzustellen. Die Schalen des göttlichen Zornes (vgl. Apk 15,7) müssen deshalb vollständig ausgeleert werden. Letztendlich werden jedoch alle Höllenqualen auf-hören; denn im Unterschied zum „Leben" hat die „Pein" keine „Wurzel" in Gott.[6] Alle Menschen und das gesamte Universum werden in Gott vollendet werden. Den eschatologischen Heilsuniversalismus begründete Oetinger – im Kontext seines heilsgeschichtlichen Denkens – erstens theo-logisch mit seinem Gottesverständnis, nach welchem Gott wesensmäßig Liebe ist. Zorn ist Gott fremd und währt anders als die Liebe nur einen Augenblick. Der Liebe Gottes vermag aber kein Mensch auf Dauer zu widerstehen. Zweitens argumentierte er christologisch: Gott habe Chris-tus unumschränkte Vollmacht über die gesamte Menschheit gegeben. Dieser wird, wie 1 Kor 15,20–28 und Eph 1,9–11 zeigen, die Welt- und Menschheitsgeschichte so vollenden, dass die gesamte Schöpfung Gott danken werde. Drittens begründete er die Endlichkeit der Höllenstrafen exegetisch-philologisch: Das Adjektiv ewig, das sich in einigen neutestamentlichen Gerichtsandrohungen findet, bedeutet eine lange, aber begrenzte Zeitspanne.

---

5 Über die Wiederbringungslehre bei Oetinger siehe bes. Groth: Wiederbringung (wie Anm. 3), S. 118–146.

6 Friedrich Christoph Oetinger: Biblisches und emblematisches Wörterbuch. Hg. v. Gerhard Schäfer. Teil 1 Text (TGP Abt. VII, 3), Berlin/New York 1999, S. 307, Z. 11–12.

In dem Zusammenhang sei darauf hingewiesen, dass Bengels und besonders Oetingers Vorstellungen von der Wiederbringung territorial übergreifende Bedeutung hatten. Sie übten beispielsweise einen beachtlichen Einfluss auf den niederrheinischen Pietismus aus. Mittelsmann war vor allem der Theologe und Duisburger Gymnasialdirektor Johann Gerhard Hasenkamp (1736–1777), Verfasser zahlreicher Werke und eifriger Briefschreiber. Nach seiner Überzeugung wird die Liebe Gottes alle Verdammten in einem langdauernden Läuterungsprozess schließlich sogar zu einer größeren Herrlichkeit führen, als Adam und Eva vor dem Sündenfall einst besessen haben. Jedoch werden wegen der Gerechtigkeit Gottes niemals alle Verdammten den gleicheen Herrlichkeitsgrad erreichen. Deshalb insistierte der skrupulöse, rabuistische Hasenkamp, von seinen Zeitgenossen als „Wiederbringer" apostrophiert, darauf, dass er lediglich eine künftige „Unterthänigkeit aller Dinge [sc. unter Gott]" vertrete, aber keine „Wiederbringung" im herkömmlichen Sinne.[7]

Christian Gottlob Pregizer und die Pregizer Gemeinschaft

Christian Gottlob Pregizer (1751–1824), nach dem Studium Schlossprediger in Tübingen, dann Pfarrer in Grafenberg nordöstlich von Reutlingen und schließlich im Schwarzwaldstädtchen Haiterbach, entwickelte sehr bildreiche und schlichte Vorstellungen von der Wiederbringung aller Menschen.[8] Danach werden die Seelen der Gläubigen nach dem Tod von Engeln direkt an himmlische Orte geleitet, wo sie – angetan mit einem „gewißen Lichts Leib", gekleidet in „weiße Röke" und dekoriert mit „Palmzweige[n] in ihren Händen" – ohne Bedrängnisse die Seligkeit genießen.[9] Dort leben sie jeweils in solchen Gemeinschaften, für welche sie sich im Diesseits qualifiziert haben, und nehmen regen Anteil am irdischen Geschehen. Dagegen kommen die Seelen der Gottlosen in die „untersten Gegenden der Erden". Hier bleiben sie jedoch nicht für immer; denn das Handeln Gottes ist bestimmt von der Liebe, die das Heil aller Menschen will. Darüber äußerte sich Pregizer vielfach, am deutlichsten wohl in seinem kleinen Beitrag „Fragen von der ewigen Liebe Gottes in Wiederbringung aller Dinge" (1842). Darin bekannte er am Schluss: „Die Liebe führt das Regiment, / Sie ist die Königin, der Alles weicht".[10] Die nach ihm

---

7 Brief: Johann Gerhard Hasenkamp an Johann Kaspar Lavater, 30.6./1.7.1773. In: Karl C.E. Ehmann: Briefwechsel zwischen Lavater und Hasenkamp, Basel 1870, S. 111–121, hier S. 121.

8 Über die Lehre von der Wiederbringung bei Pregizer siehe Groth: Wiederbringung (wie Anm. 3), S. 162–171.

9 Christian Gottlob Pregizer: Vom Zustande nach dem Tode, (o.D.). In: Gotthold Müller: Christian Gottlob Pregizer (1751–1824). Biographie und Nachlass, Stuttgart 1962, S. 273–310, hier S. 293; das folgende Zitat ebd., S. 298.

10 Christian Gottlob Pregizer: Fragen von der ewigen Liebe Gottes, (1842). In: Müller: Pregizer (wie Anm. 9), S. 311–317, hier S. 317.

benannte Pregizer Gemeinschaft (entstanden um 1796), von Laienbrüdern geleitet, hält bis heute an seinen Vorstellungen von der Wiederbringung aller fest.

Johann Michael Hahn und die Hahn'sche Gemeinschaft

Der gleichfalls stark von Oetinger und Jakob Böhme beeinflusste Johann Michael Hahn (1758–1819) vertrat die Wiederbringung ostentativ als eine zentrale christliche Lehre.[11] Er ist der geistige Vater der nach ihm benannten Hahn'schen Gemeinschaft, die sich erst 1786 organisierte und bis in die Gegenwart vielerorts in Württemberg und Baden besteht. Geboren wurde Hahn in Altdorf bei Böblingen in einer Bauernfamilie. Er erlernte das Metzgerhandwerk, war aber später zumeist in der Landwirtschaft in Sindlingen auf dem Schlossgut der pietistisch gesinnten Herzogin Franziska von Hohenheim tätig. Entscheidend für sein Leben und seinen Glauben wurde eine zweimalige Zentralschau (1777 – oder wahrscheinlicher – 1778 und 1783), durch welche er zur ‚zentralen‘ Erkenntnis (‚Erleuchtung‘) Gottes und der Welt gelangte: „Ich sahe in die innerste Geburt, und allen Dingen ins Herz, und mir war, als wäre auf einmal die Erde zum Himmel geworden, und als ob ich die Allenthalbenheit [‚Ubiquität‘] Gottes schauete".[12]

Nach Hahn entspricht die Lehre von der Wiederbringung, die sich in sehr vielen Bibelstellen finde, nicht nur dem Heilsplan Gottes mit der Welt, sondern sie ist auch konform mit dem ‚sensus communis‘, d. h. dem gesunden Menschenverstand und dem Empfinden aller beseelten Wesen. Beim Eintritt des Todes, so Hahn, verlässt die Seele ihr fleischliches Gehäuse und erhält im Jenseits einen ihr adäquaten Platz zugewiesen. Während die Gläubigen zur weiteren Vervollkommnung in „Freiheitsörter, wo sie keine Qual anrührt", gelangen, kommen die Gottlosen und Ungläubigen an Stätten, „wo sie gepeinigt werden", damit sie sich unter Schmerzen

---

11 Über die Lehre der Wiederbringung bei Johann Michael Hahn siehe Groth: Wiederbringung (wie Anm. 3), S. 228–251; Joachim Trautwein: Die Theosophie Michael Hahns und ihre Quellen (QFWKG 2), Stuttgart 1969, S. 203–221.

12 Johann Michael Hahn: Schriften. Bd. 3. Briefe und Lieder über die zweyte Epistel Pauli an die Corinther, Epheser, Colosser […] und die zweyte und dritte Epistel Johannis, Tübingen 1820, S. 11 (29. Brief). Vgl. ders.: Schriften. Bd. 9. Betrachtungen […] über die Erste Epistel Pauli an die Corinther […], Tübingen 1826, S. 117 (6. Betrachtung): „Man kanns durch Uebung so weit treiben […], daß man Gottes Herze findet, und aus demselben allen Dingen ins Herz siehet"; S. 165 (8. Betrachtung): „Da wir […] des Herrn Wort fleissig lesen, ging uns das Licht […] auf; also, daß wir vom Geheimnis des Kreuzes als der Central-Erkenntniß in den ganzen Plan Gottes hineinsahen, in alle Centra in dem großen Centrum". Über die Quellen, die Termine, den Inhalt und die Bedeutung von Hahns zweimaliger Zentralschau siehe Trautwein: Theosophie (wie Anm. 11), S. 54–64, 69–71, 119–125.

läutern.[13] Dieser unterschiedlich lange Zeit dauernde Prozess ermöglicht zumindest einer Anzahl von ihnen, schon jetzt aus den Regionen der Qual ins Paradies empor-zusteigen, um nach der ersten Auferstehung der Toten (Apk 20,6) als geist-leibliche Menschen zusammen mit allen Heiligen und Märtyrern sowie den zu dieser Zeit auf Erden lebenden Gläubigen am Tausendjährigen Reich (Millennium) aktiv teilzu-nehmen. Nach dessen Ende erfolgt dann die allgemeine (zweite) Totenauferstehung zum Jüngsten Gericht. Unter Zugrundelegung von „Gewissensbücher[n]“, darin Tun und Denken aller Menschen von Anfang an akribisch verzeichnet ist (vgl. Apk 20,12),[14] wird jetzt ein endgültiges Urteil über jeden Menschen gefällt. Die nunmehr androgynen (oder geschlechtslosen) Seligen werden auf einer neuen, gereinigten Erde ein paradiesisches Leben führen und sich weiter vervollkomm-nen. Die Unseligen werden zur Bestrafung, Läuterung und Glaubensunterweisung in den „Feuersee“ (vgl. Apk 20,14), einen feurigen Schwefelpfuhl, geworfen, die einen „tiefer“ und die anderen „nicht so tief“. Der dortige schmerzliche, läuternde und erzieherische Aufenthalt ist jedoch zeitlich begrenzt. Schließlich werden alle aus dem „Feuersee“ gerettet und sogar Satan wird „in Gott Erbarmen ersinken, nachdem er das Gericht [sc. der Verdammung] lange und endlich allein [sc. ohne die inzwischen geretteten Verdammten] noch lange getragen hat“.[15] Am Ende wird „kein Tod, kein Teufel mehr sein noch sein können, und das darum, weil Gott selber in allen seinen Geschöpfen das sein wird, was er, ehe er sich offenbarte, in Naturen und Kreaturen sein wollte und zu sein verlangte“.

Hahn trug seine universale Heilserwartung nicht nur in zahlreichen privaten und öffentlichen Versammlungen vor, sondern er beschrieb sie auch in Erbau-ungsschriften, Bibelauslegungen und Briefen. Diese zirkulierten zunächst nur in Abschriften unter seinen Anhängern; erst nach seinem Tod wurden sie seit 1819 unter dem Titel „Hahns Schriften“ veröffentlicht.

Das württembergische Konsistorium, ein mit umfassenden Vollmachten aus-gestattetes kirchliches Leitungsgremium, erklärte die Wiederbringungslehre 1743 in einem Edikt als den Bekenntnisschriften widersprechend und untersagte ihre öffentliche Verkündigung. Dieser Erlass wurde jedoch nicht strikt gehandhabt.

---

13 Johann Michael Hahn: Schriften. Briefe von der ersten Offenbarung Gottes durch die ganze Schöp-fung bis an das Ziel aller Dinge […] oder das System seiner Gedanken […]. 3. Aufl., Böblingen 2013, S. 375 (15. Brief).

14 Johann Michael Hahn: Schriften. Bd. 5. Briefe und Lieder über die heilige Offenbarung Jesu Christi […]. 2. Aufl., Tübingen 1846, S. 635 (29. Brief); die folgenden Zitate ebd., S. 637 u. 638 (29. Brief).

15 Hahn: Briefe (wie Anm. 13), S. 459 (18. Brief); das folgende Zitat ebd., S. 459–460 (18. Brief).

2. Die Lehre von der Wiederbringung und Apokatastasisideen im radikalen Pietismus

Im radikalen Pietismus, dessen Anhänger der institutionellen Kirche teils reserviert oder distanziert (kirchenkritischer Pietismus), teils oppositionell oder ablehnend (separatistischer Pietismus) gegenüberstanden, findet sich im Unterschied zum kirchlichen Pietismus sehr häufig die Erwartung, dass alle Menschen (sowie manchmal auch alle Tiere (Röm 8,22–23)) nach ihrer Läuterung schließlich die ewige Seligkeit erlangen werden. Die Verkündigung dieses sog. ‚Ewigen Evangeliums‘, das man in der Apokalypse des Johannes (Vg Apk 14,6: „evangelium aeternum") prophezeit sah, geschah zumeist in einer äußerst gespannten Erwartung der baldigen Wiederkunft Christi auf Erden, die man für die Zeit um 1700 prognostiziert hatte. Dieser eschatologische Heilsuniversalismus wurde von den radikalen Pietisten teils zurückhaltend, teils propagandistisch vertreten.

Jane Leade

Nahezu alle radikalen Pietisten, die universale Heilserwartungen vertraten, waren mehr oder weniger stark beeinflusst von der englischen Visionärin und Apokalyptikerin Jane Leade (1623–1704) und der von ihr geprägten Philadelphischen Bewegung.[16] Leade, geboren in der englischen Grafschaft Norfolk in einer wohlhabenden Unternehmerfamilie, hatte seit dem 15. Lebensjahr vielfach Visionen und vertiefte sich seit 1663 unter Leitung des anglikanischen Geistlichen, Arztes und Astrologen John Pordage (1607–1681) in Schriften Jakob Böhmes und der Behmenists. Spätestens 1694 gelangte sie zur Gewissheit der ‚Restitution of All Things‘, d. h. dass am Ende der Zeit alle Menschen ebenso wie der Teufel und seine Engel zu Gott zurückkehren werden. Nach dem Tod von Portage, ihres Mentors und Mäzens, übernahm Leade die Leitung der von ihm gegründeten überkonfessionellen Gemeinschaft der Behmenists (Boehmenists), Anhängern der theosophischen Vorstellungen Jakob Boehmes. Diese Gemeinschaft (family community) erweiterte sie 1694 zur Philadelphian Society for the Advancement of Piety and Divine Philosophy, benannt nach der im 1. Jahrhundert entstandenen frühchristlichen Gemeinde in der antiken Stadt Philadelphia in Lydien (Apk 1,4.11 u. 3,7–13). Allerdings bestand die kleine, kaum organisierte Philadelphian Society in England nur bis etwa 1730.

Nach Leades Schriften, besonders nach ihren beiden Werken „The Revelation of Revelations" (1683) und „A Revelation of the Everlasting Gospel Message" (1696),

---

16 Über die Lehre vom universalen Heil („doctrine of universal salvation") bei Leade siehe u. a. Walker: Hell, S. 218–230; Parry: Larger hope, S. 58–69.

vollzieht sich die Universal Reconciliation erst nach unterschiedlich langen Läuterungsprozessen im mehrstufigen Jenseits. Ermöglicht wird die Läuterung, weil Gott bzw. der Heilige Geist – von Anbeginn – dauerhaft in der Seele eines jeden Menschen präsent ist. Diese Läuterung durch die ‚tingierende' (färbende, einfärbende) Kraft des Blutes Christi müssen nicht nur alle Ungläubigen durchlaufen, sondern auch alle Christen, die während ihres irdischen Lebens noch nicht zur gänzlichen Wiedergeburt gelangt sind. Schließlich werden alle Seelen, ausgestattet mit einer neuen lichten Leiblichkeit, schnell in ihren früheren Urgrund der göttlichen Feuer- und Lichtwelt zurückkehren. Aber auch Satan und die gefallenen Engel sowie alle anderen Wesen werden das ewige Heil erlangen, obgleich Leade konzedierte, dafür keine eindeutigen Schriftbeweise anführen zu können. Nach ihrem Selbstzeugnis wurde ihr dieses ‚Ewige Evangelium' (Apk 14,6) durch die Virgin Sophia bzw. Virgin Wisdom, die Weisheit Gottes, geoffenbart.[17]

Philadelphische Bewegung

Die von Jane Leade ausgehende philadelphische Bewegung fand auf dem europäischen und auch auf dem amerikanischen Kontinent eine beachtliche Resonanz. In deutschen Territorien entstanden seit etwa 1698 mancherorts kleinere philadelphische Gemeinschaften, die allerdings zumeist nur relativ kurze Zeit existierten. In ihnen versuchte man die endzeitliche Gemeinde vor der Wiederkunft Christi auf Erden antizipatorisch zu realisieren, so namentlich in der geteilten Grafschaft Ysenburg-Büdingen, in den beiden kleinen Grafschaften Sayn-Wittgenstein-Berleburg und Sayn-Wittgenstein-Hohenstein sowie in Hessen.

An der Entstehung und Ausbreitung der philadelphischen Bewegung, in der heilsuniversale Vorstellungen virulent waren, war der aus Eschwege in Hessen gebürtige reformierte Theologe Heinrich Horch (1652–1729) in seinen frühen Jahren maßgeblich beteiligt. Nach seiner Amtsenthebung als Professor an der reformierten Hohen Schule von Herborn wegen Heterodoxie (1698) war er nämlich unter den Philadelphiern als Reiseprediger umtriebig tätig und vertrat spätestens seit 1699 einen eschatologischen Heilsuniversalismus. An seinen Bruder schrieb er im November dieses Jahres aus Marburg, wo er eine Aufsehen erregende Haft verbüßte: Er sei zu der Erkenntnis gekommen, dass nach Gottes gnädigem „Vorsatz [Vorhaben, Plan]" Anfang und Ende des gesamten Seins sich entsprechen werden. Gemäß „Göttlicher weisen Anordnung der Zeiten [sc. Heilsplan]" werde alles, was im Himmel und auf Erden ist, durch Christus unter sein „erstes rechtmässiges Haupt und Ur-Eigenthums-Herrn", das heißt unter Gott, dem Vater und Schöpfer, „wiederge-

---

17 Vgl. Jane Leade: Revelation of Revelations […], London 1683, Kap. 15–19.

bracht" werden.[18] Um 1700/1701 gab Horch seine Separation von der reformierten Kirche wieder auf, hielt aber an seiner Kritik an der verderbten Babel-Kirche und seinem Ideal einer überkonfessionellen ‚Philadelphia (gr. geschwisterliche Liebe)-Kirche' fest. 1708 nahm er mit seiner Familie den ständigen Wohnsitz in der kleinen kurhessischen Stadt Kirchhain bei Marburg, wo er bis zu seinem Tode literarisch eifrig tätig war. Auch seine Inklination zum Heilsuniversalismus gab Horch jetzt preis. In seiner 1715 publizierten Schrift „Filadelfische Versuchungs-Stunde" äußerte er sich konsterniert darüber, dass Mitglieder der Philadelphischen Gemeinden unter dem Namen ‚Ewiges Evangelium' allen Verdammten eine künftige Erlösung verkündigen. Unter Verweis auf viele Schriftstellen verteidigte er nun vehement die traditionelle kirchliche Lehre, dass alle Ungläubigen eine ewige Verdammnis erwartet. Denn Gott, so erklärte er, vergilt ihnen nach ihren Werken und lässt sie in ihren Sünden sterben. Er lässt sie in der Hölle weiterhin zu ihrem eigenen Verderben Unrechtstaten begehen, weil sie die Gnade zu Lebzeiten „muthwillig verachtet und mit Füssen getreten" haben.[19] Wegen seines Abfalls von der Wiederbringungslehre wurde Horch später von dem bedeutenden kirchenkritischen Pietisten Johann Wilhelm Petersen als „Retrolapsarianer" (lat. retro: zurück, lat. lapsi: Abgefallene, Nominativ Pl. von lapsus), das heißt als ein wieder Abgefallener, apostrophiert.[20]

2.1 Der kirchenkritische Pietismus und die Lehre von der Wiederbringung aller Dinge

Von den namhaften kirchenkritischen Pietisten, welche der Kirche distanziert gegenüberstanden und mit der ‚Apokatastasis' sympathisierten oder ihr anhingen, seien exemplarisch genannt Gottfried Arnold und das Ehepaar Johann Wilhelm und Johanna Eleonora Petersen.

Gottfried Arnold
Gottfried Arnold (1666–1714), der zu den einflussreichsten Gestalten des kirchenkritischen Pietismus gehört, wurde nach dem Theologiestudium in Wittenberg durch Schriften Speners für den Pietismus gewonnen. Nach einer durch Spener vermittelten Hauslehrertätigkeit in Dresden und dann in Quedlinburg (1693–1696),

---

18 Heinrich Horch: Maranatha, Oder Zukunfft des Herrn zum Gericht, und seinem herrlichen Reiche, welches ist die Hochzeit des Lammes […], o.O. 1700, S. 5.

19 Heinrich Horch: Die Filadelfische Versuchungs-Stunde, In Ansehung des so genannten Ewigen Evangeliums […], Marburg 1715, fol. a 4v (Vorbericht).

20 Die Bezeichnung findet sich im Titel von Johann Wilhelm Petersen: Zeugniß der Wahrheit, Von der Wiederbringung aller Dinge wieder einen Retrolapsarianer […], Frankfurt a.M. 1718.

wo er tief in eine kirchenkritische, ekstatisch-mystische Frömmigkeit eintauchte und sich zum Radikalpietisten entwickelte, erhielt er 1697 eine Professur für Geschichte an der Universität Gießen. Diese legte er jedoch bereits nach einigen Monaten wieder nieder. Er fühlte sich von der Geltungssucht im akademischen Raum abgestoßen und fürchtete, dass das ‚zarte Leben Christi' in ihm verkümmern könnte („Offenhertzige Bekäntniß", 1698). 1701 vollzog sich jedoch in seiner radikalpietistischen Position erneut eine – in der Forschung mehrfach kontrovers dargestellte – beachtliche Modifikation, worauf hier nicht näher eingegangen werden kann. Er ehelichte Anna Maria Sprögel, die Tochter des Werbener Superintendenten Johann Heinrich Sprögel (1701), trat in kirchliche Dienste und wurde Schlossprediger in Allstedt (1702), dann Pfarrer und Inspektor in Werben in der Altmark (1705) und schließlich Pfarrer und Diözesaninspektor in Perleberg (1707). 1699 und 1700 erschien seine – in Gießen und Quedlinburg verfasste – voluminöse „Unpartheyische Kirchen- und Ketzer-Historie" in vier Foliobänden in Frankfurt am Main bei dem Verleger Thomas Fritsch im Druck. In diesem wirkungsgeschichtlich bedeutenden Werk wird an mehreren Stellen seine Sympathie für die Lehre von der Wiederbringung aller Menschen deutlich. Das zeigt sich vor allem in der Art und Weise, wie er darin Gestalten und Gemeinschaften, die zur Lehre von der Wiederbringung hinneigten oder sich zu ihr offen bekannten, dargestellt hat. Hingewiesen sei beispielsweise auf Arnolds apologetische Ausführungen zu Origenes' Leben, Werk und Lehre.[21] Aus dessen Schriften führte er auffallend viele Zitate zur „allgemeinen herwiederbringung" und von „der ewigkeit" an. „Die heilige mutter der kirche", schrieb er ironisch, „hat mit Origenis büchern gemachet [sc. ist mit ihnen umgegangen]", wie sie mit den Schriften des Mönches, Priesters und Abtes Johannes Cassianus (gest. um 435), eines Hauptvertreters des frühen Semipelagianismus, und mit den Werken anderer ‚Ketzer' verfahren ist: Diejenigen Bücher, welche nicht mit ihren Grundsätzen („principien") konform gehen, hat sie „verworffen", die übrigen werden aber „ohne anstoß gelesen", ja sogar gegen die „ketzer [sc. aus kirchlicher Sicht]" benutzt, „welches noch mehr zu verwundern ist".

Johann Wilhelm und Johanna Eleonora Petersen

Im Unterschied zu Arnold vertraten der Theologe Johann Wilhelm Petersen (1649–1727) und seine ihm ebenbürtige Ehefrau Johanna Eleonora, geb. von und zu Merlau (1644–1724), die ‚Apokatastasis' offen und geradezu propagandistisch.[22] Petersen, ebenfalls durch Spener für den Pietismus gewonnen, war

---

21 Gottfried Arnold: Unpartheyische Kirchen- und Ketzer-Historie […], Frankfurt a.M. 1729, Teil 1, S. 102–104 (Th. I, Bd. III, C. III, Nr. 3–6) u. Teil 4, S. 359–361 (Th. IV, Sect. I, Nr. 4); das folgende Zitat ebd., S. 361.

22 Über die Apokatastasisvorstellungen bei dem Ehepaar J.W. u. J.E. Petersen siehe u. a. Ruth Albrecht: Die Apokatastasis-Konzeption bei Eleonora Petersen. In: Ruth Heß u. Martin Leiner (Hg.): Alles in

nach verschiedenen universitären und pastoralen Tätigkeiten von 1678 bis 1688 Superintendent und Hofprediger in der Residenzstadt Eutin und später Superintendent in Lüneburg. Hier wurde er Anfang 1692 wegen seiner Amtsführung, seiner chiliastischen Vorstellungen und seiner Verteidigung der Visionärin Rosamunde Juliane von der Asseburg entlassen und des Landes verwiesen. Das Ehepaar, fortan großzügig unterstützt von pietistischen Mäzenen aus dem hohen Adel, u. a. von dem brandenburgisch-preußischen Hofkammerpräsidenten Dodo II. zu Innhausen und Knyphausen, zog nach Niederndodeleben westlich von Magdeburg und 1708/9 dann auf das Gut Thymer (Thümer) bei Lübars. Hier war Joh. W. Petersen weiterhin schriftstellerisch tätig, unternahm aber auch immer wieder Reisen und hielt mancherorts Versammlungen.

Das Ehepaar Petersen, durch Leades Schrift (in Manuskriptform) „The Wonders of God's Creation" (1695) („Das Wunder der Schöpffung Gottes", 1696) auf die ,Apokatastasislehre' aufmerksam geworden, vertrat diese seit Mitte der 90er Jahre. Obgleich Spener dringend von einer Publizierung dieser eschatologischen Heilserwartungen abgeraten hatte, veröffentlichte Joh. E. Petersen 1698 anonym „Das Ewige Evangelium Der Allgemeinen Wiederbringung Aller Creaturen". Dieses Werk rief heftige Kritik hervor, woraufhin ihr Ehemann zwischen 1700 und 1710 das dreibändige „Mysterion Apokatastaseos Panton" herausgab, sein sicherlich bedeutendstes Werk. Weitere Schriften zu dieser Thematik folgten, so 1716 „Der bekräfftigte ORIGENES, in der Lehre von der Wiederbringung aller Dinge".

Nach Joh. W. Petersen ist das ,Ewige Evangelium' gemäß dem göttlichen Heilsplan die dritte, endgültige Gestaltwerdung des Evangeliums. Dessen Verkündigung sei zwar schon längst angekündigt worden (vgl. Apk 14,6), wurde aber erst jetzt, am Ende der Zeit, durch den Heiligen Geist öffentlich bekanntgemacht. Das ,Ewige Evangelium', die „fröliche Bottschafft", verheißt, dass „alle Creaturen", sowohl im Himmel als auch auf Erden, „in ihrer von Gott bestimmten Zeit, und Ordnung, nach ergangener Läuterung hie in dieser Zeit, oder in den zukünfftigen aeonen nach rückstelligen Gerichten [i.S.v. nach dem Jüngsten Gericht], auff die allergerechteste Art und Weise des gerechten, und gütigsten Gottes, durch Jesum Christum [...] von der Sünde und Straffe der Sünden endlich solle errettet, und in den vorigen

---

allem. Eschatologische Anstöße. Festschrift Christine Janowski, Neukirchen-Vluyn 2005, S. 199–214; Dieter Breuer: „Der bekräfftigte Origenes". Das Ehepaar Petersen und die Leugnung der Ewigkeit der Höllenstrafen. In: Hartmann Laufhütte u. Michael Titzmann (Hg.): Heterodoxie in der Frühen Neuzeit, Tübingen 2006, S. 413–426; Kurt Lüthi: Die Erörterung der Allversöhnungslehre durch das pietistische Ehepaar Johann Wilhelm und Johanna Eleonora Petersen, in: ThZ 12 (1956), S. 362–377; Walter Nordmann: Die Eschatologie des Ehepaares Petersen, ihre Entwicklung und Auflösung, in: ZVKGS 26 (1930), S. 83–108; 27 (1931), S. 1–19.

Zustand, darinnen sie waren, ehe die Sünde war, und noch in einen bessern [...] versetzet, und wiedergebracht werden".[23]

Da die Läuterung die unabdingbare Voraussetzung für die Erlangung des ewigen Heils ist, kommen alle Menschen – sofern eine solche ‚Reinigung' bei ihnen nicht bereits während ihres irdischen Lebens durch Umkehr und Wiedergeburt geschehen ist – nach ihrem Tod bzw. dem Endgericht im Jenseits an unterschiedliche Orte, wo ihnen sowie dem Teufel und seinen Engeln das ‚Ewige Evangelium' verkündigt wird. Wenn dann Christus in dem jetzigen Äon oder auch in „künfftigen Aeonen" alles „oeconomiret [bewirtschaftet]" und „zurecht gebracht" hat, wird er selbst sich Gott unterordnen, auf dass „Gott sey alles in allem (1 Kor 15,28)".[24]

Petersen begründete seine eschatologische Heilserwartung für alle Menschen theo-logisch, christologisch bzw. soteriologisch und ontologisch. Nach seinem Verständnis ist Gott zuerst und vor allem Güte und Weisheit eigen; diesen beiden Wesenseigenschaften ist seine Gerechtigkeit nachgeordnet. Deshalb kann Gott seine Geschöpfe, deren künftige ‚Unheilsgeschichte' (Sündenfall) ihm aufgrund seines (Vorher-)Wissens (Praescientia) bereits von vornherein bekannt war, nicht dem ewigen Verderben preisgeben. Christologisch bzw. soteriologisch argumentierte er mit der Universalität des Heilswerks Christi. Anzunehmen, es gäbe unvergebbare Sünden und somit immerwährende Höllenstrafen, würde die Bedeutung des Kreuzesgeschehens Christi schmälern. Ontologisch besitzt das Böse – im Unterschied zum Guten – keine Essenz, sondern nur Akzidenz. Das Böse ist endlich und „höret auff bey der Neumachung aller Dinge", so wie auch die „Pein-Ewigkeit", d. h. die Höllenqual, aufhört.[25]

Nach Petersen hat die Botschaft vom ‚Ewigen Evangelium' sodann auch für die Gegenwart große Relevanz. Sie vermag erstens dazu beizutragen, die Lehrdifferenzen zwischen Protestanten und Katholiken zu minimieren. Die Vorstellung einer künftigen Läuterung der Seelen im Jenseits sei zwar nicht mit der katholischen Lehre vom Purgatorium identisch, könne aber eine Brückenfunktion übernehmen. Zweitens könne die im ‚Ewigen Evangelium' verkündigte sukzessive ‚Wiederbringung' der Menschen den Prädestinationsstreitigkeiten zwischen Lutheranern und Reformierten ein Ende bereiten. Sie leistet nämlich einerseits den Reformierten Genüge, indem den Märtyrern und Heiligen eindeutig eine Präferenz eingeräumt wird: Diese sind nämlich durch ihre künftige aktive Teilnahme am Millennium privilegiert und besitzen so eine größere eschatologische Bedeutsamkeit. Andererseits

---

23 Johann Wilhelm Petersen: Mysterion Apokatastaseos Panton. Oder Das Geheimniß Der Wiederbringung aller Dinge, Durch Jesum Christum [...], Panphilia [i.e. Offenbach] 1700, § 11, fol. 4r (Vorrede).

24 Petersen: Zeugniß der Wahrheit (wie Anm. 20), S. 22–23.

25 Johann Wilhelm Petersen: Der Bekräfftigte Origenes, In der Lehre von der Wiederlegung aller Dinge [...], o.O. [Frankfurt a.M.] 1716, S. 9.

kommt die Botschaft vom ‚Ewigen Evangelium' dem Anliegen der Lutheraner dadurch entgegen, dass das ewige Heil grundsätzlich allen Menschen ohne Ausnahme angeboten wird.

Petersens eschatologischer Heilsuniversalismus fand weit über den Pietismus hinaus Beachtung, so bei dem Universalgelehrten Leibniz.[26] Da dieser von Petersens poetischen Arbeiten (Psalmen- und Kirchenlieddichtungen) durchaus angetan war, ermunterte er ihn 1711, seine universalen Heilsvorstellungen in einem Gedicht mit dem Titel „Uranias" in vergilischen Hexametern darzustellen. Darin sollte er in Gesängen den Weg der Menschheit von der Schöpfung über den Sündenfall bis zu ihrer Rückkehr zu Gott schildern. Daraufhin verfasste Petersen in nur drei Monaten das 15-teilige Epos „Uranias" in lateinischen Hexametern. Leibniz war jedoch von dessen poetischer Qualität enttäuscht und hielt eine Überarbeitung für notwendig, an der er sich auch gleich selbst beteiligt hat. Im letzten, 15. Gesang dieses 1403 Verse umfassenden Epos, das erst 1720 im Druck erschien, finden sich die Verse: „Nichts ist übrig von allen Dingen als Licht, Güte, Segen, Macht, / Reichtum, Glanz, Majestät, Ruhm, Ehre" („Nil superest, nisi Lux, Bonitas, Benedictio, Virtus, / Divitiae, Splendor, Majestas, Gloria, Honores").[27]

Während der eschatologische Heilsuniversalismus des Ehepaars Petersen die lutherische Orthodoxie und auch den kirchlichen Pietismus zu zahlreichen Streitschriften veranlasste, fand er im radikalen Pietismus weitgehend Akzeptanz. Jedoch wurden die eschatologischen Vorstellungen Petersens hier nicht selten stark vereinfacht, so durch Georg Klein-Nicolai (1671–1734), der mehrere Pfarrämter im Sachsen-Anhaltischen und Thüringischen nur kurze Zeit innegehabt hatte und einige Jahre Erzieher und Hofprediger am pietistischen Hof von Graf Heinrich XXIX. Reuß zu Ebersdorf gewesen war. In seiner wiederholt nachgedruckten und ins Englische und Niederländische übersetzten Schrift „Das von Jesu Christo [...] zu predigen befohlene Ewige Evangelium von der [...] Ewigen Erlösung" (1705), veröffentlicht unter dem Pseudonym Georg Paul Siegvolck, verkündete er, dass am Ende der Zeit nach langen peinvollen Läuterungen nicht nur alle Gottlosen, sondern auch der Satan und seine Engel die ewige Seligkeit erlangen werden.

2.2 Der separatistische Pietismus und die Wiederbringung aller Dinge

Im separatistischen Pietismus wurden universale Heilserwartungen nicht nur heimlich in vertrauten Kreisen verkündigt, sondern sie wurden auch ‚öffentlich' in Wort

---

26 Hierzu und dem Folgenden siehe Breuer: Origenes (wie Anm. 22), S. 421–423.

27 Johann Wilhelm Petersen: Uranias qua opera Dei magna [...] carmine heroico celebrantur [...], Frankfurt a.M./Leipzig 1721, S. 457–458 (lib. XV), v. 1391–1392.

und Schrift bekannt gemacht.[28] Dazu trugen zum einen einige führende Gestalten des separatistischen Pietismus bei, so beispielsweise der Jurist Ernst Christoph Hochmann von Hochenau und der Theologe Johann Friedrich Haug. Zum anderen wurden solche Vorstellungen durch kleinere außerkirchliche Kreise und Gemeinschaften verbreitet, so durch die Schwarzenauer Neutäufer und durch die Inspirationsgemeinden.

Ernst Christoph Hochmann von Hochenau und Johann Friedrich Haug

Der aus Lauenburg an der Elbe gebürtige Ernst Christoph Hochmann von Hochenau (1670–1721) studierte Jurisprudenz in Altdorf, Gießen und Halle, wo er mit dem Pietismus bekannt wurde. Nach seinem Studium führte Hochmann, der immer ehelos blieb und nie einer beruflichen Tätigkeit nachging, jahrelang ein unstetes Leben. Er zog durch zahlreiche deutsche Territorien und auch die Niederlande und hielt vielerorts religiöse Versammlungen ab, weshalb er von geistlichen und weltlichen Obrigkeiten oftmals verhört und inhaftiert wurde. Von 1711 bis zu seinem Tod 1721 lebte er dann zumeist zurückgezogen in der pietistischen Grafschaft Sayn-Wittgenstein unweit der Domäne Schwarzenau in seiner Eremitage Friedensburg im Hüttental, einem Tal, genannt nach den armseligen Hütten, die hier zugezogene radikale Pietisten und religiöse Einzelgänger errichtet hatten.

Hochmann, besonders von den Schriften der Mystikerin und Visionärin Leade und des Ehepaares Petersen beeinflusst,[29] verkündete die Wiederbringungslehre spätestens seit 1702, wie sein „Glaubens-Bekäntniß"[30] zeigt. Dieses hatte er Ende November 1701 auf Veranlassung des Grafen Friedrich Adolf zur Lippe-Detmold vor seiner Entlassung aus dem Detmolder Gefängnis verfasst. Hochmann ging davon aus, dass alle Menschen, die sich nicht bereits zu Lebzeiten durch Bekehrung wieder mit Gott versöhnt hätten, das im Jenseits nachholen müssten. Dazu werden ihnen hier zur Läuterung harte Strafen auferlegt. Am Ende werden aber alle ohne Ausnahme durch Christus in die ewige Liebe Gottes versinken. Hochmann begründete seine universale Heilserwartung erstens christologisch mit der paulinischen Adam-Christus-Typologie (vgl. Röm 5,12–21): Wie alle Menschen durch den ersten Adam von Gott abgefallen sind, so werden alle Menschen durch den zweiten Adam, Christus, zu Gott „wiedergebracht" werden. Andernfalls müsste

---

28 Jedoch gab es bemerkenswerte Ausnahmen, so beispielsweise den Mystiker und Spiritualisten Johann Georg Gichtel (1638–1710) und seine Anhänger, die Gichtelianer, auch Engelsbrüder und Engelsschwestern genannt.

29 Über Hochmann von Hochenau und seine Apokatastasisvorstellungen siehe Heinz Renkewitz: Hochmann von Hochenau (1670–1721). Quellenstudium zur Geschichte des Pietismus (AGP 5), Witten 1969, bes. S. 375–389.

30 Ernst Christoph Hochmanns von Hochenau: Glaubens-Bekäntniß, 1702. In: Renkewitz: Hochmann (wie Anm. 29), S. 403–407; die folgenden Zitate ebd., S. 406, Z. 20–21.

man folgern, dass Christus, der zweite Adam, nicht „mächtig genug wäre", die gesamte Menschheit wieder zurechtzubringen, die durch den ersten Adam verloren gegangen ist. Zweitens verteidigte er den Heilsuniversalismus theo-logisch mit der Souveränität Gottes: Gott, der abgrundtiefe Liebe ist und das ewige Heil aller Menschen will, kann kraft seiner Souveränität mit den verdammten Ungläubigen und verurteilten Sündern – wenn es so weit ist – ebenso uneingeschränkt verfahren wie ein Herrscher, der einem „maleficanten [lat. Schlecht-Tuer, Missetäter] nach dictirter Lebens-Straffe das jus aggratiandi [Begnadigungsrecht]" gewährt.[31] Neben dieser christologischen und theo-logischen Begründung verwies Hochmann zur Rechtfertigung seines Heilsuniversalismus biblizistisch auf entsprechende Bibelstellen, so auf 1 Kor 15,22 u. 28. Konfrontierte man ihn mit neutestamentlichen Gerichtsworten, in welchen den Sündern immerwährende Verdammnis in der Hölle angedroht wird (z. B. Mt 25,46), dann berief er sich entweder auf eine subjektive „Aufschließung [Offenbarung] und Fühlung [Empfindung] in seinem Hertzen"[32] oder er verwies auf Gottes verhüllten Willen, den es zu respektieren gelte: „Was Gott in seinem verborgenen Ratschluß sich vorbehalten [für sich behält]", das müsse man ihm überlassen.

Im Unterschied zu Hochmann trug der sprachenkundige lutherische Theologe Johann Friedrich Haug (1680–1754) vor allem literarisch zur Verbreitung eschatologischer Heilserwartungen bei. Nach seiner Entlassung aus dem Straßburger Kirchendienst aufgrund von Heterodoxie und seiner im Februar 1705 erfolgten Ausweisung aus der Stadt wegen radikalpietistischer Aktivitäten fand er spätestens um 1720 zusammen mit seinem gleichgesinnten Bruder, dem Buchhändler und Verleger Johann Jacob Haug (1690–1756), Aufnahme in Berleburg. In dieser Residenzstadt der Nordgrafschaft Sayn-Wittgenstein-Berleburg, einem radikalpietistischen Dorado, wurde er auf Anregung des pietistisch gesinnten reformierten Grafen Casimir (1687–1741) mit der Erstellung und Herausgabe einer neuen deutschen Bibelausgabe betraut. Diese Berleburger Bibel, die sich philologisch eng an den Urtext anlehnte, erschien zwischen 1726 und 1739 in acht Foliobänden.[33] Sie enthält zu den einzelnen Schriften des Alten und Neuen Testaments jeweils umfangreiche Einleitungen, Erklärungen und Erläuterungen mit zahlreichen Zitaten aus der deutschen und romanischen Mystik, dem mystischen Spiritualismus und

---

31 Ernst Christoph Hochmanns von Hochenau: Unterredung in Leipzig, 21. Juni 1711. – Zitiert nach Renkewitz: Hochmann (wie Anm. 29), S. 349.

32 Ernst Christoph Hochmanns von Hochenau: Unterredung in Leipzig, 22. Juni 1711. – Zitiert nach Renkewitz: Hochmann (wie Anm. 29), S. 349; das folgende Zitat ebd.

33 Über die Berleburger Bibel siehe u. a. Martin Brecht: Die Berleburger Bibel. Hinweise zu ihrem Verständnis, in: PuN 8 (1982), S. 162–200 (Lit.); Martin Hofmann: Theologie und Exegese der Berleburger Bibel (1726–42) (BFChTh 39), Gütersloh 1937.

radikalen Pietismus. Verfasst wurden diese Beigaben und Zusätze von deutschen, englischen und holländischen Radikalpietisten, so u. a. von dem Berleburger Inspektor und Pfarrer sowie späteren Hofprediger Ludwig Christof Schefer, welcher letztlich wohl auch der Initiator des Bibelprojektes gewesen ist. In diesen Erklärungen zu den Bibelstellen finden sich mehrfach Ausführungen zur Apokatastasis. Bei allen Unterschieden im Detail wird darin übereinstimmend gelehrt, dass alle Menschen, welche nicht bereits zu Lebzeiten in Christus inkorporiert wurden, im Jenseits einen unterschiedlich langen Läuterungsprozesses durchlaufen müssen, um wiederum in ihre ursprüngliche Verfasstheit, in die Adams (d. h. vor der Erschaffung Evas: Gen 2,21–23), zurückzukehren. So wird beispielsweise zu Lk 20,35 vermerkt, dass es die gegenwärtige Geschlechterdifferenz im Echnaton nicht mehr geben wird, wie die lukanische Perikope über das engelgleiche Leben in der Ewigkeit (vgl. Lk 20,34–36) zeigt.[34] Es wird also die ursprüngliche Geschlechtslosigkeit wieder hergestellt, die einst Adam im Urzustand besessen hatte. Aber nicht nur alle Menschen, sondern auch der Satan und die gefallenen Engel werden in ihren Urzustand zurückkehren und so schließlich das ewige Heil erlangen. In der Berleburger Bibelausgabe wird die universale eschatologische Heilserwartung vor allem theo-logisch mit dem Gottesverständnis begründet: „Gott und Liebe [ist] ein Ding", so der Kommentar zu 1 Joh 4,16.[35]

Da das monumentale Berleburger Bibelwerk in radikalpietistischen Kreisen – trotz des Anschaffungspreises – relativ weit verbreitet war und gelesen wurde, trug es wesentlich zum Bekanntwerden des eschatologischen Heilsuniversalismus bei. Allerdings liegt die eigentliche Bedeutung der Berleburger Bibelausgabe im Kulturellen. Durch ihre Hochschätzung des Individualismus und ihre Betonung der Ethik trug sie mit zur Entwicklung der Moderne bei.

Separatistische Gemeinschaften – Schwarzenauer Neutäufer und Inspirationsgemeinden

Seit Ende des 17. Jahrhunderts entstanden in mehreren deutschen Territorien einige separatistische Gemeinschaften, in denen eschatologische Heilserwartungen für alle Menschen vielfach präsent waren. Von diesen seien die Schwarzenauer Neutäufer und die Inspirationsgemeinden genannt, weil sie territorialübergreifende Bedeutung hatten.

---

34 Siehe Die Heilige Schrift Altes und Neues Testament [Berleburger Bibel]. Teil V. Nämlich, die Vier Evangelisten, Matthäus, Marcus, Lucas, Johannes […], Berleburg 1735, S. 648: „Wie das Heurathen, und was damit verknüpffet, durch den Fall des Menschen entstanden und in die Welt gekommen; also wird es in des Menschen Wiederbringung und der Welt Veränderung auch wieder vergehen" (zu Lk 20,35).

35 Die Heilige Schrift Altes und Neues Testament [Berleburger Bibel]. Teil VII. Mit dessen letzten Schrifften […], Berleburg 1739, S. 198.

Schwarzenauer Neutäufer

In der radikalpietistischen Gemeinschaft der Schwarzenauer Neutäufer waren universale Heilserwartungen verbreitet.[36] Diese Gemeinschaft entstand im Sommer 1708 in Schwarzenau in der geteilten Grafschaft Sayn-Wittgenstein, breitete sich durch Mission bald auch in der Wetterau aus, fand dann durch Migrationen (zwischen 1719 und 1735) in Nordamerika eine neue Heimat und entwickelte sich hier zu einer großen Denomination (Church of the Brethren; dt. Kirche der Brüder). Ihr Gründer war der wohlhabende Müllerssohn Alexander Mack (1679–1735), der später auch deren Leiter in Pennsylvania wurde. Nach seiner Schrift „Grundforschende Fragen [sc. Antwort auf kritische Anfragen des radikalen Pietisten E.L. Gruber, des Gründers und Leiters mehrerer Inspirationsgemeinden]", die zunächst nur handschriftlich in Umlauf war und erst 1774 im Druck erschien, werden nach Ablauf mehrerer Äonen alle Menschen das ewige Heil erlangen.[37] Die in Gerichtsworten Jesu den Ungläubigen und Unrechtstätern angedrohten ewigen Höllenstrafen dauern zwar lange, sind aber zeitlich begrenzt. Jedoch solle man seine Zuversicht nicht auf die künftige Rettung aller Menschen setzen, sondern auf Christus und ihm nachfolgen. Deshalb ermahnte Mack seine Anhänger, die Schwarzenauer Neutäufer, die Lehre vom eschatologischen Heilsuniversalismus nicht öffentlich bekannt zu machen, sondern nur denjenigen zu verkünden, die zu ihrer Gemeinschaft gehören.

Inspirationsgemeinden

Seit 1711 entstanden in der viergeteilten Grafschaft Ysenburg-Büdingen in der südöstlichen Wetterau und seit 1714 auch in anderen deutschen Territorien sowie in der Schweiz und den Niederlanden sog. Inspirationsgemeinden. Deren geschichtliche Wurzeln liegen im radikalen Pietismus sowie vor allem in der ‚Prophetie' hugenottischer Glaubensflüchtlinge aus Südostfrankreich. Kennzeichnend für die Mitglieder dieser Gemeinden waren das Erleben ekstatischer Zustände und der Empfang von Visionen, die man als endzeitliche Geistausgießung deutete (Jo 3). Universale Heilserwartungen waren bei ihnen verbreitet, aber nicht konstitutiv für ihr Selbstverständnis. Der Organisator und geistliche Leiter der Wahren Inspirationsgemeinden, in welchen man im Unterschied zu den Falschen Inspirationsgemeinden vor allem auf eine strenge Gemeindeordnung drang, war zunächst

---

36 Über die Schwarzenauer Neutäufer und die Apokatastasis siehe Marcus Meier: Die Schwarzenauer Neutäufer. Genese einer Gemeindebildung zwischen Pietismus und Täufertum (AGP 53), Göttingen 2008, bes. S. 250–263. Vgl. Parry: Larger hope, S. 80–84.

37 [Alexander Mack]: Eberhard Ludwig Grubers Grundforschende Fragen, welche denen Neuen Täufern im Witgensteinischen, insonderheit zu beantworten, vorgelegt worden. Nebst beygefügten kurzen und einfältigen Antworten auf dieselben, vormals schriftlich herausgegeben von einem Aufrichtigen Mitglied [i.e. Alexander Mack] der Gemeinde zu Witgenstein [...], Germantown 1774.

der seines Amtes enthobene württembergische Pfarrer Eberhard Ludwig Gruber (1665–1728) und nach dessen Tod der ebenfalls aus Württemberg stammende Sattler Johann Friedrich Rock (1678–1749).

Von den bekannteren ‚Propheten‘ aus der Frühzeit der Wahren Inspirationsgemeinden ist besonders Ursula Meyer (1682–1743) zu nennen,[38] eine Strumpfweberin aus der Gemeinde Thun im Berner Oberland. Sie hielt zwischen 1715 und 1719 bei den Inspirierten in der Wetterau in tranceartigen Zuständen inspirierte Reden, sogenannte ‚Aussprachen‘. Von diesen ekstatisch-prophetischen ‚Aussprachen‘, von Schnellschreibern festgehalten, wurden 156 erstmals 1781 unter dem Titel „J.J.J. [Jesus Jehova Jmmanuel] Ein Himmlischer Abendschein“ auf Wunsch Berner Inspirierter gedruckt. Demnach gehörte der eschatologische Heilsuniversalismus zu den thematischen Schwerpunkten ihrer Verkündigung. Nach der allgemeinen Auferstehung der Toten und dem Jüngsten Gericht, so ‚prophezeite‘ sie, werden alle unbußfertigen Sünder und Gottlosen so lange für ihre Sünden im ‚Feuer‘ Läuterung und Strafe erleiden müssen, bis sich Christus, „der Sohn der Liebe selbsten, als ein Mittler und Wiederbringer alles dessen, was der Mensch verlohren hat“, über sie erbarmt.[39] Dabei werde Christus, so verkündigte sie emphatisch und repetitiv, nicht eher nachlassen, „bis daß alles, alles, alles, alles, alles, alles, alles, was gefallen ist“, durch ihn wieder zu Gott – der da ist „der Ursprung und die Quelle, woraus alles, alles, alles, alles, alles, alles, alles, alles geflossen ist, wieder eingeführet werde“. Es kommt also zu einer Rückversetzung in den Zustand vor dem Sündenfall. Nähere Aussagen darüber sind nicht möglich, da das keine „sterbliche Creatur mit ihrer verweßlichen Zunge“ auszudrücken vermag. Die Wiederbringung aller Menschen ohne Ausnahme gründet nach Meyer also in der ewigen Liebe Gottes, die in Christus manifest geworden ist.

3.   Spätpietismus und die Lehre von der Wiederbringung aller Dinge

Auch im Spätpietismus gab es namhafte Vertreter der Wiederbringungslehre. Diese waren allerdings bereits vielfach von der Aufklärung beeinflusst und ihre Wirkung reichte weit über pietistische Kreise hinaus. Neben Johann Heinrich Jung (1740–1817), gen. Jung-Stilling, auf den noch im Zusammenhang mit der deutschen Erweckungsbewegung einzugehen sein wird, seien genannt: der Schweizer

---

38 Über Meyer und ihre Vorstellung von Apokatastasis siehe Isabelle Noth: Ekstatischer Pietismus. Die Inspirationsgemeinden und ihre Prophetin Ursula Meyer (1682–1743) (AGP 46), Göttingen 2005, bes. S. 233–270.

39 Ursula Meyer: J.J.J. Ein Himmlischer Abendschein, S. 84 (Nr. 33). – Zitiert nach Noth: Meyer (wie Anm. 38), S. 234; die folgenden Zitate ebd., S. 85 (Nr. 33) bzw. S. 235; S. 228 (Nr. 28) bzw. S. 232.

Theologe und Schriftsteller Johann Kaspar Lavater (1741–1801), der zu den bekanntesten und umstrittensten Persönlichkeiten des 18. Jahrhunderts zählt, und der gleichfalls sehr kontrovers beurteilte Pfarrer, Pädagoge und Sozialreformer Johann Friedrich Oberlin (1740–1826), der aufsehenerregend im damals wirtschaftlich unterentwickelten Steinbachtal in den nördlichen Vogesen wirkte.

Johann Kaspar Lavater

Johann Kaspar Lavater, reformierter Theologe und vielseitiger Schriftsteller, der – abgesehen von seinen zahlreichen Reisen – stets in seiner Vaterstadt Zürich lebte und wirkte, aber durch seinen umfangreichen Briefwechsel europaweite Kontakte hatte, äußerte seine Sympathie zur ‚Apokatastasis‘ in seinem literarischen Œuvre und in seinen Predigten allenfalls verhüllt. Dagegen brachte er seine eschatologische Heilserwartung für alle Menschen in seinen Briefen und in vertrauten Gesprächen assertorisch und vor allem konfessorisch zum Ausdruck.[40] Theologisch begründete er seine universale Heilserwartung vorrangig mit seinem Gottesverständnis: Gott ist „lauter Liebe"[41] und „nichts als Liebe",[42] welches am deutlichsten im Christusgeschehen manifest wurde. Anthropologisch argumentierte er mit der grundsätzlichen und unverlierbaren Fähigkeit aller Menschen zur spirituellen und moralischen Höherentwicklung. Nach dem Tod, so Lavater, versinken die Seelen keineswegs in einen schlafähnlichen Bewusstseinszustand, sondern sie werden in verschiedenen Jenseitsregionen in einen gewissen „Zustand der Empfindung" versetzt.[43] Zum Beweis führte er nicht nur die sehr wenigen biblischen Erzählungen von Totenerscheinungen an (vgl. 1 Sam 28,3–25; Mt 17,3), sondern verwies auch auf einige zeitgenössische Berichte von Geistererscheinungen, beispielsweise auf die des Naturwissenschaftlers und Visionärs Emanuel Swedenborg. Die Seelen gläubiger Christen sowie auch die frommer Heiden (z. B. die von Sokrates) gelangen nach Lavater sogleich nach dem Tod zur spirituellen Fortentwicklung an

---

40 Über Lavater und seine Apokatastasisvorstellungen siehe Horst Weigelt: Johann Kaspar Lavater und die „Wiederbringung aller Dinge". Ein Beitrag zu den Vorstellungen von der Apokatastasis im 18. Jahrhundert. In: Dirk Kemper (Hg.): Weltseitigkeit. Jörg-Ulrich Fechner zu Ehren, Paderborn 2014, S. 223–249 (Lit.).

41 Johann Kaspar Lavater: Aussichten in die Ewigkeit, In Briefen an Herrn Joh. Georg Zimmermann, königl. Großbrittannischer Leibarzt in Hannover. Bd. 3, Zürich 1773. In: Johann Caspar Lavater: Ausgewählte Werke in historisch-kritischer Ausgabe. Bd. II. Aussichten in die Ewigkeit 1768–1773/ 78. Hg. v. Ursula Caflisch-Schnetzler, Zürich 2001, S. 526.

42 Johann Kaspar Lavater: Unveränderte Fragmente aus dem Tagebuche eines Beobachters seiner Selbst; oder des Tagebuches Zweyter Theil, nebst einem Schreiben an den Herausgeber desselben, Leipzig 1773. In: Johann Caspar Lavater: Ausgewählte Werke in historisch-kritischer Ausgabe. Bd. IV. Werke 1771–1773. Hg. v. Ursula Caflisch-Schnetzler, Zürich 2009, S. 879.

43 Brief: Johann Kaspar Lavater an Johann Friedrich Wilhelm Jerusalem, 22.1.1768 [recte 1769], ZB Zürich, FA Lav. Ms. 567.

unterschiedliche Orte im Jenseits, und zwar entsprechend ihrer geistlichen und moralischen Entwicklungsstufe, die sie auf Erden erreicht hatten. Dagegen kommen die „unreine[n]" Seelen der Bösen, deren irdisches Leben vom Egoismus bestimmt war, im Jenseits in die Hölle.[44] Hier werden sie in der „furchtbarsten Selbst-Anschauung, oder, welches Eins ist, Selbst-Verabscheuung" ihr Leben fristen und mit „unwiderstehlicher Gewalt in die schreckliche Gesellschaft egoistischer […] elender, verlassener Seelen" hineingezogen. „Jeder Böse" wird noch „böser". Erst nach der allgemeinen Totenauferstehung und dem Jüngsten Gericht, in welchem alle Verdammten nun ihr gerechtes Finalurteil erfahren, eröffnet sich auch für sie die Möglichkeit zur Wiederherstellung. Obgleich Lavater einräumte, über diesen Prozess keine gesicherten Erkenntnisse zu haben, ging er davon aus, dass aus Gründen der Gerechtigkeit Gottes nicht alle Menschen denselben Grad der Herrlichkeit erlangen werden. Dass aber einzelne Verdammte für immer im Bösen verharren könnten, schloss er aus. Keiner vermag sich nämlich auf die Dauer der Liebe Gottes zu entziehen: „Allenthalben in allem, was ist, und allem, was geschicht, sehe ich", so bekannte Lavater emphatisch, „Güte, Vatergüte".[45]

Johann Friedrich Oberlin

Pfarrer Johann Friedrich Oberlin, der durch sein soziales Engagement europaweit Aufsehen erregte und bahnbrechend wirkte, bekannte sich nicht nur in seinen Schriften, sondern gelegentlich auch in seinen Predigten offen zum Heilsuniversalismus. Seine eschatologische Heilserwartung für alle Menschen war bestimmt von seinem Gottesverständnis und von seinem optimistischen Menschenbild. Denjenigen, die „in seiner Gegenwart" die traditionelle kirchliche Lehre von der Ewigkeit der Höllenstrafen verteidigten, soll er vehement widersprochen haben: „Wenn Gott eines seiner Geschöpfe ewig verdammen könnte, so würde er aufhören, Gott zu sein; er würde zum Teufel".[46] Oberlin, von dem romantischen Naturforscher und

---

44 Johann Kaspar Lavater: Briefe über den Zustand der Seele nach dem Tode; die Einwirkung der abgeschiedenen Geister auf die noch Sterblichen; und das Wiedersehen derer, die wir liebten. an Maria Föderowna, Kayserin von Russland. Angefangen im August 1798. In: Johann Kaspar Lavater: Nachgelassene Schriften. Bd. 2. Religiöse Schriften und Aufsätze, hg. v. Georg Gessner, Zürich 1801, S. 292 u. 297; die folgenden Zitate ebd., S. 297–298 u. 301. Kaiserin Maria Fjodorowna von Russland (geb. Sophie Dorothee Prinzessin von Württemberg) (1759–1828) war die zweite Ehefrau von Kaiser Paul I. (1754–1801).

45 Brief: Johann Kaspar Lavater an [Georg Ludwig] S[pohr] (übermittelt durch Hinck, geb. Fasius), 25.9.1773, ZB Zürich, FA Lav. Ms. 566, Nr. 5.

46 [Wilhelm Burckhardt (Hg.)]: Johann Friedrich Oberlin's, Pfarrer in Steinthal, vollständige Lebens-Geschichte und gesammelte Schriften. Hg. v. Dr. Hilpert, Stöber u. Andern. Vier Theile, mit Abbildungen. Teil 2, Stuttgart 1843, S. 82.

Philosophen Gotthilf Heinrich Schubert als „Geisterseher" bezeichnet,[47] befasste sich jahrzehntelang intensiv mit dem Geschick Verstorbener und entwarf sogar eine Topographie von ihren Aufenthaltsorten im gestuften Jenseits.[48] Danach kommen alle unbußfertigen Sünder, die ihr irdisches Leben in Hass, Geiz, Hochmut und andern Lastern zugebracht haben, nach ihrem Tod zur Läuterung an Orte der Qual, in denen Angst und Not herrschen. Diese Orte befinden sich traditionsgemäß tief im Inneren der Erde. Sobald der dortige Läuterungsprozess – nach der allgemeinen Auferstehung der Toten und dem Jüngsten Gericht – beendet ist, werden die ‚Korrektionsanstalten' geschlossen, da sie nicht mehr benötigt werden. Jedoch scheint Oberlin nicht ausgeschlossen zu haben, dass es Verdammte gibt, die zu keiner Besserung bereit oder fähig sind. Er merkte nämlich auf seiner „Landkarte" handschriftlich an, dass diese für immer in den „Feuersee" (Apk 20,14 u. 21,8) geworfen werden, ohne allerdings etwas über ihr ferneres eschatologisches Geschick anzudeuten.

4. Der Einfluss des europäischen Pietismus auf die Entstehung des Universalismus in Amerika

In den nordamerikanischen Kolonien bzw. Staaten des 17. und 18. Jahrhunderts begegnen universale Heilserwartungen bei einer Reihe religiöser Einzelgänger und in kleineren Gemeinschaften, die zum Teil stark vom europäischen ‚Pietismus' im weitesten Sinne beeinflusst waren.[49] Von den Einzelgängern sei beispielsweise genannt der Arzt und Philanthrop George de Benneville (1703–1793), der 1741 nach Pennsylvania emigrierte und zunächst in Oley Valley und dann in Bristol wohnte. Besonders im Umland von Philadelphia verkündete er – neben seiner ärztlichen Tätigkeit – beharrlich vielerorts das ‚Ewige Evangelium' vom eschatologischen Heil aller Menschen. Bezüglich der kleineren Gemeinschaften sei paradigmatisch hingewiesen auf die bereits erwähnten Schwarzenauer Neutäufer (seit 1728 Seventh-day

---

47 Siehe Gotthilf Heinrich Schubert: Die Symbolik des Traumes, 3. verb. u. verm. Aufl. Mit einem Anh. aus dem Nachlasse eines Visionairs: des J.Fr. Oberlin, gewesenen Pfarrers im Steinthale, und einem Fragment über die Sprache des Wachens, Leipzig 1840, S. 233–312 (Erster Anh.: Berichte eines Geistersehers über den Zustand der Seelen nach dem Tode), bes. S. 235.

48 Über die Aufenthaltsorte der Seelen im Jenseits nach Oberlin siehe Schubert: Symbolik (wie Anm. 47), S. 236–248 (Die Bleibstätten oder Mansionen der abgeschiedenen Seelen); die folgenden Zitate ebd., S. 248. Ein Faksimile von Oberlins „Landkarte" über die „Bleibstätten" der Seelen im Jenseits findet sich in Alfons Rosenberg: J.F. Oberlin. Die Bleibstätten der Toten, Bietigheim 1975, S. 133 u. 134.

49 Hierzu und zum Folgenden siehe u. a. Parry: Larger hope, S. 111–120, 121–136.

Dunkers) mit ihrer von dem hochmusikalischen Johann Conrad Beissel gegründeten semimonastischen Siedlung Ephrata in Lancaster County (Pennsylvania).

Von weitaus größerer Bedeutung war jedoch, dass in Nordamerika seit etwa dem letzten Drittel des 18. Jahrhunderts in nicht wenigen selbstständigen Kirchengemeinden, die unterschiedlichen Denominationen angehörten oder diesen nahestanden, universale Heilserwartungen verbreitet waren. Bei den Mitgliedern dieser Kirchengemeinden handelte es sich teils um deutschstämmige, vielfach vom Pietismus beeinflusste Migranten, teils um eingewanderte englische Puritaner, in deren frommer ‚Glaubenswelt‘ ethische und rationale Elemente von großer Relevanz waren.

Der eigentliche Beginn einer größeren Verbreitung universaler Heilserwartungen in Nordamerika ist mit dem Eintreffen von John Murray (1741–1815) im Siedlungsgebiet von New Jersey im Jahre 1770 anzusetzen. Murray war in London unter dem Einfluss des calvinistisch gesinnten ehemaligen Methodistenpredigers James Relly zur Überzeugung gelangt, dass durch Christus alle Sünder erlöst sind und es deshalb keine immerwährende Verdammnis geben könne. Diese Botschaft von der „Universal Redemption" verkündigte Murray, der auch von aufklärerischen Ideen beeinflusst war, als Wanderprediger in vielen Orten an der nordamerikanischen Ostküste. 1777 entstand auf seine Initiative in Gloucester (Massachusetts) die erste universalistische Kirchengemeinde, die Independent Church of Christ, der dann im Laufe der letzten Jahrzehnte des 18. Jahrhunderts weitere Gründungen universalistischer Kirchengemeinden folgten. Unter diesen kam es jedoch bald zu theologischen Differenzen, vor allem über die bislang geläufige christologische Begründung der universalen Heilserwartung. Gegen deren Zurückdrängung opponierte vor allem der pietistisch geprägte Prediger Elhanan Winchester (1751–1797). Er betonte, dass alle Menschen allein aufgrund der grenzenlosen Liebe Gottes, die sich in Christus offenbart hat, selig werden, allerdings erst nach unterschiedlich langen Läuterungsprozessen.

Unter dem dominierenden Einfluss des von der Aufklärung und der liberalen Theologie entscheidend bestimmten, energischen und konfliktbereiten Theologen Hosea Ballou (1771–1852) wurde dann die christologische Begründung der Universal Redemption völlig aufgegeben. 1803 nahm die General Convention of Universalists in Winchester (New Hampshire) die „Winchester Profession of Faith" an, nach welcher Gott wesenhaft Liebe ist: Gott will letztendlich die gesamte Menschheit zu Heiligkeit und Glück zurückführen („whose nature is Love, […] will finally restore the whole family of mankind to holiness and happiness").[50] Für

---

50 Zitiert nach Ernest Cassara (Ed.): Universalism in America. A documentary history of a liberal faith. 3rd rev. ed., Boston 1997, S. 110. Über den Universalismus bei Ballou siehe u. a. Parry: Larger hope, S. 158–160 u. 167–170.

die weitere Entwicklung wurde dann Ballous 1805 veröffentlichtes und auch ins Deutsche übersetztes Werk „A Treatise on Atonement" („Eine Abhandlung über die Sühne", 1829/30) von grundlegender Bedeutung. Nach dieser antitrinitarisch-unitarischen „Abhandlung" ist Gott nichts als Liebe und kennt keinen Zorn; Sünde ist keine gegen Gott gerichtete Handlung, sondern ein geistiges, psychisches und physisches autoaggressives Verhalten des Menschen; Christus ist nicht Sühnopfer, sondern Fanal der Liebe Gottes und will die Menschen zur Nächstenliebe anleiten. Die Vorstellung von ewigen oder befristeten Höllenstrafen ist irrig. Gottes irreversibler Plan ist die Versöhnung aller zu Heiligkeit und Glück („The Reconciliation of All Men to Holiness and Happiness").[51] Darüber kam es bald zu theologischen Auseinandersetzungen und schließlich zu Abspaltungen. Während die sog. Restorationists unter Führung von Pfarrer Paul Dean (1789–1860), der 1813 nach Boston berufen worden war, an der Vorstellung zeitlich befristeter Höllenstrafen bis zur vollkommenen Läuterung festhielten, bekannten sich die progressiven Universalisten, die sich 1866 zur Universalist General Convention vereinigten, nur noch zu einer endgültigen Harmonie („final harmony") aller Seelen mit Gott als Letztbestimmung. 1942 wurde die Universalist General Convention in Universalist Church of America umbenannt.

Seit der zweiten Hälfte des 18. Jahrhunderts, also etwa zeitgleich mit der eben erwähnten Entstehung mehrerer vom ‚Pietismus' beeinflussten universalistischen Kirchengemeinden, entstanden in Nordamerika, besonders in Massachusetts, unitarische, anticalvinistisch ausgerichtete Kirchengemeinden, in denen ebenfalls universale Heilsvorstellungen virulent waren. Ihre Mitglieder, zumeist aus England eingewanderte Puritaner, waren jedoch größerenteils von der Aufklärung und vom theologischen Liberalismus bestimmt. Die erste Gemeinde bildete sich 1786 in Boston, wo der liberale Theologe William Ellery Channing (1780–1842), gen. der Apostel des Universalismus, seit 1803 vier Jahrzehnte tätig war. Unter seinem Einfluss erfolgte in den unitarischen Kirchengemeinden (Unitarian congregations) eine zunehmende Ethisierung des christlichen Glaubens (soziales und gesellschaftliches Engagement). 1825 bildete sich der Dachverband American Unitarian Association, in welchem seit der Mitte des 19. Jahrhunderts der amerikanische Transzendentalismus, eine romantisch-idealistische Geistesströmung, großen Einfluss gewann. Wortführer war der Popularphilosoph und Schriftsteller Ralph Waldo Emerson (1803–1882), der nach dem Studium an der Harvard Divinity School einige Jahre in Boston als Geistlicher an der Unitarian Second Church gewirkt hatte, bevor er 1832 sein Predigeramt niederlegte. Auf seiner Europareise (1832–1833) wurde er vom Deutschen Idealismus und von der indischen Philosophie tief beeindruckt. Nach

---

51 So der Untertitel von Ballous Werk „A Treatise on Atonement". Über diese Publikation vgl. Parry: Larger hope, S. 160–167.

seinen pantheisierenden Vorstellungen ist das Göttliche, die „oversoul" („Über-seele"), keine von dem „self" („Selbst") des Menschen und der „Natur" getrennte, personale, höhere Macht. Vielmehr ist die „oversoul" sowohl im Menschen als auch in der Natur stets in ihrer ganzen Fülle omnipräsent: „The currents of the Universal Being circulate through me; I am part or particle of God".[52]

Die Universalist Church of America, die sich im Laufe des 19. Jahrhunderts immer mehr auch Vorstellungen außerchristlicher Religionen öffnete, fusionierte 1961 mit der ‚freigeistigen' American Unitarian Association zur Unitarian Universalist Association (UUA). Die Basis dieser liberalen Denomination bilden die „Principles and Purposes" (revidiert 1985, modifiziert 1995), in welchen grundsätzlich auf verpflichtende Glaubenssätze verzichtet wird. In den knappen, humanistisch und pantheistisch changierenden „Principles" finden sich eigentlich keine eschatologischen Heilserwartungen im Sinne der christlichen Tradition.

Als Resümee lässt sich feststellen: Die Lehre von der Wiederbringung aller Dinge bzw. der Allversöhnung fand im Pietismus teils Kritik und Ablehnung (besonders im kirchlichen Pietismus), teils Sympathie und Akzeptanz (vor allem im komplexen, heterogenen radikalen Pietismus). In den divergierenden Richtungen des kirchlichen und radikalen Pietismus wurde die Erwartung des eschatologischen Heils für alle Menschen philologisch-exegetisch, theo-logisch, christologisch und metaphysisch unterschiedlich begründet und auf recht verschiedenartige Weise inhaltlich dargestellt und nicht selten fantasievoll, bilderreich und sinnfällig beschrieben. Auf die Bedeutsamkeit dieser universalen Heilserwartung für das gegenwärtige persönliche Leben der ‚Frommen' und ihr Zusammenleben in kleineren oder größeren Gemeinschaften oder Gruppierungen wurde mannigfach nachdrücklich hingewiesen. Dagegen kam ihre Relevanz für das Miteinander der verschiedenen Konfessionen und Religionen im Hier und Jetzt nur ausnahmsweise etwas näher in den Blick.

---

52 Ralph Waldo Emerson: Natur. Hg. u. neu übers. v. Harald Kiczka. Mit einem Nachruf auf Emerson von Herman Grimm, Zürich 1988, S. 14–15.

VI. Vorstellungen von der ewigen Glückseligkeit aller Menschen in der Aufklärung

Im Zeitalter der Aufklärung erfuhr die kirchliche Lehre von den letzten Dingen tiefgreifende Veränderungen. Diese betrafen erstens die traditionelle Lehre vom dualen Ausgang der Menschheitsgeschichte und von den ewigen Höllenstrafen. Diese Glaubenslehre wurde zunehmend kritisch hinterfragt und abgelehnt. Zweitens wurde die Eschatologie stark individualisiert. Das Interesse konzentrierte sich nunmehr fast ausschließlich auf die Unsterblichkeit und moralische Weiterentwicklung des Individuums im Jenseits. Dagegen verlor man die traditionellen Topoi von der Erneuerung und Vollendung der Welt aus dem Blick. Drittens verstand man das erwartete zukünftige Heil nun gemeinhin im Sinne von ewiger Glückseligkeit.

An der Bestreitung der traditionellen kirchlichen Lehre von der Ewigkeit der Höllenstrafen und an der Entwicklung eschatologischer Vorstellungen von einer ewigen Glückseligkeit aller Menschen beteiligten sich im deutschen Protestantismus nicht nur viele Theologen und Kirchenmänner, sondern auch zahlreiche Dichter, Schriftsteller, Philosophen und Pädagogen. Im Rahmen dieses Überblicks kann darauf nur paradigmatisch eingegangen werden.

Da die Aufklärung ein gesamteuropäisches Phänomen war, muss zumindest ein kurzer Blick nach England und Frankreich geworfen werden, zumal die dortige Aufklärung, d. h. enlightenment bzw. les lumières, für den deutschen Sprachraum von immenser Bedeutung gewesen ist. Von diesen beiden Ländern aus wurde die deutsche Aufklärung nämlich vielfach durch Bücher und Übersetzungen sowie durch ein reges Rezensionswesen beeinflusst. Vor allem Letzteres trug wesentlich zur Verbreitung dortiger Aufklärungsideen in deutschen Territorien bei.

1. Auseinandersetzungen um die Ewigkeit der Höllenstrafen in England und Frankreich

Kritik an der Lehre von der Ewigkeit der Höllenstrafen in England
In England kritisierten bereits im 17. Jahrhundert einige Theologen die traditionelle Lehre vom dualen Ausgang der Menschheitsgeschichte und bekannten sich sogar offen zur Endlichkeit der Höllenstrafen, jedoch ohne die Existenz der Hölle als realen Ort oder als Metapher für eine Bestrafung bzw. Läuterung im Jenseits in

Frage zu stellen.[1] Beispiele hierfür sind die beiden Theologen John Tillotson und Thomas Burnet, letzterer war auch ein bedeutender theoretischer Kosmologe.

John Tillotson (1630–1694), seit 1672 Dekan an der Kathedrale von Canterbury und seit 1691 Lord-Erzbischof, relativierte am 7. März 1690 in einer denkwürdigen Predigt die bisher noch weitgehend unbezweifelte Lehre von der ewigen Verdammnis aller Gottlosen und Ungläubigen. Diese Predigt hielt er in Anwesenheit von Königin Maria II. von England im Palace of Whitehall, Hauptresidenz der britischen Monarchen in London. Auf Anweisung der Königin wurde sie 1690 unter dem Titel „Of the Eternity of Hell-Torments" publiziert. In dieser Predigt über Mt 25,46, schon immer eine klassische Belegstelle für den dualen Ausgang der Menschheitsgeschichte, bestritt Tillotson keineswegs, dass die von Christus in seiner Bildrede vom Weltgericht (Mt 25,31–46) angedrohten Strafen für die Gottlosen wortwörtlich gemeint gewesen sind; denn sie seien klar („plain") und bedürfen keiner Erklärung.[2] Jedoch wies er in seiner Predigt erstens darauf hin, dass Christus mit diesem Gerichtswort (Mt 25,46) die Gottlosen und Ungläubigen nicht oder zumindest nicht vorrangig auf das Strafmaß hinweisen wollte, welches ihnen im Jenseits drohen würde. Vielmehr wollte er sie dadurch sinnfällig von einem weiteren Sündigen abhalten und zu einer Verhaltensmodifikation, d. h. zu einem heiligen und tugendhaften Leben („a holy and virtuous Life") veranlassen. Das eigentliche Motiv der Gerichtsandrohung Jesu war also Güte („Goodness") und Barmherzigkeit („Mercy"). Zweitens merkte er an, dass Gott grundsätzlich nicht gezwungen sei, eine angedrohte Bestrafung auch tatsächlich zu vollstrecken. Zum Beweis verwies er darauf, dass Gott die der sündigen Residenzstadt Ninive angedrohte Zerstörung revidiert habe, nachdem deren König und dessen Untertanen Buße getan hätten (vgl. Jona 3). Auch machte er darauf aufmerksam, dass Gott den auf ihrer Wüstenwanderung rebellierenden Israeliten in seinem Zorn zwar geschworen hatte, dass sie das ihnen einst verheißene Land Kanaan nicht in Besitz nehmen werden (Ps 95,11; Heb 3,11); später ist ihnen aber von Gott die Inbesitznahme des Gelobten Landes doch gewährt worden. Allerdings würden nach Tillotson die Sünder die größte Torheit in der Welt („greatest folly […] in the World") begehen, wenn sie auf eine Aussetzung ihrer ewigen Verdammung hoffen und dabei ihre Seelen riskieren würden. Vielmehr sollen sie sich bewusst machen, dass die Androhung ewiger Verdammnis darauf abziele, sie vom Weg des Unheils abzubringen; denn das Ziel Gottes mit den Menschen ist Leben. Mit Bedacht beschloss Tillotson seine Predigt mit einem Zitat aus dem Buch der Weisheit (1,13): „Denn Gott hat den Tod nicht gemacht und hat keine Freude am Untergang der

---

1 Über die Auseinandersetzung um die Ewigkeit der Höllenstrafen in England siehe u. a. Walker: Hell, passim.

2 John Tillotson: Of the eternity of hell-torments. A sermon preach'd before the Queen at White-Hall, March 7th, 1689/90, London 1690, S. 2; die folgenden Zitate ebd., S. 4, 12, 9, 16.

Lebenden" („For God made not death, neither hath he pleasure in the destruction of the Living" (KJV)).

Der Theologe und Naturwissenschaftler Thomas Burnet (um 1635–1715), ein Schüler Tillotsons, vertrat die Ansicht von einer zeitlichen Befristung der Höllenstrafen vor allem in seinem Traktat „De Statu Mortuorum et Resurgentium",[3] der erst posthum veröffentlicht und später wiederholt auch ins Englische, Französische und Niederländische übersetzt wurde. Ein Auszug aus dem Traktat erschien 1739 in englischer Übersetzung unter dem Titel „Hell torments not eternal". In diesem Traktat und in anderen Schriften kritisierte er scharf die traditionelle kirchliche Lehre von der ewigen Verweildauer der Verdammten in der Hölle, welche man damals gemeinhin im Zentrum des Erdkerns lokalisiert sah. Ironisch fragte Burnet als Kosmologe: Wie und in welcher Zeit sollen sich die vielen Millionen Verdammten durch die dicken Gesteinsformationen zum Erdkern hindurch wühlen; wie können sie im Zentrum der Erde alle nebeneinander Platz finden und wie vermögen sie dort die hohen Temperaturen überhaupt auszuhalten? Nach Burnet kommen die Seelen aller Verstorbenen – mitsamt ihrer Fähigkeit, sich an alles Gute und Böse in ihrem Leben („Fate of Good or Ill") zu erinnern – im Jenseits in ein Zwischenreich.[4] Hier finden noch keine Bestrafungen der Gottlosen und Ungläubigen statt; jedoch kommt es bei ihnen wegen ihres fehlerhaften Verhaltens im irdischen Leben nur zu einem bedingten Wohlbefinden; außerdem werden sie angesichts des zukünftigen Endgerichts von Ängsten geplagt. Nach der allgemeinen Auferstehung der Toten und dem Jüngsten Gericht werden sie dann in der ‚Hölle mannigfache Qualen erleiden. Mit Vehemenz wies Burnet aber die kirchliche Lehre zurück, dass die Höllenstrafen ohne Ende dauern werden. Diese Vorstellung ist nach Burnet erstens theologisch abzulehnen, da sie der christlichen Gottesvorstellung völlig konträr ist. Sie mache aus Gott eine manichäische Gottheit oder einen Moloch, eine gnadenlose, alles verschlingende Macht. Sie widerspreche der Weisheit („Wisdom"), Gerechtigkeit („Justice") und Güte („Goodness)" Gottes: Mit Gottes Weisheit ist die Annahme einer ewigen Bestrafung unvereinbar, weil sie unnütz („useless") und sinnlos („vain") ist; mit Gottes Gerechtigkeit ist sie unvereinbar, da endliche Vergehen nicht mit unendlichen Strafen geahndet werden können; mit Gottes Barmherzigkeit ist sie unvereinbar, weil Gott – wie das Christusgeschehen zeigt – das Heil aller Menschen will. Zweitens ist nach Burnet bei der Exegese biblischer Gerichtsworte philologisch zu beachten, dass das Adjektiv ewig in den alt- und neutestamentlichen Schriften Mehrdeutigkeit besitzt. Es könne nämlich einerseits eine unbestimmt lange Zeitspanne bedeuten; andererseits könne es aber auch eine

---

3 Über Burnets Kritik an der Lehre von der Ewigkeit der Höllenstrafen siehe u. a. Walker: Hell, S. 156–166.
4 Thomas Burnet: Hell torments not eternal. Argumentatively proved, from the attribute of divine mercy, London 1739, S. 5; die folgenden Zitate ebd., S. 7, 9, 10, 23, 24.

unbefristete Zeit ausdrücken, so in Jesu Bildrede vom Weltgericht (Mt 25,31–46). Drittens ist bei der Interpretation der Gerichtsworte hermeneutisch stets nach deren eigentlicher Intention zu fragen: Wollte Jesus sie verbaliter verstanden wissen oder wollte er mit der Androhung ewiger Verdammnis bei den Sündern eine Verhaltensmodifikation bewirken und verwendete dabei eine Phraseologie, die damals im jüdischen Volk verbreitet war? Viertens ist die Vorstellung von einer ewigen Verdammnis der Gottlosen und Ungläubigen unmoralisch. Sie ist der Gipfel der Grausamkeit („String of Cruelty"). Burnet lehnte also aus theologischen, philologischen, hermeneutischen und moralischen Gründen die Lehre von der ewigen Verdammnis ab und vertrat deren zeitliche Begrenztheit. Wann die Höllenqualen aufhören werden, ist der Weisheit und Barmherzigkeit Gottes zu überlassen. Am Ende werden unzweifelhaft alle Menschen die ewige Seligkeit erlangen. Da aber nicht jeder Mensch die Vorstellung von zeitlich begrenzten Höllenstrafen anzunehmen vermag, müsse mit ihr bedachtsam umgegangen werden, d. h. die herkömmliche Lehre dürfe nicht zu rasch geändert werden. Auch müsse man gemäß 1 Kor 13 die Begrenztheit menschlicher Erkenntnis beachten.

Ähnlich wie Thomas Burnet äußerten auch andere englische Aufklärer (Freethinkers) ihre Kritik an der Lehre von der Ewigkeit der Höllenstrafen. Verwiesen sei hier auf Samuel Richardson (1602–1658), einen führenden Vertreter der frühen English Particular Baptists. In seinem „A discourse of the torments of Hell" (1658) wies er die Lehre von der Ewigkeit der Höllenstrafen aus mehreren Gründen zurück.[5] Zu nennen ist auch der Theologe und Physiker William Whiston (1667–1752), der zunächst der Anglikanischen Kirche angehörte, bevor er sich 1747 den Baptisten anschloss. Er versuchte die zeitliche Limitierung der Höllenstrafen in seiner posthum erschienenen, wiederholt nachgedruckten Schrift „The Eternity of Hell Torments Considered" (1740) vor allem philologisch-exegetisch zu beweisen.[6]

Propagierung der Endlichkeit der Höllenstrafen in Frankreich

In Frankreich und bald in nahezu ganz Europa begann die öffentliche Diskussion über die Ewigkeit der Höllenstrafen im Grunde erst mit dem Erscheinen des 1767 gedruckten Romans „Bélisaire" des französischen Schriftstellers, Enzyklopädisten und Philosophen Jean-François Marmontel (1723–1799).[7] Dieser Roman, von dem viele Ausgaben und Übersetzungen u. a. ins Deutsche erschienen, wurde ein internationaler Bucherfolg. Hauptfigur dieses historischen Romans ist Belisar (Flavius Belisarius, um 500/505–565), der bedeutende Feldherr und Freund

---

5 Vgl. u. a. John Casey: After lives. A guide to heaven, hell, and purgatory, Oxford u. a. 2009, S. 218–220.
6 Vgl. u. a. Casey: Lives (wie Anm. 5), S. 221–222.
7 Hierzu und dem Folgenden siehe u. a. Karl Aner: Die Theologie der Lessingzeit, Halle 1929, S. 270–285.

des Kaisers Justinian I. Als Belisar 562 von Intriganten des Hochverrats bezichtigt wurde, degradierte ihn der misstrauisch gemachte Kaiser und ließ ihn unter Hausarrest stellen; allerdings rehabilitierte er ihn bereits nach wenigen Wochen. In Marmontels Roman wird Belisar dagegen – einer mittelalterlichen Legende folgend – geblendet und ins bittere Elend gestoßen. Trotz des erlittenen Unrechts verzeiht der erblindete, gedemütigte und bettelarme Belisar großmütig seinem Kaiser. Dieses edle Verhalten des heidnischen Belisar veranlasste Marmontel im 15. Kapitel des Romans seiner Hoffnung Ausdruck zu geben, dass es einst im Jenseits keine Trennung zwischen Christen und tugendhaften Heiden geben werde. Denn er, Marmontel, könne nicht glauben, dass es zwischen seiner Seele und der des griechischen Rhetors und Schriftstellers Aelius Aristides, des römischen Kaisers Mark Aurel oder des römischen Staatsmannes Cato d.J. einen „ewigen Abgrund" („éternel abîme") geben werde, da diese Heiden zu allen Tugenden fähig gewesen seien; und wenn er das glauben müsste, dann würde er „das vortreffliche Wesen" („l'Être"), das uns geschaffen hat, „nur weniger lieben".[8] Sein „Gefühl" („sentiment") und sein „Gewissen" („conscience"), das durch die Offenbarung („révélation") lediglich eine Ergänzung („supplément") erfährt, versichern ihm, dass nur diejenige Religion die wahre ist, die einen „gnädigen und wohlthätigen Gott" verkündet; denn nur sie macht „besser und menschlicher " („meilleur et plus humaine"). Nach Marmontel widerspricht also die traditionelle kirchliche Lehre von der ewigen Verdammnis aller Gottlosen und Ungläubigen der allein wahren Religion, nämlich der Religion von einem alle Menschen liebenden und menschlicher machenden Gott.

Die in dem Roman „Bélisaire" vertretene Endlichkeit der Höllenstrafen und die Erwartung einer künftigen Seligkeit aller Menschen erregten in klerikalen Kreisen Frankreichs Widerspruch und wurden als Frontalangriff auf das Christentum empfunden. Alsbald opponierten gegen diese Vorstellungen die Sorbonne, die ein Bollwerk gegen die Aufklärung bildete, und der Erzbischof von Paris, Christophe de Beaumont du Repaire. 1767 erschien zunächst die „Censure de la faculté de Théologie de Paris" und im folgenden Jahr das „Mandement" des Pariser Erzbischofs.[9] In beiden Veröffentlichungen richtete sich die Kritik besonders gegen Marmontels Glaubensbekenntnis im 15. Kapitel seines Romans, welches auch den Heiden einen Zugang zum ‚Himmel' eröffnete und religiöse Toleranz forderte. Gleichzeitig

---

8 Jean-François Marmontel: Belisar […]. Aus dem Französischen übersetzt und mit neuen Anmerkungen begleitet, Leipzig 1767, S. 278; die folgenden Zitate ebd., S. 279 u. 282. Jean-François Marmontel: Bélisaire. Ed. Robert Grandroute (Société des Textes Français Modernes 201), Paris 1994, S. 182; die folgenden Zitate ebd., S. 182 u. 184.

9 Censure de la faculté de Théologie de Paris, contre le livre qui a pour titre Bélisaire, Paris 1767; Christophe de Beaumont: Mandement […] portant condamnation d'un livre qui a pour titre Bélisaire […], Paris 1767.

wurde jedoch Marmontels Kritik an der kirchlichen Glaubenslehre von der Ewigkeit der Höllenstrafen und seine Erwartung einer künftigen Glückseligkeit aller Menschen auch vielfach begeistert aufgenommen. Namentlich Voltaire, einflussreicher Vordenker der religionskritischen Aufklärung, und andere Philosophen wie d'Alembert haben den Roman „Bélisaire" gerade wegen des 15. Kapitels hoch gerühmt und verteidigt.[10] Die Kontroverse griff bald auf die europäischen Nachbarländer Frankreichs über, besonders auf die Niederlande und auf Deutschland. Dabei konzentrierte sich die Auseinandersetzung mehr und mehr darauf, ob auch tugendhafte Heiden wie beispielsweise Sokrates aufgrund ihrer moralischen Integrität die ewige Seligkeit erlangen können. Geführt wurde die Auseinandersetzung in Deutschland vor allem von dem Theologen und Philosophen Johann August Eberhard.

2. Bestreitung der Ewigkeit der Höllenstrafen und Verteidigung einer ewigen Glückseligkeit aller Menschen im deutschen Protestantismus

Mit Beginn der theologischen Aufklärung in Deutschland – gemeinhin periodisiert in Wolffianismus (1720–1740), Neologie (1740–1770) und Rationalismus (1770 bis Anfang des 19. Jh.) – wurde die traditionelle kirchliche Lehre von immerwährenden Höllenstrafen keineswegs unvermittelt kritisiert oder theologisch bestritten. Vielmehr wollte die Frühaufklärung, der theologische Wolffianismus, beweisen, dass jede in der Bibel bezeugte übernatürliche, d. h. offenbarte Wahrheit – und zu ihr zählte man die Lehre von den Ewigkeit der Höllenstrafen – mit der durch die Vernunft erkennbaren, d. h. natürlichen Wahrheit kompatibel ist. Denn die übernatürliche und die natürliche Wahrheit haben, so der Universalgelehrte Christian Wolff, einer der bedeutendsten Philosophen der Aufklärung, „ihren Ursprung von Gott"; deshalb können sich Schrift und Vernunft nicht widersprechen, wie die „Weltweisen" und auch die „Gottes-Gelehrten" längst richtig erkannt haben.[11]

Zu den bedeutenderen Vertretern der theologischen Frühaufklärung, die weiterhin an der Ewigkeit der Höllenstrafen festhielten, gehörte beispielsweise Johann Ernst Schubert (1717–1774), seit 1764 in Greifswald Professor der Theologie, königlich schwedischer Oberkirchenrat und Pastor an der St.-Marien-Kirche. In mehreren Werken, so in seiner wiederholt gedruckten Schrift „Vernünftige Gedanken von der Ewigkeit der höllenstrafen" (1741), verteidigte er diese kirchliche Lehre

---

10 Hierzu siehe bes. Marmontel: Bélisaire (wie Anm. 8), S. I–LXXVII (Introduction par Robert Grandroute); John Renwick: Marmontel, Voltaire and Belisaire affair (Oxford University Studies in the Enlightenment – SVEC 121), Oxfordshire 1974.

11 Christian Wolff: Vernünfftige Gedancken von den Absichten der natürlichen Dinge [...]. 2. Aufl., Frankfurt a.M./Leipzig 1726, fol. A 3v (Widmung).

nicht nur mit der Bibel, sondern auch aus Vernunftgründen; denn ohne eine solche ewige Bestrafung würde man die „ganze christliche" Religion völlig aufgeben.[12] Den von Kritikern vorgebrachten Haupteinwand, dass der gütige und gerechte Gott zeitliche Vergehen unmöglich mit immerwährenden Strafen ahnden könne, wies er als vernunftwidrig zurück. Jedes im irdischen Leben begangene Vergehen, so argumentierte Schubert, ist im Grunde eine gegen Gott selbst gerichtete Tat. Die „unendliche" Schwere dieses Vergehens muss Gott, das „unendliche wesen", daher zwingend mit einer „unendlichen strafe" belegen.[13] Die ewige Verdammnis der unbußfertigen Sünder ist zweitens auch deshalb notwendig, damit die Welt weiterhin von den Menschen als das vollkommene Werk eines vollkommenen Schöpfers erkannt werde. Gottes Vollkommenheit kann sich aber nur in einer Welt widerspiegeln, in der Gerechtigkeit und Weisheit sowie Güte herrschen. Deshalb hat Gott „zuweilen" keine andere Möglichkeit, als seine Güte „zurück zu halten" und die unbußfertigen Frevler mit ewiger Höllenpein zu bestrafen.

Im Zuge der Entwicklung der Aufklärung vom Wolffianismus zur Neologie – in welcher biblische Texte und kirchliche Glaubenslehren einer historischen, rationalen und moralischen Kritik unterzogen wurden – hinterfragte und kritisierte man dann zunehmend offener auch die Lehre von der Ewigkeit der Höllenstrafen in Theologie und Kirche. Für den Rationalismus, d. h. die radikale Aufklärung, die eigentlich nur noch eine moralische Vernunftreligion anerkannte, war schließlich die traditionelle Lehre von ewig währenden Höllenstrafen indiskutabel und obsolet.

Im Rahmen dieses Überblicks kann auf die neologischen Streitigkeiten um die Ewigkeit der Höllenstrafen nicht näher eingegangen werden. Lediglich auf zwei namhafte Verfechter der ewigen Glückseligkeit aller Menschen soll der Blick gelenkt werden: Johann August Eberhard und Johann Friedrich Wilhelm Jerusalem.

Johann August Eberhard

Von den damaligen Theologen hat kaum ein anderer im universitären und kirchlichen Raum die Ewigkeit der Höllenstrafen literarisch so öffentlichkeitswirksam bestritten wie Johann August Eberhard (1739–1809). Dieser gebürtige Halberstädter wirkte nach seinem Theologiestudium in Halle und einer mehrjährigen Hauslehrertätigkeit als Prediger in verschiedenen kirchlichen Ämtern. Wegen seines Eintretens für die Aufklärung und auch wegen seines gesellschaftlichen Verkehrs mit dem Juden Moses Mendelsohn erschien er den kirchlichen Verwaltungsbehörden in

---

12 Johann Ernst Schubert: Vernünftige Gedanken von der Ewigkeit der höllenstrafen, Jena 1741. Zu Schuberts Verteidigung der Ewigkeit der Höllenstrafen siehe u. a. Andres Straßberger: Zwischen Predigtreform und Religionsapologetik. Zur Konzeption und Durchführung einer homiletischen Preisaufgabe von 1739. In: Albrecht Beutel u. a. (Hg.): Christentum im Übergang. Neue Studien zu Kirche und Religion in der Aufklärungszeit (AKThG 31), Leipzig 2006, S. 51–70, hier S. 67–68.

13 Schubert: Gedanken (wie Anm. 12), S. 13–14; das folgende Zitat ebd., S. 39.

Berlin für ein ordentliches Predigtamt ungeeignet. Deshalb sah er sich – entgegen seiner Neigung – 1778 gezwungen, an der Universität Halle den Lehrstuhl für Philosophie zu übernehmen, der nach dem Tod seines ehemaligen Lehrers Georg Friedrich Meier, eines Wolffianers, vakant geworden war. Erhard blieb zeitlebens ein Anhänger der Wolff'schen Philosophie, versuchte aber dessen System zu einer ‚Weltphilosophie' weiterzuentwickeln. Mit Kant und dessen ständig größer werdenden Schülerschaft trug er jahrelang eine heftige literarische Kontroverse aus und galt als dezidierter Antikantianer.

Nach Eberhard ist die „grausame Lehre" von der Ewigkeit der Höllenstrafen weder der Vernunft gemäß noch findet sie sich in der „christlichen Offenbarung".[14] Zu diesem Urteil kam er in seiner zweibändigen „Neuen Apologie des Sokrates oder Untersuchung der Lehre von der Seligkeit der Heiden" (1772 u. 1778), in welcher es allerdings vorrangig um das damals vieldiskutierte Problem ging, ob auch Heiden aufgrund ihrer Tugendhaftigkeit die ewige Seligkeit erlangen werden. Anlass zu diesem Werk waren die bereits erwähnten literarischen Auseinandersetzungen um Marmontels Roman „Bélisaire", die auch außerhalb Frankreichs große Beachtung fanden.

In Holland beteiligte sich schon sehr bald Peter Hofstede (1716–1803), ein streng calvinistischer Prediger und Professor für Kirchengeschichte in Rotterdam, an diesem Streit um die ewige Seligkeit edler Heiden mit seiner 1769 auf Holländisch und Deutsch erschienenen Schrift: „Des Herrn Marmontels herausgegbner Belisar beurtheilt, und die Laster der berühmtesten Heiden angezeigt". Theologisch warf er Marmontel erstens vor, die „väterliche Gnade" Gottes dermaßen ins Zentrum des christlichen Gottesverständnisses gestellt zu haben, dass dessen absolute Gerechtigkeit „verläugnet oder gekränket" wird.[15] Seiner Gerechtigkeit müsse aber eben so hohe Beachtung geschenkt werden wie seiner „göttliche[n] Gnade". Zweitens unterzog er Marmontels Darstellung des privaten und öffentlichen Lebens der Heiden einer breiten, fatalen Kritik. Generalisierend konstatierte er, dass sich bei diesen zwar auch Tugenden, aber noch viel mehr Laster fänden. Zum Beweis verwies er – gestützt auf zahlreiche pagane und christliche Autoren – auf den Lebenswandel mehrerer ‚Weltweisen' aus der griechisch-römischen Antike und auch aus den chinesischen, indischen und iranischen Hochkulturen. Unter den von ihm genannten Philosophen, Schriftstellern und Staatsmännern befanden sich auch diejenigen, welche Marmontel in seiner Schrift angeführt hatte: Aelius Aristides, Mark

---

14 Johann August Eberhard: Neue Apologie des Sokrates oder Untersuchung der Lehre von der Seligkeit der Heiden. [Bd. 1], Berlin/Stettin 1772, S. 361 u. 364.

15 Peter Hofstede: Des Herrn Marmontels herausgegebener Belisar beurtheilt, und die Laster der berühmtesten Heiden angezeigt, zum Beweise, wie unbedachtsam man dieselben ihrer Tugenden wegen selig gesprochen. Aus dem Holländischen übersetzt, Leipzig [u. a.] 1769, S. 107; die folgenden Zitate ebd., S. 108, 128–129, 126–127, 197, 200, 205, 281, 282.

Aurel und Cato d.J. Den römischen Kaiser Mark Aurel apostrophierte Hofstede beispielsweise als „aller abergläubigste[n] Götzendiener", „Ehebrecher, Blutsauger und Entheiliger". Vor allem nahm er aber Sokrates ins Visier, dem er wegen seines „Ehrgeizes" und seiner „unnatürlichen Sünde" – gemeint seine homoerotischen Beziehungen zu seinem „Schandbuben" Alkibiades – jede Tugendhaftigkeit absprach. Sein Fazit: Die Überprüfung der Viten der Heiden – selbst der „vornehmsten Weltweisen" – ergebe, dass sie alle ein Leben geführt haben, ganz wie es ihnen gefiel, nämlich „in Unzucht, Lüsten, Trunkenheit, Fresserey, Sauferey und gräulichen Abgöttereyen" (vgl. 1 Petr 4,3). Deshalb können die Heiden niemals „Gegenstände göttlicher Barmherzigkeit und Teilhaber ewiger Herrlichkeit" gewesen sein. Er würde zwar wünschen, dass im Jüngsten Gericht viele Heiden die Barmherzigkeit Gottes erfahren; wie das aber ohne Beeinträchtigung der „Eigenschaften und Vollkommenheiten" Gottes geschehen könne, sei ihm völlig unklar. Hofstedes Schrift löste in Holland eine lebhafte Kontroverse aus, an der sich besonders der Haarlemer remonstrantische Prediger und bedeutende Ornithologe Cornelius Nozeman (1720–1786) beteiligte.[16]

In diese Auseinandersetzung griff in Deutschland vor allem Eberhard mit seiner bereits erwähnten „Neuen Apologie des Sokrates" ein. Nach Eberhard widerspricht die kirchliche Lehre von ewig dauernden Höllenstrafen erstens der Vernunft. Hierbei wies er darauf hin, dass gemäß dem Prinzip der Verhältnismäßigkeit ‚endliche' Unrechtstaten nicht mit ‚unendlichen' Strafen geahndet werden können. Würde Gott eine „endliche Sünde" mit einer unendlichen Strafe ahnden, dann wäre das die allergrößte Ungerechtigkeit, weil sich nichts „unverhältnißmäßigeres" denken ließe.[17] Auch widerspräche ein solches Vorgehen jedem vernünftigen Verständnis von Strafe. Schon in der irdischen Rechtsprechung werden Strafen von keinem „vernünftigen Wesen" um ihrer selbst willen angeordnet, sondern haben stets die Besserung des Straffälligen zum Ziel; andernfalls würde es sich um nichts anderes als um „Grausamkeiten" handeln. Den Übeltäter moralisch zu bessern, intendiert erst recht das „höchste Wesen". Seine Weisheit und Güte machen das sowohl „möglich" als auch „nothwendig". Zweitens findet sich nach Eberhard die Lehre von einer immerwährenden Verdammnis nirgendwo in den alt- und neutestamentlichen Schriften. Viele Bibelstellen, in denen eine ‚ewige' Pein angedroht wird, beziehen sich, wie von den Exegeten bereits richtig erkannt, überhaupt nicht auf die Seelen im Jenseits, sondern auf konkrete Völkerschaften auf Erden. Ferner wies er darauf hin, dass das hebräische und griechische Wort für ewig häufig nur eine übermäßig oder unbestimmt lange Zeit bedeutet. Lediglich im Jesuslogion: „Und sie [sc. die

---

16 Siehe u. a. Ernestine [Gesine Ernestine] van der Wall: Socrates in de hemel? Een achttiende-eeuwse polemiek over deugl, verdraagzaamheid en de vaterlandse kerk, Hilversum 2000 (Lit.).

17 Eberhard: Apologie (wie Anm. 14), S. 402; die folgenden Zitate ebd., S. 113, 114, 372, 403, 406, 423, 429, 414, 434.

Ungerechten] werden in die ewige Pein gehen; die Gerechten aber in das ewige Leben [Mt 25,46]", scheint das Adjektiv ewig – wegen des Parallelismus ‚ewig' in den beiden Halbversen – tatsächlich ‚immerwährend' zu meinen. Eberhard gab aber zu bedenken, dass „Ewigkeit" (‚ewig') in den Frühkulturen des Orients nicht so sehr „transzendental" konnotiert gewesen sei wie in der Gegenwart, sondern eine assoziative und emotionale („sinnliche") Bedeutung gehabt habe. Drittens muss die Lehre von der ewigen Verdammnis auch theo-logisch zurückgewiesen werden, da sie Gott zu einem Despoten mache, der die Menschen unaufhörlich peinigt und quält. Gott ist aber Güte und Weisheit; diesen Eigenschaften ist seine Gerechtigkeit subordiniert. Alle göttlichen Strafen – im Diesseits wie im Jenseits – sind zeitlich befristet und dienen als Arznei zur Gesundung: „Alle Strafen zielen zum Besten", zur Glückseligkeit. Viertens ist der Lehre auch aus anthropologischen Gründen zu widersprechen, da jeder Mensch grundsätzlich besserungsfähig ist. Schon die Alltagserfahrung zeige, wie durch vernünftige Bestrafungen „unrichtige" Verhaltensweisen der Menschen korrigiert werden können: „Wir sehen alle Tage vor unsern Augen aus bösen Menschen Gute, und aus Guten Bessere werden". Um wie viel mehr wird das bei den göttlichen Strafen im Jenseits der Fall sein, da dort die Seele von allen irdischen Affekten befreit ist. Damit wollte er jedoch nicht ausschließen, dass „Mängel", die einst im irdischen Leben vorhanden waren, gewisse „Folgen bis ins Unendliche" haben können. Letztlich werden jedoch „alle vernünftigen Wesen", also auch die „tugendhaften Seelen" der Heiden, einst zur ewigen Glückseligkeit gelangen. Johann Gottfried Herder nannte Eberhard deshalb den „großen Heidenseligmacher".[18]

Mit seiner kategorischen Ablehnung der Lehre von immerwährenden Höllenstrafen stieß Eberhard sogar bei einigen Zeitgenossen auf Kritik, welche sich durchaus der Aufklärung im weiteren Sinn zugehörig fühlten. So verteidigte Gotthold Ephraim Lessing 1773 in seinem Beitrag „Leibnitz von den ewigen Strafen"[19] dessen affirmative Äußerungen zur Lehre von der ewigen Verdammnis. Eberhard hatte nämlich Leibnizens diesbezügliche Ausführungen in seiner „Neuen Apologie des Sokrates" kritisiert[20] und insinuiert, dieser habe sich damit bei den Anhängern der damals „herrschenden" Lehre von der „wirklichen Ewigkeit höllischer Qualen" nur beliebt machen wollen, um so seiner „Philosophie" überall Akzeptanz zu „verschaffen".[21] Diese Unterstellung wies Lessing als völlig abwegig zurück: „So

18 Johann Gottfried Herder: Gefundene Blätter aus den neuesten Deutschen Litterannalen von 1773. In: Herder: Sämmtliche Werke. Hg. v. Bernhard Suphan. Bd. 5, Berlin 1891, S. 258–270, hier S. 268; vgl. S. 726 (Anm. zu S. 268).

19 Gotthold Ephraim Lessing: Leibnitz von den ewigen Strafen. In: Lessing: Sämmtliche Schriften. Hg. v. Karl Lachmann. 3. Aufl. besorgt durch Franz Muncker. Bd. 11, Stuttgart 1895, S. 461–487.

20 Eberhard: Apologie (wie Anm. 14), S. 396.

21 Lessing: Leibnitz (wie Anm. 19), S. 470; die folgenden Zitate ebd., S. 473 u. 477.

eingenommen [i.s.v. begeistert, angetan] man sich auch Leibnitzen für seine Philosophie denken darf, oder will: so kann man doch wahrlich nicht sagen, daß er sie den herrschenden Lehrsätzen aller Partheyen anzupassen gesucht habe". Vor allem erklärte er aber Eberhards Interpretation von Leibnizens Auffassung von der ewigen Verdammnis für falsch. Er konzedierte, dass Leibniz seine Vorstellungen „sehr exoterisch [äußerlich; für die Öffentlichkeit bestimmt]" dargestellt habe; jedoch könne er den Nachweis erbringen, dass Leibniz sie „esoterisch [innerlich; für einen begrenzten Personenkreis bestimmt] ganz anders ausgedrückt" habe. Die exoterische Darstellung habe Leibniz deshalb präferiert, weil sie mit „seiner esoterischen Philosophie" mehr übereinstimme. Freilich habe er das nicht in einer so „rohen und wüsten" Art und Weise getan wie „so mancher Theologe". Jedoch liege „selbst in diesen rohen und wüsten Begriffen noch mehr wahres [...], als in den eben so rohen und wüsten Begriffen der schwärmerischen Verteidiger der Wiederbringung". Leibniz wollte, so Lessing, mit den „Orthodoxen" lieber der „Sache ein wenig zuviel" tun, als mit „den letztern zu wenig". Vor allem habe Leibniz, und darin stimme er, Lessing, diesem voll zu, überzeugend auf die „esoterische grosse Wahrheit" hingewiesen, dass „in der Welt nichts insuliret [isoliert, abgesondert, zur Insel gemacht; vgl. lat. insula], nichts ohne Folgen, nichts ohne ewige Folgen" ist. Die Folgen der Sünden sind „Strafen", die in ‚inneren Unseligkeiten [i.S.v. Friedlosigkeiten]' ihren Ausdruck finden. Diese Unseligkeiten können aber in Folge ihrer Wirkmächtigkeit nur „ewig dauern".

Johann Friedrich Wilhelm Jerusalem

Von den führenden neologischen Theologen, die in der Aufklärungszeit im unmittelbaren Kirchendienst standen, bestritt – abgesehen von dem Konsistorialrat, Kirchenlieddichter und Popularphilosophen Johann Joachim Spalding (1714–1804) – Johann Friedrich Wilhelm Jerusalem (1709–1789) die Vorstellung von ewigen Höllenstrafen aufs Entschiedenste. Nach dem Studium der Philosophie und Theologie sowie orientalischer Sprachen in Leipzig und Wittenberg, mehrjährigen Bildungsreisen (Holland und England) und Tätigkeiten als Hauslehrer, Hofprediger und Prinzenerzieher wurde er 1749 Abt des Klosters Mariental bei Helmstedt und 1752 Abt des Klosters Riddagshausen bei Braunschweig sowie 1771 Vizepräsident des Konsistoriums in Wolfenbüttel. Goethe nannte ihn in „Dichtung und Wahrheit" einen „frei und zart denkenden Gottesgelehrten".[22]

Jerusalems Erwartung, dass einst alle Menschen glückselig werden, findet sich dargestellt vor allem in seinem unvollendeten dreibändigen, wiederholt aufgelegten und übersetzten, apologetischen Hauptwerk „Betrachtungen über die vornehmsten

---

22 Johann Wolfgang Goethe: Aus meinem Leben. Dichtung und Wahrheit. In: Goethe: Werke (WA). Bd. 28, Weimar 1889, S. 155, Z. 16.

Wahrheiten der Religion" (1768–1779)[23] und in seinen „Nachgelassenen Schriften" (1792–1793) sowie auch in seinen Predigten. Nach Jerusalem, der die Lehre von der Ewigkeit der Höllenstrafen als unsinnig und „allerschrecklichst(e)" bezeichnete,[24] kommen alle Seelen sogleich nach dem Tod bis zur allgemeinen Auferstehung zum Jüngsten Gericht in einen Zwischenzustand. Da über diesen nichts Genaueres bekannt ist, verwandte er dafür Metaphern, so vor allem die von der „Hand" Gottes, womit er das letzte Wort Jesu am Kreuz aufgriff: „Vater, in deine Hände lege ich meinen Geist" (Lk 23,46). Allerdings dürfe man sich diesen Zwischenzustand nicht als einen „fortdauernden empfindungslosen Zustand" vorstellen, in welchem „die Seele ihre ganze denkende Kraft, und das ganze Bewußtseyn ihres vorigen Zustandes verlöre". Nach der allgemeinen Auferstehung, die er als Empfang der „Unsterblichkeit" interpretierte, erhalten die ‚Menschen' im Weltgericht dann sehr unterschiedliche Strafen oder Belohnungen, je nachdem, was sie zu Lebzeiten mit den ihnen anvertrauten Talenten (vgl. Mt 25,14–30; Lk 19,12–27) gemacht haben. Der gerechte Gott kann nämlich das Gute nicht „unbelohnt" und das Böse nicht „unbestraft" lassen, sonst würde er zum „Gespötte der Geschöpfe".[25] Keinesfalls wird aber ein Mensch zu einer ewig währenden Verdammnis verurteilt werden, denn Gott ist kein „Tyrann". Er wird vielmehr die „Schwachheiten" der menschlichen Natur mit „väterlicher Liebe" tragen. Gott „ist die Liebe [1 Joh 1,16]". Die den Übeltätern auferlegten unterschiedlichen Strafen dienen nach Jerusalem lediglich dazu, dass der eine schon etwas früher und der andere – der Gerechtigkeit halber – erst etwas später die ewige Glückseligkeit erlangt. Von dieser zukünftigen Glückseligkeit hat zwar jeder Mensch von Natur aus eine „Ahndung", dieses ‚Erahnen' wird aber erst durch Jesus Christus, den „große[n] göttliche[n] Gesandte[n]", zur vollen ‚Erkenntnis' gebracht.[26] Sein Wirken und seine Botschaft haben das Ziel, die Menschen zum sittlichen Handeln aufzurufen und sie zu lehren, ihr irdisches Leben als eine „Vorbereitung auf das künftige" zu sehen. Das ewige Leben in Glückseligkeit verstand und beschrieb Jerusalem nicht als einen statischen Zustand, sondern als eine dynamische Fortentwicklung: Von der Glückseligkeit zur vollständigen Gotteserkenntnis und schließlich zur Partizipation an der göttlichen Vollkom-

---

23 Siehe vor allem Johann Friedrich Wilhelm Jerusalem: Betrachtungen über die vornehmsten Wahrheiten der Religion. Bd. 1, Braunschweig 1768, S. 232–273 (Sechste Betrachtung. Von einem zukünftigen Leben.). Zu Jerusalem und dem Heilsuniversalismus in seinen „Betrachtungen" siehe u. a. Wolfgang E. Müller: Johann Friedrich Wilhelm Jerusalem. Eine Untersuchung zur Theologie der „Betrachtungen über die vornehmsten Wahrheiten der Religion" (TBT 43), Berlin u. a. 1984, passim.

24 Johann Friedrich Wilhelm Jerusalem: Nachgelassene Schriften. Bd. 1, Braunschweig 1792, S. 347–434, hier S. 433; die folgenden Zitate ebd., S. 413–414 u. 403.

25 Jerusalem: Betrachtungen. Bd. 1 (wie Anm. 23), S. 253; das folgende Zitat ebd., S. 260.

26 Jerusalem: Nachgelassene Schriften. Bd. 1 (wie Anm. 24), S. 357 u. 356; die folgenden Zitate ebd., S. 358 u. 426–427.

menheit. Enthusiastisch deklamierte Jerusalem: „Meine Glückseligkeit wird ewig vollkommnere Kenntniß Gottes, Genuß seiner unendlichen Vollkommenheiten – mein Geschäfte ewige Thätigkeit im Guten seyn – ich selbst, immer vollkommner, aufgeklärter, besser [sein]".

3. Kritik an der Lehre von der Ewigkeit der Höllenstrafen und Bekenntnis zur ewigen Glückseligkeit aller Menschen in der Literatur

In der Dichtung und Literatur der Aufklärungsepoche wurde die in Kirche und Gesellschaft lebhaft diskutierte Frage einer künftigen Glückseligkeit aller Menschen vielfach aufgegriffen und poetisch bearbeitet. Das geschah zumeist im Dialog oder in kritischer Auseinandersetzung mit der traditionellen kirchlichen Lehre von der Ewigkeit der Höllenstrafen. Hierauf soll im Folgenden anhand einiger ausgewählter literarischer Beispiele eingegangen werden.

Friedrich Gottlieb Klopstock

Der bedeutendste Dichter in der Epoche der Aufklärung und Wegbereiter der Empfindsamkeit und des Sturm und Drang, der in seinem Werk die künftige Glückseligkeit aller Menschen zurückhaltend, aber deutlich vertrat, war zweifelsohne Friedrich Gottlieb Klopstock (1724–1803). Hinweise darauf finden sich bereits in seinen „Geistlichen Liedern", die erstmals 1758 erschienen. Verwiesen sei auf den Hymnus „Die Auferstehung".[27] Dieses Lied, das bei Klopstocks Beerdigung gesungen wurde, fand Aufnahme in vielen evangelischen Kirchengesangbüchern bis ins 20. Jahrhundert und wurde mehrfach vertont. Weltberühmt wurde die Vertonung der beiden ersten textlich leicht überarbeiteten Strophen dieses Liedes durch Gustav Mahler im 5. Satz seiner Zweiten Symphonie, der sogenannten Auferstehungssymphonie (1888–1894). Hier intoniert der Chor der Himmlischen: „Auferstehn, ja auferstehn wirst du, / Mein Staub, nach kurzer Ruh! / Unsterblichs Leben / Wird, der dich schuf, dir geben! Halleluja! / Wieder aufzublühen werd ich gesät! / Der Herr der Erndte geht, / Und sammelt Garben / Uns ein, uns ein, die starben! / Halleluja!".

Von Klopstocks Oden ist besonders zu nennen „Die Glückseligkeit Aller", die 1759 veröffentlicht wurde.[28] Hier klingt die Erwartung der Seligkeit aller Menschen bereits im Titel an. Deutlicher kommt sie dann unter anderem in der Exklamation

27 Friedrich Gottlieb Klopstock: Die Auferstehung. In: Klopstock: Werke und Briefe. Historisch-kritische Ausgabe. Hg. v. Horst Gronemeyer u. a. Abt. I, Werke. Bd. III: Geistliche Lieder, hg. v. Laura Bolognesi. Bd. 1: Text, Berlin u. a. 2010, S. 54; Bd. 2: Apparat, Berlin u. a. 2013, S. 240–251.

28 Friedrich Gottlieb Klopstock: Die Glückseligkeit Aller. In: Klopstock: Werke und Briefe (wie Anm. 27), Abt. I, Werke. Bd. I: Oden, hg. v. Horst Gronemeyer u. Klaus Hurlebusch. Bd. 1: Text,

zum Ausdruck: „Gott, du Vater der Wesen, / Nicht nur, daß sie wären; / Du bist es, daß sie auf ewig / Glückselig wären!"

Wesentlich direkter bekannte sich Klopstock zur künftigen Glückseligkeit aller Menschen jedoch in seinem Epos „Der Messias", das zwischen 1748 und 1773 in vier Bänden erschien.[29] In diesem in Hexametern verfassten Gedicht wird Christus, der Messias, in 20 Gesängen als Mittler zwischen Gott-Vater und den durch die Sünde gefallenen und ihr verfallenen Menschen dargestellt. Im 19. Gesang wird in der Abbadona-Episode zunächst geschildert, wie der Teufel Abbadona (heb. Abaddon, dt. Untergang, Verderben; vgl. Apk 9,11: „Engel des Abgrunds") im Jüngsten Gericht sein frevelhaftes Verhalten verzweifelt erkennt und um seine endgültige Vernichtung bittet. Stattdessen wird ihm jedoch die Gnade der Vergebung gewährt. Vom Himmel ertönt der Ruf: „Komm, Abbadona, zu Deinem Erbarmer"! (v 193).

Klopstocks eschatologische Heilserwartung für alle Wesen, welche der kirchlichen Lehre vom dualen Ausgang der Menschheitsgeschichte widersprach, löste Irritation und Streit aus.[30] Der Dichter beteiligte sich aber an den Auseinandersetzungen nicht, sondern war bemüht, sich aus ihnen möglichst herauszuhalten. Ausweichend erklärte er, dass es sich bei seiner Abbadona-Episode um dichterische Freiheit handle. Daraus meinten manche Zeitgenossen folgern zu können, dass Klopstock die kirchliche Lehre von der Ewigkeit der Höllenstrafen doch nicht wirklich ablehne. Nach Klopstock war das aber sehr wohl der Fall. Am 11. Januar 1791 hatte er an den mit ihm befreundeten Theologen, Schriftsteller und Übersetzer Carl Friedrich Cramer, einen glühenden Anhänger der Französischen Revolution, lapidar geschrieben: „Ich habe dieß [sc. die Ablehnung der Lehre von der Ewigkeit der Höllenstrafen] ja durch Abbadona's Erlösung, u. auch sonst im Mess[ias] gezeigt".[31]

Christoph Martin Wieland

Zu denjenigen, die in der Epoche der Aufklärung recht früh mit der Vorstellung einer künftigen Glückseligkeit aller Menschen sympathisiert und diese poetisch umgesetzt haben, gehörte der Dichter, Übersetzer und Herausgeber Christoph

Berlin u. a. 2010, S. 189–199; Bd. 2: Apparat, Berlin u. a. 2015, S. 336–339; Bd. 3: Apparat (Synopse), Berlin u. a. 2015, S. 473–494.

29 Friedrich Gottlieb Klopstock: Der Messias. In: Klopstock: Werke und Briefe (wie Anm. 27), Abt. I, Werke. Bd. IV: Der Messias, hg. v. Elisabeth Höpker-Herberg. Bd. 1 u. 2: Text, Berlin u. a. 1974; Bd. 3: Text/Apparat, Berlin u. a. 1996; Bd. 4: Apparat, Berlin u. a. 1984; Bd. 5.1: Apparat, Berlin u. a. 1986; Bd. 5.2: Apparat, Berlin u. a. 1986; Bd. 6: Apparat, Berlin u. a. 1999.

30 Hierauf kann hier nicht näher eingegangen werden.

31 Brief: Friedrich Gottlieb Klopstock an Carl Friedrich Cramer, 11.1.1791. In: Klopstock: Werke und Briefe (wie Anm. 27), Abt. II, Briefe. Bd. VIII: Briefe: 1783–1794, hg. v. Helmut Riege, Bd. 1: Text, Berlin u. a. 1994, Nr. 160, S. 213–216, hier S. 215, Z. 68–69; Bd. 2: Apparat/Kommentar/Anhang, Berlin u. a. 1999, Nr. 160, S. 829–836, hier S. 233.

Martin Wieland (1733–1813). Verwiesen sei besonders auf sein 1750 und 1751 verfasstes antilukrezisches Poem „Die Natur der Dinge oder die vollkommenste Welt", in welchem er seine eschatologischen Vorstellungen, wie er später ausdrücklich anmerkte, in Form einer poetischen Kosmologie vorgetragen habe.

Der junge Wieland, aus einem orthodoxen, aber auch vom Pietismus bestimmten Pfarrhaus stammend, war während seiner Schulzeit im Pädagogium zu Kloster Berge (1747–1749) zunehmend unter den Einfluss der Aufklärung gekommen.[32] Um sich intensiver mit der Wolffschen Philosophie auseinandersetzen zu können, ging er im Mai 1749 zum Studium an die Universität Erfurt. Diese verließ er jedoch schon im Frühjahr 1750 wieder und kehrte nach Biberach an der Riß zurück, wo sein Vater Pfarrer an der Maria-Magdalenenkirche war. Im Spätsommer desselben Jahres lernte er hier seine zu Besuch weilende 20-jährige Cousine Marie Sophie Gutermann kennen und lieben. Die Bekanntschaft mit Sophie führte bei Wieland einerseits zu einem verstärkten Verlangen, sich künftig ausschließlich der Dichtkunst zu widmen, und andererseits zu einer merklichen Veränderung seiner religiösen Vorstellungen. Um diese zu klären, forderte ihn Sophie, mit der er sich in aller Eile verlobt hatte, auf, seine Gedanken schriftlich näher darzulegen. Innerhalb von nur zehn Wochen verfasste Wieland, der sich im Oktober 1750 an der Universität Tübingen zum Studium der Jurisprudenz immatrikuliert hatte, das sechsteilige Lehrgedicht „Die Natur der Dinge oder die vollkommenste Welt"[33], dessen beide letzte Teile Thanatologie und Eschatologie behandeln.

In seinem in Alexandrinern verfassten Lehrgedicht geht Wieland davon aus, dass alle Menschen von Beginn an von Gott zur ewigen Glückseligkeit bestimmt sind. Diese soll sich nach seinem Willen bereits im irdischen Leben abzeichnen; jedoch wird sie erst im Jenseits vollkommen verwirklicht werden, wenn die Seele beim Eintritt des Todes ihr „Kleid" ((Buch) V, v 213), den Leib, ablegt. Deshalb wird im Gedicht der Tod wiederholt geradezu enthusiastisch herbeigesehnt: „O Tod! du süsser Tod! dich scheuet nur ein Thor! / Du hebest das Geschöpf zu seinem Ziel empor; / Du trägst der Gottheit uns und unserm Glück entgegen, / Wie froh will ich mich einst in deine Arme legen?" (V, v 432–433). Erst durch den Tod eröffnet sich demnach für die Seele die Möglichkeit zur vollkommen Glückseligkeit. Um aber die Voraussetzung zu einer solchen postmortalen Entwicklung zu verbessern, soll sich jeder Mensch schon hier auf Erden um ein möglichst tugendhaftes Leben bemühen. Eindringlich wird deshalb im Gedicht vor drei Hauptlastern gewarnt: Wollust, Trunksucht und Habsucht. Man soll nicht der „Wollust Sklav" (VI, v 81)

---

32 Über die religiöse Entwicklung des jungen Wieland siehe u. a. Uwe Blasig: Die religiöse Entwicklung des frühen Christoph Martin Wieland (Helicon 10), Frankfurt a.M. u. a. 1990.

33 Christoph Martin Wieland: Die Natur der Dinge oder die vollkommene Welt. In: Wieland: Sämmtliche Werke. Hg. v. der Hamburger Stiftung zur Förderung von Wissenschaft und Kultur. Bd. XIII: Supplemente. Bd. 1 [Leipzig 1798], Reprint Hamburg 1984, S. 3–274.

werden, nicht mit „Silen [gr. Silenós, lat. Silenus, Begleiter des Dionysos bzw. Bacchus] in Weinlaub" (VI, v 84) hinsinken und nicht in „verfluchtem Gold, dem Blut der Armen" (VI, v 159), wühlen. Diese Leidenschaften verblenden nur den Menschen und bringen ihn vom rechten Weg ab.

Sobald die Seele den Körper verlässt, erhält sie im Jenseits – entsprechend dem Grad ihrer Tugendhaftigkeit, also ihrer moralischen Qualifikation – eine neue Leiblichkeit und einen adäquaten Platz zur Vervollkommnung in himmlischen Sphären. In die äußerste, höchste Himmelssphäre, die von himmlischen Wesen (Engeln) bevölkert ist, werden nur die vollkommen Tugendhaften versetzt, um hier die ewige Glückseligkeit zu genießen. Dagegen kommen die noch nicht ganz Tugendhaften sowie alle Lasterhaften und Gottlosen je nach ihrem moralischen Entwicklungsstand in entsprechend niedere Himmelssphären. Hier werden sie in schmerzhaften Prozessen geläutert. Diese Läuterungen erfolgen jedoch weder an lokalisierbaren Orten noch durch physische Torturen. Vielmehr geschehen sie dadurch, dass die Ungläubigen und Unmoralischen von ihren eigenen Schuldgefühlen über ihr verfehltes Leben geplagt werden: Das „Laster straft sich selbst" (VI, v 233). Sollte Gott als „Richter" es aber für notwendig erachten, den Lasterhaften darüber hinaus noch „neue Plagen" (VI, v 248) aufzuerlegen, dann geschieht das nur aus Güte. Gott handelt nämlich wie ein Vater, der nur „im Gesicht verstellte [fälschlich dargestellte] Härte zeigt" (VI, v 250) und aus „blosser Liebe zürnt, und züchtigt um zu bessern" (VI, v 252). Am Ende der Zeit wird schließlich in einem gewaltigen kosmischen Prozess alles Böse vernichtet werden. „So schwindet nach und nach das Übel aus der Welt" (VI, v 297). Das Poem endet mit dem Jubelruf: „Die ganze Schöpfung wird von ew'gem Dank erschallen, / Und du, Unendlicher, wirst Alles seyn in Allem [1 Kor 15,28]!" (VI, v 307–308). Wieland opponierte also in seinem Lehrgedicht gegen diejenigen, die sich ein „ewig Qualreich" (VI, v 228) für die Lasterhaften und Ungläubigen ersonnen haben. Er war davon überzeugt, dass sie die „Sache Gottes Mit ungeschickter Hand" (VI, v 228–229) führen. Jedoch seien sie, so Wieland, „mehr Mitleid werth als Rache" (VI, v 227).

Wielands poetische Ausführungen zur künftigen Glückseligkeit aller Menschen entsprachen im Wesentlichen den eschatologischen Vorstellungen in der Aufklärungstheologie. Auch seine theo-logischen, anthropologischen und rationalen Argumente für eine universale Glückseligkeitserwartung stammten alle mehr oder weniger aus dem Arsenal der theologischen und philosophischen Aufklärung. Der vorweimarische Wieland war stärker von der Aufklärung beeinflusst als vielfach angenommen wird.

Justus Friedrich Wilhelm Zachariae

Zu den Sympathisanten der Vorstellung von einer ewigen Seligkeit aller Menschen zählt auch Justus Friedrich Wilhelm Zachariae (1726–1777), seit 1748 Hofmeister und ab 1761 Professor für Poëseos am Herzoglichen Collegium Carolinum in Braunschweig. Neben seinen Amtsgeschäften betätigte er sich als Dichter, Übersetzer, Herausgeber und Rezensent. Ursprünglich gehörte er zu den Anhängern des aufklärerischen Dichters und Literaturreformers Johann Christoph Gottsched, später war er jedoch einer der engagiertesten Mitarbeiter der von 1744 bis 1759 in Bremen erschienenen Wochenzeitschrift „Neue Beyträge zum Vergnügen des Verstandes und Witzes", genannt „Bremer Beiträge".

Zachariae leugnete keineswegs die Existenz der ‚Hölle', wie sein 1760 verfasstes Gedicht „Die Schöpfung der Hölle"[34] zeigt. Geschaffen wurde sie von Gott zur Bestrafung Satans und seiner Engelschar, die einst frevelhaft nach der „Gottheit" gestrebt hatten. Von Anfang an war die Hölle aber auch für alle „zukünftigen Bewohner der Erde" bestimmt, die künftig „Satans listigen Verführungen" erliegen würden. Dass aber letztlich alle Verdammten die ewige Glückseligkeit erlangen werden, thematisierte und bearbeitete Zachariae poetisch in seinem ebenfalls 1760 verfassten Gedicht „Die Unterwerfung gefallner Engel und ihre Bestimmung zu Schutzgeistern der Menschen".[35]

In diesem religiösen Poem wird zunächst geschildert, wie der Engelfürst Orion, der sich zusammen mit seiner Engelschar gegen Gott und seinen Gesalbten empört hatte und der „Standarte Satans" gefolgt war, durch einen plötzlichen göttlichen „Lichtstrahl" zur Umkehr bewegt wurde: „Fern von des Empörers [sc. des Satans] Gezelten" baten er und seine Reue empfindenden Engel den Allmächtigen um „Erbarmung". Daraufhin ließ Gott ihnen durch den Erzengel Gabriel Gnade verkünden und sie zu „neuem Gehorsam" ermahnen. Zur Strafe für ihre Rebellion wurden sie aber zu Schutzengeln degradiert, d. h. auf eine niedrigere Rangstufe in der Engelhierarchie gestellt. Künftig sollten sie als Führer und Wächter die im göttlichen Schöpfungsplan vorgesehenen Menschen, die „neuen Unsterblichen", von „dem verführenden Laster [sc. des Seinwollens wie Gott, vgl. Gen 3]" abhalten. Daraufhin pries der Engelfürst Orion in einem Hymnus Gott für ihre Begnadigung. Er dankte Gott für die Zusicherung, dass er und sein Gefolge nach erfüllter Mission auf Erden wieder mit ihren „alten Würden" ausgestattet werden und in seiner Gegenwart zusammen mit den „Seeligen leben" sollen. Nach Dankgebet und Treuebekenntnis flogen Orion und seine Engelschar rasch durch „viele weite Bezirke" des Himmels und durch „zahllose Welten", bis sie zu „unserm Sonnensystem" gelangten. Auf die „hohen Gebürge des Mondes" ließen sie sich nieder, um von hier aus den künftigen Erdenbewohnern als Schutzengel Beistand zu leisten.

---

34 Justus Friedrich Wilhelm Zachariae: Die Schöpfung der Hölle. In: Zachariae: Poetische Schriften. Bd. 5, [Braunschweig] [1764], S. 63–110; die folgenden Zitate ebd., S. 65 u. 107.

35 Justus Friedrich Wilhelm Zachariae: Die Unterwerfung gefallner Engel und ihre Bestimmung zu Schutzgeistern der Menschen. In: Zachariae: Poetische Schriften. Bd. 5 (wie Anm. 34), S. 111–138; die folgenden Zitate ebd., S. 113, 114, 117, 120, 132, 133, 136, 137, 138, 135.

In Zachariaes Gedicht erhalten also der Engelfürst Orion und sein Gefolge wegen ihrer Rebellion gegen Gott zwar eine Strafe auferlegt, nämlich die Degradierung zu Schutzengeln, jedoch wird ihnen nach Erfüllung ihrer Mission die Rückkehr zu ihrem einstigen „Geburtssitz [Geburtsort]", d. h. in ihre himmlische Heimat, zugesichert. Die traditionelle kirchliche Lehre von einer immerwährenden Verdammnis aller Übeltäter – seien es nun rebellierende Engel oder frevelnde Menschen– hatte also in Zachariaes Dichtung keinen Platz mehr.

Christoph Friedrich Nicolai

Eine Popularisierung erfuhr die Vorstellung von einer künftigen Glückseligkeit aller Menschen vor allem durch den Berliner Aufklärer und Schriftsteller Friedrich Nicolai (1733–1811). Als geschäftstüchtiger Verleger und agiler Herausgeber einflussreicher Journale, besonders der seit 1765 erscheinenden „Allgemeinen Deutschen Bibliothek", leistete er – unterstützt von einem großen Kreis gleichgesinnter Mitarbeiter – einen bedeutenden Beitrag zur Durchsetzung der theologischen Aufklärung in Deutschland.

In seinem zwischen 1773 und 1776 erstmals publizierten, mit Chodowieckischen Kupferstichen illustrierten dreibändigen Roman „Das Leben und die Meinungen des Herrn Magister Sebaldus Nothanker"[36] attackierte und bestritt Nicolai wiederholt die Lehre von der Ewigkeit der Höllenstrafen und vertrat die Erwartung einer ewigen Glückseligkeit aller Menschen auf populäre Weise. Dieser Roman, dessen Bedeutung zweifelsohne weniger im Literarischen als vielmehr im Kulturhistorischen und Zeitgeschichtlichen liegt, wurde mehrfach aufgelegt und in viele Sprachen übersetzt. Hauptfigur dieses Romans ist Magister Sebaldus Nothanker, ein biederer thüringischer Landpastor, der gegen Ende des Siebenjährigen Krieges mit der Obrigkeit wegen mangelhafter Befolgung der Gottesdienstordnung in Konflikt geraten war. Auch war der ‚orthodoxen' Kirchenbehörde nicht entgangen, dass er in einigen Glaubenslehren von den Bekenntnisschriften der Kirche abwich. Hinzu kam, dass er in einer Predigt auf Drängen seiner Frau, entgegen seiner eigenen Überzeugung, zum freudigen Tod fürs Vaterland aufgerufen hatte. Diese Aufforderung hatte einige seiner Gemeindeglieder – mit Alkohol gefügig gemacht – dazu verleitet, sich von einem zufällig im Dorf weilenden Offizier für die in Thüringen verhasste Preußische Armee anwerben zu lassen. Daraufhin erfolgte alsbald Nothankers Vernehmung vor dem Konsistorium wegen Landesverrats und Irrlehre. Nach seiner Stellung zur kirchlichen Lehre von der Ewigkeit der Höllenstrafen befragt, antwortete er, dass er nicht glaube, dass „es Menschen gezieme, der

---

36 Friedrich Nicolai: Das Leben und die Meinungen des Herrn Magister Sebaldus Nothanker. 3 Bde., Berlin/Stettin 1773–1776. Über diesen Roman siehe u. a. Aner: Theologie der Lessingzeit (wie Anm. 7), S. 115–119.

Güte Gottes Maß und Ziel zu setzen".[37] Wenig später wurde Sebaldus, inzwischen Witwer geworden, gerichtlich des Landes verwiesen. Damit begann für ihn und seine Tochter ein unstetes Leben mit häufigen Wechseln des Wohnorts und auch der beruflichen Tätigkeit. Mit zahlreichen eingestreuten Aperçus über Zeitgenossen (u. a. über den Dichter Johann Georg Jacobi) und über Zeitereignisse (über den Siebenjährigen Krieg) schilderte Nicolai mokant und süffisant, wie Magister Sebaldus immer wieder in theologische Streitgespräche mit hartnäckigen Vertretern der Orthodoxie und des Pietismus geriet. Dabei ging es mehrfach um Tod und ewiges Leben, so beispielsweise in seinen Unterredungen mit einem streng ‚orthodox' gesinnten Berliner Pastor am Totenlager eines freisinnigen, rechtschaffenen Majors.[38] Letzterer hatte einen jungen, mit ihm im selben Haus logierenden Edelmann, einen „wollüstigen Müßiggänger(s)", wegen seines amoralischen Verhaltens zu einem Säbelduell herausgefordert. Dieser hatte die einzige Tochter eines frommen Armenschullehrers verführt und wollte sie – ihrer überdrüssig geworden – mit seinem Kammerdiener verkuppeln, der das Kind als sein eigenes ausgeben und dafür Oberkammerherr werden sollte. Bei dem Zweikampf wurde der Major von dem zur Hilfe herbeigeeilten Diener des Edelmannes durch einen Stich mit einem Hirschfänger im Rücken schwer verletzt. Trotz wundärztlicher Pflege führte diese Verwundung nach einigen Wochen zu dessen Tod. Während seines Krankenlagers erfuhr er von Magister Sebaldus geistlichen Zuspruch. Hatte der verwundete Major zunächst erklärt: „Mit dem Tode ist alles aus", so betete er als Sterbender: „Allgütiges Wesen, ich werfe mich in deine Hände. Du hast mich zum Menschen machen wollen, also sollte ich wohl nicht ganz vollkommen sein". Der Major betrachtete also seine moralischen Defizite als naturgegeben, d. h. als vom Schöpfer gewollte Unvollkommenheiten. Diese werden ihm, so war er sich sicher, im Jüngsten Gericht vergeben werden. Der zuständige Gemeindpfarrer, der von dem ernsten Gesundheitszustand des Majors durch dessen katholischen Diener Franz informiert worden war, traf erst kurze Zeit nach dessen Ableben ein. Seine Hoffnung, einen „Freygeist(es)" auf dem Sterbebett doch noch bekehren zu können, hatte sich zerschlagen. Er wehklagte: „O Gott! wie groß sind deine Gerichte! Auch diesen Sünder, dem du so lange Zeit zur Besserung gegeben, und der die Gnadenzeit muthwillig hat verstreichen lassen, hast du ins Gericht der Verstockung dahin gegeben!" Als Magister Sebaldus diese Exklamation tadelte, insistierte der Pfarrer darauf, dass jeder, der wie dieser Major nicht an den „dreyeinigen Gott" glaubt, „ewiglich verdammt" ist. Es gibt für ihn keine Erlösung „weder in Zeit noch in Ewigkeit". Dem widersprach Sebaldus entschieden und bekannte: Wer – wie

---

37 Nicolai: Nothanker (wie Anm. 36). Bd. 1, Berlin/Stettin 1773, S. 40.

38 Über diese Gespräche siehe Nicolai: Nothanker (wie Anm. 36). Bd. 2, Berlin/Stettin 1775, S. 100–128; die folgenden Zitate ebd., S. 102, 117, 122, 123, 126.

der Major – rechtschaffen und wohltätig gelebt und „sich bey seinem Ende in des barmherzigen Gottes Arme geworfen" hat, könne nicht ewiglich verdammt sein. Nicolais Roman fand in ganz Europa begeisterte Leser und Leserinnen, wie beispielsweise Kaiserin Katharina II. von Russland, aber auch scharfe Kritiker, wie Goethe und Schiller (in ihren „Xenien", 1797) oder den Philosophen Johann Gottlieb Fichte (in seinem Pasquill „Friedrich Nicolais Leben und sonderbare Meinungen", 1801). Nicolai evozierte mit seiner Bestreitung der Ewigkeit der Höllenstrafen fast ein Dutzend Streitschriften aus dem ‚orthodoxen' und vor allem pietistischen Lager. Auf jeden Fall trug er aber mit seinem vielgelesenen Roman nicht unwesentlich zur Ablehnung der Lehre von der Ewigkeit der Höllenstrafen und zur Popularisierung der Vorstellung von einer künftigen ewigen Glückseligkeit aller Menschen bei.

4. Vorstellung von der ewigen Glückseligkeit aller Menschen in der Pädagogik der Aufklärung

In Deutschland war die Pädagogik während der Aufklärungsepoche vor allem bestimmt vom Philanthropismus. Ziel dieser reformpädagogischen Bewegung war: Erziehung zur Natürlichkeit und zum Gebrauch der Vernunft, Entwicklung zur Humanität und zu einem eigenverantworteten Glauben. Von den namhaften Pädagogen der Aufklärung, den Philanthropisten, wie Johann Heinrich Campe (1746–1818), Friedrich Eberhard von Rochow (1734–1805), Christian Gotthilf Salzmann (1744–1811) und Johann Bernhard Basedow (1724–1790), war Letzterer zweifelsohne der markanteste Verfechter einer zeitlichen Begrenztheit der Höllenstrafen sowie einer künftigen ewigen Glückseligkeit aller Menschen.

In diesem Zusammenhang sei zumindest angemerkt, dass es damals auch in anderen europäischen Ländern, vor allem in Frankreich und England, bedeutende Pädagogen gab, die gegen die kirchliche Lehre von der Ewigkeit der Höllenstrafen opponierten und auf unterschiedliche Weise die ewige Glückseligkeit aller Menschen vertraten. Hingewiesen sei hier nur auf Jean-Jacques Rousseau und sein 1762 erschienenes pädagogisches Hauptwerk „Émile ou De l'éducation" („Émile oder Über die Erziehung", 1762).

Basedow, der eigentliche Initiator der philanthropischen Bewegung, war – nach seiner Schulzeit in Hamburg (u. a. bei dem Gymnasialprofessor für orientalische Sprachen Hermann Samuel Reimarus, Vertreter einer deistischen Vernunftreligion) sowie nach seinem Theologiestudium in Leipzig und Kiel (1746–48) und Hauslehrertätigkeit – seit 1753 Professor für Moral und Beredsamkeit (später auch der Theologie) an der Dänischen Ritterakademie in Sorø auf Seeland. Er wurde aber schon 1761 wegen seiner aufklärerischen Anschauungen nach Altona versetzt. In dieser toleranten, damals zu Dänemark gehörenden Stadt wirkte er als Lehrer am Gymnasium Christianeum. 1771 holte ihn Fürst Leopold III. Friedrich Franz von Anhalt-Dessau in seine Residenzstadt Dessau. Hier wurde er 1774 Gründer und Kurator an der alsbald berühmten Erziehungsanstalt, dem Philanthropinum. Jedoch trat er bereits 1776 – resigniert über den mangelnden Erfolg seiner pädagogischen Bemühungen und frustriert von den Querelen im Lehrerkollegium – von der Leitung zurück, um sich künftig uneingeschränkt literarisch seinen reformpädagogischen Plänen zu widmen.[39]

Basedow entwickelte seine Vorstellungen von einer künftigen ewigen Glückseligkeit aller Menschen – auf der Grundlage seines sehr weiten Religionsbegriffes – besonders im zweiten Teil seines 1764 erschienenen Werkes „Methodischer Unterricht"[40] und in der beigebundenen Schrift „Grundriß der Religion". Demnach verlässt die unsterbliche Seele beim Eintritt des Todes ihre irdische Behausung und gelangt im Jenseits zunächst in einen „mittleren Zustande", über den sich, so Basedow, in der Bibel „sehr wenig[e]" Aussagen finden.[41] Unter Hinweis auf einige neutestamentliche Texte meinte er aber davon ausgehen zu dürfen, dass die Seele sich hier in einem „Zustande der Empfindung" an ihr irdisches Leben befinden werde. Allerdings werde ihr „Bewußtsein" an frühere „Gedanken, Meynungen und Thaten" sehr reduziert sein. Erst in der allgemeinen Totenauferstehung wird dann das Bewusstsein der Seele, die nun auch einen neuen unsterblichen Leib erhält, wieder voll lebendig werden. Im Jüngsten Gericht, dessen „sichtbares Oberhaupt Jesus" sein wird und an dem auch Engel als „Diener" sowie Apostel und Heilige als „Richter" beteiligt sein werden, erfolgt schließlich eine Aufteilung der gesamten Menschheit in zwei „Haufen". Wer zu Lebzeiten „Böses" verübt hat, wird in die „Hölle" geworfen, wer „Gutes" getan hat, wird in den „Himmel" aufgenommen; er „mag übrigens ein Heide, Jude oder Christ gewesen sein". Also auch die Christen werden danach beurteilt, ob sie auf Erden einen lebendigen, d. h. mit guten Werken verbundenen Glauben praktiziert haben. In der Region der „Unseligen", traditionell als Hölle bezeichnet, werden gemäß Mt 11,24 unterschiedliche „entsetzlichere und

39 Johann Bernhard Basedow: Methodischer Unterricht [Teil 1] der Jugend in der Religion und Sittenlehre der Vernunft nach dem in der Philalethie angegebenen Plane; [Teil 2] in der überzeugenden Erkenntniß der biblischen Religion zur fortgesetzten Ausführung des in der Philalethie angegebenen Plans, Altona 1764, ND Hildesheim u. a. 1985. Zu diesem Werk siehe u. a. Otto Brunken: Basedows Methodischer Unterricht. In: Theodor Brüggemann u. Hans-Heino Ewers (Hg.): Handbuch zur Kinder- und Jugendliteratur. Von 1750–1800, Stuttgart 1982, Sp. 693–707 (Lit.).

40 Johann Bernhard Basedow: Methodischer Unterricht (wie Anm. 39). Angebunden: Johann Bernhard Basedow: Grundriß der Religion, welche durch Nachdenken und Bibelforschen erkannt wird, in Fragen und Antworten nebst einigen Zusätzen.

41 Basedow: Methodischer Unterricht [2. Teil] (wie Anm. 39), S. 71; die folgenden Zitate ebd., S. 72, 73, 91, 73.

erträglichere Grade" der Qualen herrschen.[42] Dieser Pein werden die Übeltäter je nach Höhe der ihnen auferlegten Strafe ausgesetzt sein. Jedoch wird ihr „unseliger Zustand" keinesfalls „unaufhörlich" dauern, denn die kirchliche Lehre von der Ewigkeit der Höllenstrafen widerspreche erstens theologisch dem universalen Heilswillen Gottes, wie vor allem am Heilswerk Christi offenbar wird. Die Auffassung der „meisten Christen", Christi Heilswerk habe nur für diejenigen Gültigkeit, die während ihres Lebens an Christus „geglaubt" hätten, hielt er für falsch. Mehrere Bibelstellen, aus dem Kontext gerissen, scheinen zwar ein solches Verständnis möglich zu machen, jedoch erweist sich das bei einer „Zusammenhaltung der gesagten Stellen" als irrig. Zweitens wies Basedow philologisch-exegetisch darauf hin, dass die hebräischen und griechischen Wörter für ,ewig' weder in den biblischen Schriften noch in der profanen griechischen Literatur immer eine „unaufhörlich fortdauernde" Zeit, sondern eine „verborgene" Zeit bedeuten. Verborgen deshalb, weil es ausschließlich im Ratschluss Gottes liegt, wie lange die Strafmaßnahmen „nach der allerwichtigsten Veränderung, nämlich nach dem jüngsten Tage", in der Hölle dauern werden. Das sei auch bei dem Jesuslogion in der Bildrede vom Weltgericht zu beachten: „Geht weg von mir, ihr Verfluchten, in das ewige Feuer, das für den Teufel und seine Engel bestimmt ist [Mt 25,41]!". Drittens argumentierte Basedow rational mit dem Grundsatz der Verhältnismäßigkeit: Endliche Vergehen können nicht mit unendlichen Strafen geahndet werden. Am Ende der Zeit werde Gott deshalb allen Geschöpfen, d. h. nicht nur den Menschen, sondern – wegen der „Gleichförmigkeit [i.S.v. Gleichheit]" vor dem Gesetz – auch den Teufeln,[43] immerwährende Glückseligkeit gewähren. Jedoch wird die Glückseligkeit der Seligen, d. h. derjenigen, welche nach dem Jüngsten Gericht sogleich in den ,Himmel' gelangen, „größer" sein als die Glückseligkeit der „vormals Verdammten". Allerdings hielt er es unter Beachtung des Jesuslogions von der Blasphemie des Geistes (vgl. Mt 12,31f.) für möglich, dass es solche „Lästerer" unter den Menschen geben könne, die niemals völlig von allen Folgen ihrer schuldhaften Verfehlungen befreit sein werden und die deshalb „periodenweise [von Zeit zu Zeit] Strafe dafür empfinden" müssen.

Basedow war also überzeugt davon, dass letztendlich alle Menschen im Eschaton nichts als „Gnade und Glückseligkeit" empfangen werden: Es „wird nicht mehr belohnt, nicht mehr bestraft werden".[44] Deshalb forderte er, die „harte Lehre" von der Ewigkeit der Höllenstrafen aufzugeben. Das erschien ihm auch darum unbedingt geboten, weil sie die Ursache dafür sei, dass sich so viele „Naturalisten", d. h. radikale Aufklärer und Rationalisten, vom christlichen Glauben losgesagt haben.

---

42 Basedow: Methodischer Unterricht [2. Teil] (wie Anm. 39), S. 73; die folgenden Zitate ebd., S. 74, 78, 79.

43 Basedow: Methodischer Unterricht [2. Teil] (wie Anm. 39), S. 88; die folgenden Zitate ebd., S. 84, 87.

44 Basedow: Methodischer Unterricht [2. Teil] (wie Anm. 39), S. 84; die folgenden Zitate ebd., S. 80.

Außerdem gab er als erfahrener Pädagoge zu bedenken, dass viele der „edelsten Seelen [i.S.v. Menschen]" aus Angst vor ihrer ewigen Verdammung in die ‚Hölle' der „Raserey [damaliges medizinisches Fachwort für psychische Störungen; vgl. Wahnsinn] und Verzweiflung" gefallen sind.

Zusammenfassend lässt sich feststellen: In der Epoche der Aufklärung wurde in Theologie und Kirche, in Literatur und Pädagogik die traditionelle kirchliche Lehre vom dualen Ausgang der Menschheitsgeschichte gemeinhin entschlossen zurückgewiesen. Man war davon überzeugt, dass nach dem Tod ausnahmslos alle Menschen das ‚ewige Heil' erlangen werden. Dieses wurde – bei allen Unterschieden im Detail – nun aber gemeinhin als immerwährende ‚Glückseligkeit' verstanden und dargestellt. Begründet wurde diese eschatologische Erwartung einer universalen Glückseligkeit vor allem theo-logisch mit dem Verständnis von Gott als einem gütigen Vater und anthropologisch mit dem optimistischen Bild vom Menschen, besonders von dessen persistenter postmortaler Entwicklungsfähigkeit. Sofern hierzu Strafmaßnahmen erforderlich sind, werden diese verhältnismäßig sein und ausschließlich zur moralischen Vervollkommnung dienen. Allerdings hielt man es für möglich, dass gänzlich korrumpierte Menschen sich der ewigen ‚Glückseligkeit' im Jenseits nur annähern werden, ohne sie jemals in ihrer ganzen Fülle zu genießen. Durch die Konzession einer nur eingeschränkten, reduzierten Glückseligkeit für gewisse ‚Grenzfälle' wollte man an der Gerechtigkeit Gottes festhalten und dennoch die unbedingte Dominanz seiner unergründlichen Liebe betonen. Die Erwartung einer künftigen ewigen Glückseligkeit soll den Menschen neben alldem zu einem eigenverantwortlichen sittlichen Leben – inmitten der menschlichen Gesellschaft – in der Gegenwart führen.

VII. Universale Heilserwartungen und Apokatastasisvorstellungen vom Ende der Aufklärung bis zum Beginn des 20. Jahrhunderts

Von den universalen Heilserwartungen und Apokatastasisvorstellungen, die vom Ende der Aufklärung bis zum Anfang des 20. Jahrhunderts in Theologie und Kirche, Philosophie und Literatur präsent waren, können nur die wirkungsgeschichtlich relevantesten dargestellt werden. Außerdem muss sich dieser Überblick auf den deutschsprachigen Raum beschränken. Jedoch sei wenigstens darauf hingewiesen, dass im 19. Jahrhundert über diese eschatologische Thematik auch in England und Amerika sowie in den skandinavischen Ländern eine teilweise leidenschaftliche Auseinandersetzung in Kirche und Gesellschaft stattgefunden hat.[1]

1. Universale Heilserwartungen im deutschen Protestantismus während des 19. Jahrhunderts bis zum Beginn des Ersten Weltkriegs

Evangelische Theologie und Kirche waren im 19. Jahrhundert entscheidend bestimmt von Schleiermacher und seiner ‚Schule‘ sowie von der Liberalen Theologie und der sich mit ihr vielfach auseinandersetzenden Restaurationstheologie und Vermittlungstheologie. Auf diese divergierenden theologischen Richtungen kann hier nur eingegangen werden, sofern in ihnen universale ‚Heilserwartungen‘ explizit als ein theologisches Problem thematisiert wurden. Mit der Frage nach dem eschatologischen Heil aller Menschen wurden in der ersten Hälfte und im letzten Drittel des 19. Jahrhunderts auch zwei protestantische Frömmigkeitsströmungen konfrontiert: die deutsche Erweckungsbewegung und die Gemeinschaftsbewegung. Wie man sich in ihnen mit der Lehre von der Wiederbringung bzw. Allversöhnung auseinandergesetzt hat, wird in groben Zügen zu skizzieren sein.

1.1 Universale Heilszuversicht bei Schleiermacher und seiner ‚Schule‘

Friedrich Daniel Ernst Schleiermacher (1768–1834), Universalgelehrter und während der ersten Hälfte des 19. Jahrhunderts die überragende Gestalt in der Theologie, zählt zu den damals markantesten Vertretern des eschatologischen ‚Heilsuniver-

---

1 Hierüber siehe Literaturverzeichnis.

salismus' in der Neuzeit.[2] In Bildungsanstalten der Herrnhuter Brüdergemeine erzogen, war er nach dem Theologiestudium in Halle und einer mehrjährigen Tätigkeit als Hauslehrer und Prediger an verschiedenen Orten seit 1804 Professor in Halle, bevor er 1810 nach Berlin an die im Sommer 1809 von dem preußischen König Friedrich Wilhelm III. gegründete Universität berufen wurde.[3]

Nach Schleiermacher lässt sich die Hoffnung auf ein zukünftiges ewiges Leben aller Menschen in Gottesgemeinschaft weder mit dem (autoritativen) ‚orthodoxen‘ noch mit dem (rationalistischen) aufklärerischen Unsterblichkeitsglauben begründen,[4] sondern ausschließlich mit der in und durch Jesus Christus realisierten und ermöglichten ungeteilten Lebensgemeinschaft bzw. -einheit mit Gott. Da sich Gott nämlich wesensmäßig mit der menschlichen Natur Jesu von Nazareth vereinigt hat, werden alle Menschen, welche diesem glaubend als Erlöser vertrauen, in die „Kräftigkeit seines Gottesbewußtseins" und in die „Gemeinschaft seiner ungetrübten Seligkeit" aufgenommen.[5] Dieses Geschehen bahnt sich bei den Gläubigen bereits während ihres irdischen Lebens in unterschiedlicher Intensität an, wird aber erst im Jenseits zur Vollendung kommen. Eine solche „gute Zuversicht" dürfen, so führte Schleiermacher 1828 in einer Predigt über Apk 3,11 zum Totensonntag aus, alle Christen „ohne Unterschied des Alters, der Umstände und der Fortschritte [sc. in der Lebensgemeinschaft mit Jesus Christus]" hegen.[6]

Auf das postmortale Geschick der Ungläubigen ging Schleiermacher in seiner „Glaubenslehre" nur knapp im Anhang seiner Darstellung „Von der ewigen Seligkeit"[7] ein. Darin wies er die kirchliche Lehre von einem dualen Ausgang der Menschheitsgeschichte sachte zurück. Deren gängige Begründung mit Gerichtsworten Jesu aus den Evangelien erschien ihm jedenfalls nicht beweiskräftig genug. Zumindest müsse man, so erklärte er, „gleiches Recht" auch denjenigen Bibelstellen einräumen, in denen „milder" über das künftige Geschick der Ungläubigen geurteilt wird, d. h. in denen sich eine eschatologische Heilshoffnung für alle Menschen

---

2 Über Schleiermachers Eschatologie siehe u. a. Eilert Herms: Schleiermachers Eschatologie nach der zweiten Auflage seiner „Glaubenslehre", in: ThZ 46 (1990), S. 97–123; Heinrich Scholz: Schleiermachers Unsterblichkeitsglaube. Eine Totenfest-Betrachtung, in: ChW 21 (1907), Sp. 1133–1138.

3 Wichtigste Quelle für Schleiermachers Eschatologie ist die zweite, grundlegend überarbeitete Auflage seines zweibändigen Hauptwerkes „Der Christliche Glaube nach den Grundsätzen der evangelischen Kirche im Zusammenhang dargestellt" (1830/31); im Folgenden zitiert nach Friedrich Schleiermacher: Kritische Gesamtausgabe. I. Abt.: Schriften und Entwürfe. Bd. 13, 1. 2. Hg. v. Rolf Schäfer, Berlin/New York 2003.

4 Vgl. Scholz: Schleiermachers Unsterblichkeitsglaube (wie Anm. 2), Sp. 1134–1136.

5 Schleiermacher: Der Christliche Glaube (wie Anm. 3), § 100, S. 104, Z. 6–7 u. § 101, S. 112, Z. 20–21.

6 Friedrich Schleiermacher: Kritische Gesamtausgabe. III. Abt.: Predigten. Bd. 11: Predigten 1828–1829. Hg. v. Patrick Weiland, Berlin u. a. 2014, S. 232–244, hier S. 240, Z. 34–35.

7 Schleiermacher: Der Christliche Glaube (wie Anm. 3), § 163, S. 490–492 („Von der ewigen Verdammniß"); die folgenden Zitate ebd., S. 492, Z. 15; S. 491, Z. 13 – S. 492, Z. 7.

andeutet (1 Kor 15,26 u. 55). Ferner wies er darauf hin, dass die ewige Seligkeit der Gläubigen zumindest eine Beeinträchtigung erfahren würde, wenn sie in der Nähe Gottes ständig mit dem Bewusstsein leben müssten, dass unzählige Menschen, unter ihnen möglicherweise ihre geliebten Angehörigen, für immer aus der Gemeinschaft mit Gott ausgeschlossen bleiben.

Vor allem ist aber die Lehre von der ewigen Verdammnis aller Ungläubigen nach Schleiermacher theologisch zurückzuweisen. Nach seinem Verständnis hat sich Gott nämlich durch seine wesensmäßige Vereinigung mit der menschlichen Natur Jesu von Nazareth zugleich auch mit der gesamten Menschheit für immer verbunden. Diese Vereinigung impliziert nicht nur die postmortale Fortexistenz aller Menschen, sondern berechtigt zugleich auch zu der getrosten Zuversicht, dass „durch die Kraft der Erlösung dereinst eine allgemeine Wiederherstellung aller menschlichen Seelen", d. h. auch die der Ungläubigen, erfolgen werde. Schleiermachers Zuversicht auf eine künftige ewige Seligkeit aller Menschen ist also dezidiert christologisch begründet.

Über die ewige Gottesgemeinschaft im Jenseits selbst können nach Schleiermacher keine realen und eindeutigen Aussagen gemacht werden, da die dortigen Bedingungen unbekannt sind. Alle Konkretisierungen darüber waren für ihn nur Projektionen oder Phantasmen. Eindrücklich kommt das in der Grabrede zum Ausdruck, welche er auf seinen am 28. Oktober 1829 im Alter von neun Jahren an Scharlach verstorbenen Sohn Nathanael gehalten hat. In diesem Nachruf[8] sagte er, dass sich viele Angehörige an den Gräbern geliebter Verstorbener trösten, indem sie deren herrliche Seligkeit in der anderen Welt imaginieren. Eine solche phantasievolle Vorstellung sei jedoch für ihn kein Trost, da sie nur unzählige neue Fragen aufwerfe. Stattdessen halte er sich lieber an die schlichten, aber kräftigen Worte aus dem ersten Johannesbrief: „Es ist aber noch nicht offenbar geworden, was wir sein werden [1 Joh 3,2]" oder aus dem Hohepriesterlichen Gebet: „Vater, ich will, dass wo ich bin, auch die bei mir seien, die du mir gegeben hast [Joh 17,24]". Schleiermacher stand also ‚phantasmagorischen' Jenseitsvorstellungen kritisch bzw. ablehnend gegenüber. Dabei war ihm sehr wohl bewusst, dass auf einen metaphorischen Sprachgebrauch in der christlichen Eschatologie nicht verzichtet werden kann. Die Seligen, so formulierte er beispielsweise in seiner „Glaubenslehre" metaphorisch, werden im Jenseits schließlich „vollkommen heimisch bei Gott" sein.[9] Sie werden sich bei Gott zu Hause fühlen, sie werden bei Gott daheim sein.

---

8 Schleiermacher: Gesamtausgabe. III. Abt.: Predigten. Bd. 11 (wie Anm. 6), S. 507–512; das folgende Zitat ebd., S. 510, Z. 11–13.
9 Schleiermacher: Der Christliche Glaube (wie Anm. 3), S. 436.

Obgleich Schleiermacher trotz seiner außerordentlichen Bedeutung keine ,Schule' im eigentlichen Sinne gebildet hat, wurde eine Reihe von Theologen von seinem Denken nachhaltig beeinflusst, so der einem alteingesessenen Zürcher Geschlecht entstammende Alexander Schweizer und der rheinische Fuhrmannssohn Johann Peter Lange, beide in reformierter Tradition verwurzelt.

Alexander Schweizer (1808–1888),[10] Schleiermachers treuer, aber keineswegs unkritischer ,Schüler', war seit 1835 Professor für Praktische Theologie an der zwei Jahre zuvor gegründeten Universität Zürich. In seinem zweibändigen Werk „Die Christliche Glaubenslehre nach protestantischen Grundsätzen" (1863 u. 1869/72) bekannte er sich im Zusammenhang mit seiner Zurückweisung der reformierten Prädestinationslehre zum eschatologischen Heilsuniversalismus.[11] Er war der Überzeugung, dass die Lehre von einem dualen Ausgang der Menschheitsgeschichte eine manichäische, judaistische Vorstellung sei. Sie widerspreche erstens der christlichen „Gottesidee" von der ,Einheit' Gottes.[12] Diese verbiete es anzunehmen, dass Gott zwar das Heil aller Menschen „ernstlich" wolle, es aber letztlich nur von einer „weitaus geringer[e]n Zahl" von ihnen erlangt werde. Vielmehr drängt nach Schweizer das christliche Gottesverständnis geradezu zum „Ahnen eines monistischen Endes". Zweitens widerspreche der Lehre vom dualen Ausgang der Menschheitsgeschichte vor allem die christliche „Erlösungsreligion"[13] (bzw. „Gnaden-, Glaubensreligion"), die durch Jesus Christus letztgültig offenbart wurde. Diese gibt – im Unterschied zur „Gesetzesreligion"[14] – allen Menschen die getroste Zuversicht, dass sie das ewige Heil dank der Gnade Gottes durch ihre lebendige Anteilhabe an der Gottesgemeinschaft Jesu erlangen werden. Der göttlichen Gnade können die Menschen zwar für kürzere oder längere Zeit widerstehen, aber letztendlich werde diese sich durchsetzen. Die Gnade ist „resistibel [i.S.v.: der Gnade kann Widerstand geleistet werden] und [ist] doch zuletzt invincibel [unbesiegbar]".[15]

Johann Peter Lange (1802–1884) war seit 1841 an der Universität Zürich Professor für Dogmatik. Auf diesen Lehrstuhl war auf Drängen liberaler Kreise ursprünglich der theologisch sehr umstrittene radikal-konservative Theologe und Philosoph David Friedrich Strauß berufen worden. Dieser konnte die Professur aber aufgrund

---

10 Zu Alexander Schweizer siehe Emilio Campi, Ralph Kunz u. Christian Moser (Hg.): Alexander Schweizer (1808–1888) und seine Zeit, Zürich 2008 (Lit.).

11 Alexander Schweizer: Die Christliche Glaubenslehre nach protestantischen Grundsätzen. 2 Bde., Leipzig 1863 u. 1869; über Schweizers Vorstellungen vom eschatologischen Heil aller Menschen siehe bes. Bd. 2, § 198–202, S. 377–411.

12 Schweizer: Glaubenslehre (wie Anm. 11), Bd. 2, § 198, S. 378; die folgenden Zitate ebd., S. 378 u. 379.

13 Schweizer: Glaubenslehre (wie Anm. 11), Bd. 1, § 198, S. 378. Die „Erlösungsreligion" expliziert Schweizer vor allem im zweiten Band seiner ,,Glaubenslehre".

14 Schweizer: Glaubenslehre (wie Anm. 11), Bd. 1, § 198, S. 378. Die „Gesetzesreligion" behandelt Schweizer besonders im ersten Band seiner „Glaubenslehre".

15 Schweizer: Glaubenslehre (wie Anm. 11), Bd. 2, § 151, S. 84.

tumultuarischer, in Straßenkämpfe ausartender Proteste kirchlich-konservativer und pietistischer Kreise nicht antreten („Straußenhandel"), sondern wurde mit 1000 Franken Pension in den Ruhestand versetzt. Ab 1854 war Lange dann in Bonn Theologieprofessor und Oberkonsistorialrat. In seiner dreibändigen „Christlichen Dogmatik" (1847/1852) vertrat er eine eschatologische Heilszuversicht für alle Menschen.[16] Nach dem Tod, so Lange, drohen den Seelen der Ungläubigen („Unfrommen oder Unbekehrten") in einem Zwischenreich (Hades) „Zucht- und Strafleiden, oder Erweckungsleiden", während die Seelen der Gläubigen hier bereits die „Ruhe des Schauens" des Heilswerks Christi genießen dürfen.[17] Ihr endgültiges Urteil empfangen Gläubige und Ungläubige jedoch erst nach der allgemeinen Auferstehung der Toten im Jüngsten Gericht. Die Seligen gelangen nun zum vollkommenen „Schauen und Genuß" des ewigen Lebens. Dagegen kommen die Ungläubigen für viele Äonen zur „ewigen Pein" in die Hölle, wo der „Rauch ihrer Qual" von „Aeon zu Aeon" aufsteigen wird. Dieser qualvolle Zustand, in der Bibel oftmals mit dem Adjektiv ewig näher gekennzeichnet, wird jedoch nicht für immer fortdauern; denn Gott bestraft nicht „ohne Zweck". Nach vielen Äonen wird es dann aufgrund des weiter fortwährenden Wirkens Christi zu gewaltigen „Veränderungen" kommen: Sein Heilswerk ist nämlich erst abgeschlossen, wenn er „alle Feinde dem Vater unterworfen", den Tod in das „ewige Motiv der Lebensbewegung" verwandelt und sich selbst dem Vater untertan gemacht hat. In diesem letzten Weltalter – zum „Aeon der Herrlichkeit verklärt" – werden alle früheren Äonen, „auch die dunkelsten Aeonen der vorweltlichen, mittelweltlichen und nachweltlichen Zeiten", im „Licht" dieses „seligen Aeon" hell erscheinen. Vom Ende her wird also alles licht und klar sein.

1.2 Liberale Theologie und ‚Heilsuniversalismus'

Das Interesse der sehr inhomogenen Liberalen Theologie[18], deren Wurzeln bis ins 18. Jahrhundert zurückreichen, galt vor allem folgenden Themen: dem historischen Jesus und seiner Botschaft, dem Evangelium von Jesus Christus und dessen Entfaltung in der Geschichte des Christentums, der Erforschung der historischen und religionsgeschichtlichen Prämissen des Christentums, der Darstellung eines undogmatischen Christentums und dessen Relevanz für die gegenwärtige Gesellschaft, der Konnexion von Christentum und Kultur. Die in der Liberalen

---

16 Johann Peter Lange: Christliche Dogmatik. 3 Bde., Heidelberg 1847, 1851 u. 1852; über Langes Vorstellungen vom eschatologischen Heil aller Menschen siehe bes. Bd. 2, § 122–132, S. 1227–1293.
17 Lange: Dogmatik (wie Anm. 16), Bd. 2, § 124, S. 1255 u. 1259; die folgenden Zitate ebd., § 130, S. 1285; § 131, S. 1288; § 131, S. 1293; § 132, S. 1298; § 132, S. 1294 u. 1299.
18 Siehe u. a. Friedrich Wilhelm Graf (Hg.): Liberale Theologie. Eine Ortsbestimmung (Troeltsch Studien 7), Gütersloh 2000 (Lit.).

Theologie entworfenen universalen ‚Heilserwartungen' können hier nur anhand von zwei namhaften Vertretern umrisshaft dargestellt werden: Adolf von Harnack und Ernst Troeltsch. Beide gehörten recht divergierenden Richtungen in der Liberalen Theologie an und haben den eschatologischen ‚Heilsuniversalismus' jeweils sehr unterschiedlich begründet und dargestellt.

Adolf von Harnack

Adolf von Harnack (1851–1930) war von 1888 bis zum Lebensende an der Friedrich-Wilhelm-Universität zu Berlin nicht nur ein hoch angesehener Theologieprofessor, sondern auch ein exzellenter Wissenschaftsorganisator, u. a. Generaldirektor der Königlich Preußischen Bibliothek (seit 1918 Preußische Staatsbibliothek), Präsident der Kaiser-Wilhelm-Gesellschaft (der späteren Max-Planck-Gesellschaft). Harnacks kirchen- und dogmengeschichtliche Forschungen, Erkenntnisse und Einsichten, in zahlreichen Büchern, Zeitschriftenaufsätzen und Artikeln publiziert, finden sich am allgemeinverständlichsten – und dadurch notwendigerweise stark verkürzt und vereinfacht – in seinem erstmals 1900 erschienenen, vielmals aufgelegten und übersetzten Werk „Das Wesen des Christentums", in welchem er das ‚Wesentliche' des christlichen Glaubens zu bestimmen versuchte.[19] Zugrunde lag diesem Werk die stenographische Mitschrift seiner sechzehnteiligen Vorlesung, welche er 1899/1900 vor mehr als 600 Hörern aller Fakultäten gehalten hatte.

In dieser sogenannten ‚Wesensschrift' beschäftigte er sich besonders mit der Verkündigung Jesu und deren Wirkung auf die damalige jüdische Umwelt. Dieses ‚ursprüngliche' Evangelium Jesu – von dem Evangelium von Jesus Christus deutlich zu unterscheiden, obgleich keineswegs zu trennen – wollte er (mittels der historisch kritischen Methode) durch Entfernen zeitgeschichtlicher Hüllen und späterer Übermalungen in seinen Grundzügen eruieren und sich so dem Kern, dem ‚eigentlichen' Evangelium Jesu, annähern. Dieses umfasst nach Harnack drei Themenkreise: „das Reich Gottes und sein Kommen", „Gott der Vater und der unendliche Wert der Menschenseele", und „die bessere Gerechtigkeit und das Gebot der Liebe".[20] Inhaltlich ist es fokussiert auf: Gott Vater und seine Liebe zu den Menschen sowie auf das Liebesgebot. Mit der Proklamation dieser Botschaft ist das Reich Gottes angebrochen; die Gottesherrschaft ist präsent geworden. Damit soll aber der futurische Aspekt der Gottesherrschaft keineswegs ausgeschlossen sein, da diese erst im ‚Ewigen' in ihrer Gänze realisiert sein wird.

---

19 Adolf von Harnack: Das Wesen des Christentums. Sechzehn Vorlesungen vor Studierenden aller Fakultäten im Wintersemester 1899/1900 an der Universität Berlin gehalten von Adolf v. Harnack. Hg. v. Claus-Dieter Osthövener. 3. Aufl., Tübingen 2012.
20 Harnack: Wesen des Christentums (wie Anm. 19), S. 37, Z. 21–23.

Nach Harnack „überzeugt" das „Gefühl" des Menschen, das ihn zu „einem Über-sinnlichen und Ewigen treibt", von der Wirklichkeit des Jenseits.[21] Dadurch wird der Mensch zugleich befähigt, schon in der Gegenwart „im Ewigen zu leben". Des-halb opponierte Harnack beispielsweise gegen Max Maurenbrecher und dessen strikter Leugnung irgendeines Fortlebens nach dem Tod. Dieser Theologe, poli-tische Publizist und Politiker hatte die Ansicht vertreten, dass mit dem Tod alle „Individuen" wieder – wie von Naturwissenschaft und Psychologie bereits hinläng-lich bewiesen – „verklingen müssen wie ein ausgeklungenes Lied". Allerdings wollte auch Harnack, dass die traditionellen Jenseitsvorstellungen mit ihrem „ganze[n] dramatisch-eschatologische[n] Apparat" von allen religions- und zeitgeschicht-lichen Zusätzen befreit werden, damit das eigentliche Anliegen der Eschatologie deutlich wird: die Verantwortlichkeit des Menschen vor Gott für sein Handeln im Hier und Jetzt.[22] Deshalb finden sich in seiner ‚Wesensschrift' auch keine Vor-stellungen wie die von der ‚Hölle' als einer lokalisierbaren Stätte ewiger Pein oder die vom ‚Weltuntergang' als einem apokalyptischen Geschehen. Als „sicher falsch" bezeichnete er auch die weit verbreitete Vorstellung von einer individuellen Un-sterblichkeit im Sinne einer „Fortsetzung unseres gegenwärtigen Daseins", oder einer Prolongierung des jetzigen Lebens.[23] Jedoch hielt er es für einen noch „sehr viel größeren Irrtum", „die gewisse Hoffnung auf die Unzerstörbarkeit unseres wahren Wesens" zu negieren.

Harnack hat diese Zuversicht auf ein ‚ewiges Leben' zwar nicht monographisch behandelt,[24] aber aus seinem Verständnis des Evangeliums Jesu folgt, dass er davon überzeugt war, dass alle Menschen ausnahmslos jene Hoffnung hegen dürfen. Ver-wiesen sei hier beispielsweise auf seine Interpretation der Bildrede vom Weltgericht (Mt 25,31–46) mit dem darin eingeschlossenen, erläuternden Gleichnis von den Schafen und Böcken (Mt 25,32).[25] Danach wird das Urteil über die Menschen im Weltgericht – die Trennung der Schafe (Metapher: Gerechte) und der Böcke (Metapher: Böse) – nach Harnack einzig und allein nach dem Maßstab der prakti-zierten Nächstenliebe und Barmherzigkeit erfolgen. Darin habe Jesus nämlich die

---

21 Adolf von Harnack: Protestantische Kultur und Dr. Max Maurenbrecher (1912). In: Harnack: Adolf von Harnack als Zeitgenosse. Teil 1: Reden und Schriften aus den Jahren des Kaiserreichs und der Weimarer Republik. Hg. u. eingel. v. Kurt Nowack. Mit einem bibliogr. Anh. v. Hanns-Christoph Picker, Berlin/New York 1996, S. 314–328, hier S. 325–326; die folgenden Zitate ebd., S. 326 u. 323.

22 Harnack: Wesen des Christentums (wie Anm. 19), S. 32, Z. 7; vgl. Anm. zum »Wesen des Christen-tums«, S. 215 (zu 32, 7).

23 Harnack: Protestantische Kultur (wie Anm. 21), S. 326; das folgende Zitat ebd.

24 Gotthold Müller: Die Idee einer Apokatastasis ton panton in der europäischen Theologie von Schleiermacher bis Barth, in: ZRGG 16 (1964), S. 1–22, hier S. 2–3.

25 Siehe Harnack: Wesen des Christentums (wie Anm. 19), S. 49–50; die folgenden Zitate ebd., S. 49, Z. 34; S. 50, Z. 8, 9–10 u. 12.

„eigentliche Bethätigung der Religion" gesehen. Deshalb forderte er in der Feldrede (Lk 6,20–49) dazu auf: „Seid barmherzig, wie auch euer Vater barmherzig ist [Lk 6,36]". Im Tun der Barmherzigkeit sollen die Menschen „Nachahmer Gottes" werden; sie sollen gewissermaßen das „Majestätsrecht Gottes", die Barmherzigkeit, praktizieren, das Gott einst im Weltgericht selber an ihnen ausüben wird. Gottes Barmherzigkeit dominiert also über seine Gerechtigkeit. D.h. Gottes Gerechtigkeit wird nicht gemäß der Talionsformel („Auge um Auge, Zahn um Zahn, Hand um Hand, Fuß um Fuß [Mt 5,38; Ex 21,24; Lev 24,20]") vollstreckt, sondern steht „unter der Macht seiner Barmherzigkeit". Dank der Prävalenz der Barmherzigkeit Gottes dürfen alle Menschen die getroste Zuversicht auf ein ‚ewiges Leben' hegen.

Ernst Troeltsch

Der Theologe, Kulturphilosoph und Politiker Ernst Troeltsch (1865–1923), Professor der Theologie in Bonn und Heidelberg und dann seit 1915 in Berlin Professor für Religions-, Sozial- und Geschichts-Philosophie und christliche Religionsgeschichte, war ein namhafter Vertreter der Religionsgeschichtlichen Schule, einer bedeutenden Richtung in der Liberalen Theologie. Nach Troeltsch gehört Religion, eine ‚innere Berührung mit der Gottheit', a priori zum Menschsein; und von den vielen Religionen weist das Christentum die höchste Entwicklungsstufe auf.[26]

Troeltschs Ausführungen zur Eschatologie[27] finden sich vor allem in einem umfangreichen Handbucharartikel sowie in seiner posthum 1925 herausgegebenen „Glaubenslehre",[28] welche nach Marta Troeltsch primär kein „umfassendes wissenschaftliches Lehrgebäude", sondern ein spontanes und lebendiges „Bekenntnis" ist.

Troeltschs Erwägungen zur Eschatologie gehen von der anthropologischen Prämisse aus, dass grundsätzlich alle Menschen die Fähigkeit und Möglichkeit zu einer steten Fortentwicklung im weiteren Sinne besitzen, allerdings nur, wenn sich ihr eigener Wille in Freiheit dem Absoluten öffnet und hingibt. Diese freie „Selbsthingabe der Seele an den göttlichen Willen" beginnt und entfaltet sich im irdischen Leben

---

26 Vgl. Ernst Troeltsch: Die Absolutheit des Christentums und die Religionsgeschichte (1902–1912); mit Thesen von 1901 und den handschriftlichen Zusätzen (Troeltsch KGA 5). Hg. v. Trutz Rendtorff u. Stefan Pautler, Berlin u. a. 1998.

27 Über Troeltsch und die Apokatastasis siehe u. a. Volker Drehsen: Der letzte Blick auf das Leben. In: Graf (Hg.): Liberale Theologie (wie Anm. 18), S. 108–126; Müller: Idee einer Apokatastasis (wie Anm. 24), S. 5–6. Nach Leo Scheffczyk (Apokatastasis: Faszination und Aporie, in: IKaZ Communio 14 (1985), S. 35–46) ist Troeltsch jedoch ein Agnostiker gewesen, der weder für die Apokatastasis plädiert habe, noch gegen sie gewesen ist.

28 Ernst Troeltsch: Art.: „Eschatologie: IV. Dogmatisch", in: RGG. 1. Aufl. Bd. 2, Tübingen 1910, Sp. 622–632. Ders.: Glaubenslehre nach Heidelberger Vorlesungen aus den Jahren 1911 und 1912. Mit einem Vorwort von Marta Troeltsch, München u. a. 1925; das folgende Zitat ebd., S. III (Vorwort).

und kommt im Jenseits zur Vollendung.[29] Diese ‚Entwicklung' ist eine allmähliche graduelle Erhöhung des endlichen Geistes des Menschen zum „Geistmenschen" oder zur „Persönlichkeit"; d. h. der Mensch wird aus der „Naturgebundenheit, der endlichen Selbstsucht und der daraus entspringenden Sündhaftigkeit" herausgeführt zur Gemeinschaft mit Gott. Möglich ist das aber nur in der Gemeinschaft mit anderen Menschen; denn „die ethisch-religiöse Entwicklung vollzieht sich in dem Aufeinanderwirken, in dem gegenseitigen Bereichern und Emporheben der Individuen". Über die postmortale Vollendung in der Gottesgemeinschaft machte Troeltsch keine Aussagen. Alle derartigen Versuche, in Vergangenheit oder Gegenwart immer wieder unternommen, verwies er in den Bereich der Phantasie oder in das Gebiet der Mythologie. Sie seien, so in seiner „Glaubenslehre", lediglich „allgemein-poetische Bilder"; sie können zwar den „Zentralgedanken am Wesen der Endvollendung" illustrieren, aber sie bringen keine „wirkliche Erkenntnis".[30] Deshalb beschränkte er sich auf einige Andeutungen, die er bemerkenswerterweise unter Verwendung des Irrealis formulierte: Bei der eschatologischen Gemeinschaft mit Gott könne es zu einer gänzlichen Vereinigung des endlichen menschlichen Willens mit dem göttlichen Willen, zu einem „Ineinanderfließen der endlichen Einzelwillen in der Liebe" kommen, sodass die „vollendete Liebe die Verzehrung der vollendeten Individuen, die Wiederhingabe der Persönlichkeit an das göttliche Leben das letzte Ende wäre".[31]

Diese eschatologische Perspektivierung auf eine Vollendung in der Gottesgemeinschaft gilt es nach Troeltsch aber bereits mitten im Leben aktiv „durch Kampf und Arbeit in der Hingabe an die Gnade" aufzunehmen. Eine solche sittliche Lebensgestaltung ist dank der Gnade schon jetzt im Leben möglich und zugleich die unabdingbare Voraussetzung für eine künftige Gemeinschaft mit Gott. Damit vollzog Troeltsch eine tiefgreifende Transformation eschatologischer Erwartungen ins gegenwärtige, praktische Leben: Bereits im Hier und Jetzt müsse, könne und dürfe sich die Hingabe ans ‚Absolute' ethisch verwirklichen und bewähren.

Hinsichtlich der Frage, ob tatsächlich „alle Individuen der endlichen Geisterwelt" einst zu solcher Gottesgemeinschaft, zum „letzten Heil" gelangen werden, wies Troeltsch zunächst darauf hin, dass es in der langen Geschichte der Menschheit mannigfache Gesellschaftsformen und Kulturen gegeben hat und auch noch gibt, in denen ganz unterschiedliche „Möglichkeiten und Leichtigkeiten" zu einer freien, willentlichen Selbsthingabe an das ‚Absolute' bestanden und bestehen. Hinzu

---

29 Troeltsch: Art.: „Eschatologie: IV. Dogmatisch" (wie Anm. 28), Sp. 627; die folgenden Zitate ebd., Sp. 628, 627, 628.
30 Troeltsch: Glaubenslehre (wie Anm. 28), S. 380.
31 Troeltsch: Art.: „Eschatologie: IV. Dogmatisch" (wie Anm. 28), Sp. 630; die folgenden Zitate ebd., Sp. 627, 629.

komme, dass die individuellen, genetischen, sozialen und biographischen Konditionierungen („Anlage, Vererbung, Umgebung, Schicksal") der Menschen in den verschiedenen Kulturräumen und Gesellschaftsformen sehr different waren und sind. Deshalb entscheiden sich Menschen oft ungewollt und unbewusst für das ‚Böse'. Jedoch ist bei ihnen eine „wirkliche, völlig bewußte und gewollte Totalentscheidung gegen das Gute schwer zu konstatieren". Daher wird „wohl" bei allen Übeltätern, auch bei den „vermutlich Bösen", noch die Gnade wirksam werden, worauf sich, nach dem Verständnis von Troeltsch, letztendlich die ‚Lehre von der Wiederbringung' gründe.

Diese Zuversicht auf ein – wie auch immer verstandenes – „letztes Heil" (Troeltsch) aller Menschen wurde allerdings keineswegs von allen Anhängern der Liberalen Theologie geteilt. Hingewiesen sei beispielsweise auf den sehr einflussreichen Theologen Richard Rothe (1799–1867), der besonders mit seiner These vom allmählichen Aufgehen der Kirche in einen modernen, christlichen Kulturstaat mächtiges Aufsehen und große Aufregung erregte.[32] Er ging davon aus, dass alle diejenigen, die – im Diesseits oder Jenseits – nicht willens sind, dem Ethos Jesu Christi zu folgen, sondern sich den „Bemühungen des Erlösers" [Christus] beharrlich widersetzen,[33] letztendlich aus der „vollendeten irdischen Schöpfung", aus dem „kosmischen Organismus", ausgeschieden werden. Sie gehen, „sich allmählich in sich aufzehrend, ihrer endlichen völligen Wiedervernichtung" entgegen. Rothe war also ein dezidierter Vertreter des Annihilationismus in der Neuzeit.

1.3 Restaurationstheologie und Vermittlungstheologie – ihre Stellung zum eschatologischen Heilsuniversalismus

Restaurationstheologie
Im Unterschied zu den liberalen Theologen hielten die führenden Gestalten der Restaurationstheologie, oft pejorativ als ‚Orthodoxe' bezeichnet, am dualen Ausgang der Menschheitsgeschichte fest. Dabei beriefen sie sich zumeist verbaliter auf Schrift und Bekenntnis, so beispielsweise der Greifswalder Theologieprofessor Hermann Cremer (1834–1903). In seiner populären Schrift „Jenseits des Grabes" (1868)[34] bemerkte er, dass die Lehre von der Wiederbringung aller Dinge, nach der

---

32 Hierzu siehe bes. Richard Rothe: Theologische Ethik. 3 Bde., Wittenberg 1845 u.1848. Über Rothes eschatologische Vorstellungen siehe Bd. 2, § 569–609, S. 313–338.

33 Rothe: Ethik (wie Anm. 32), Bd. 2, § 567, S. 306; die folgenden Zitate ebd., § 597, S. 328; § 604 u. 605, S. 332.

34 Hermann Cremer: Jenseits des Grabes, Gütersloh 1868. Spätere Ausgaben auch unter dem Titel: Über den Zustand nach dem Tode. Nebst einigen Andeutungen über das Kindersterben. 5. Aufl., Gütersloh 1897.

sogar der Satan „zum Fußschemel der Liebe [sc. Gottes] zurückkehren" werde, zwar ein „schöner Gedanke" sei, aber in der Bibel keinen Rückhalt habe, vielmehr das Gegenteil.[35] Allerdings schloss er – unter Verweis auf den Descensus Christi ad inferos (vgl. Eph 4,9 u. 1 Petr 3,19) und das Credo (Apostolisches und Athanasisches Glaubensbekenntnis) – für diejenigen, die zu Lebzeiten die christliche Botschaft niemals oder nur verzerrt vernommen hätten, die „Möglichkeit einer Bekehrung" im Jenseits nicht grundsätzlich aus. Er merkte aber an, dass die Erlangung des Heils im „Totenreich", im „Vorort der Hölle", keineswegs leichter sei als im Diesseits. Vor allem hänge auch dort die ewige Seligkeit des Einzelnen ausschließlich von seiner Hinkehr „zu Christus und der Erlösung" ab.

Vermittlungstheologie

Die Anhänger der Vermittlungstheologie, vielfach auch ‚Positive‘ genannt, sahen ihre Aufgabe u. a. darin, zwischen der Liberalen Theologie und der Restaurationstheologie zu vermitteln. Das gilt auch bezüglich des Heilsuniversalismus, wie beispielsweise die eschatologischen Vorstellungen des liberal-konservativen Karl Immanuel Nitzsch und des liberal-nationalen Reinhold Seeberg zeigen.

Karl Immanuel Nitzsch (1787–1868), Professor für Systematische und Praktische Theologie in Bonn und Berlin, legte sein Verständnis von der Eschatologie ausführlich in seinem „System der Christlichen Lehre" (1829) dar.[36] Danach erfolgt ein endgültiges Urteil über Gläubige und Ungläubige erst nach der allgemeinen Totenauferstehung im Jüngsten Gericht. In diesem wird den Gläubigen, die bereits unmittelbar nach ihrem Tod in einen „Mittelzustand" versetzt und zu einem „neuen", „vollkommeneren Dasein erhoben" wurden, eine völlige Gottesgemeinschaft zuteil.[37] Dagegen erwartet die Ungläubigen, die nach ihrem Tod im Zwischenzustand schon Qualen erdulden mussten, im Endgericht eine immerwährende Verdammnis (vgl. Mk 4,3–20; Mt 25,31–46). Das Urteil ist gerecht, weil sie sich dieses Strafmaß infolge ihrer Ablehnung des Heilsangebotes im Grunde selbst auferlegt hätten. Allerdings wird sich, wie der Descensus Christi ad inferos (Eph 4,9 und 1 Petr 3,19) zeigt, für die Ungläubigen, die im Diesseits nicht die Chance gehabt hatten, Christus in „seiner Wahrheit und Gnade" zu erfahren, in der ‚Hölle‘ eine „entweder richtende oder belebende jenseitige Erkenntniß Christi" eröffnen. Für alle anderen Ungläubigen besteht keinerlei Aussicht, doch noch geläutert, gebessert und ‚geheilt‘ zu werden. Das anzunehmen hieße, „die Geschichte des Reiches

---

35 Cremer: Zustand nach dem Tode (wie Anm. 34), S. 96; die folgenden Zitate ebd., S. 96, 97, 99.

36 Karl Immanuel Nitzsch: System der Christlichen Lehre für academische Vorlesungen, Bonn 1829; ders.: System der Christlichen Lehre. 5. Aufl., Bonn 1844. Über die eschatologischen Vorstellungen von Nitzsch und seine Ablehnung der Wiederbringungslehre siehe ebd., § 208–221, S. 385–406.

37 Nitzsch: System (wie Anm. 36), 5. Aufl., § 215, S. 388; die folgenden Zitate ebd., § 219, S. 399; § 220, S. 403.

Gottes in einen Naturproceß" zu verwandeln. Die paulinische Formulierung: „Gott Alles in Allem" [1 Kor 15,28]" ist aber weder ein „pantheistischer Gedanke [Alles ist Gott]" noch ein „Theopantismus [Gott ist Alles]".

Die Galionsfigur der Vermittlungstheologie war der aus Livland (dem heutigen Estland) stammende Reinhold Seeberg (1859–1935), der nach Lehrtätigkeiten an den Universitäten in Dorpat (Tartu) und Erlangen seit 1898 in Berlin an der Friedrich-Wilhelm-Universität Professor für Dogmengeschichte, Religionsphilosophie und Ethik war. Hier fand er bald Kontakt zu politisch konservativen Kreisen. Monarchisch preußisch gesinnt schloss er sich der Deutschen Vaterlandspartei (DVLP) an, stand der Weimarer Republik sehr distanziert gegenüber und unterstützte schließlich den Aufstieg und die Anfänge der Herrschaft des Nationalsozialismus. Hierbei gab er sich der fatalen Hoffnung hin, das im Parteiprogramm der NSDAP von 1920 in Punkt 24 propagierte ‚Positive Christentum' würde die Stellung der ‚Partei' zum christlichen Glauben wiedergeben.

Wie Seebergs zweibändige „Christliche Dogmatik" (1924/25),[38] die ein Gegenentwurf zu Harnacks „Wesen des Christentums" und eine ‚Programmschrift' der ‚positiv-kirchlich' gesinnten Theologen sein wollte, zeigt, vertrat er einen christologisch-trinitarisch begründeten eschatologischen Heilsuniversalismus. Jedoch hielt er daran fest, dass im Jüngsten Gericht zunächst eine Scheidung in Gläubige und Ungläubige erfolgen wird: Erstere dürfen sogleich himmlische Freuden genießen, letztere müssen dagegen „schwere(r) hoffnungslose(r) Pein" bzw. „Höllenqual" leiden.[39] Die Schmerzen werden aber unter dem Einfluss des „Christusgeistes" allmählich abnehmen, da die Strafen nur dazu dienen, bei den Verdammten die Empfänglichkeit für den „Erlösergeist" zu stärken. Schließlich werden alle ‚Menschen-Geister' dank der „Kraft des Erlösungswerkes Christi" erlöst werden und – zusammen mit „allen anderen Geistern zu lebendiger Gemeinschaft" vereint – das „ewige Reich Gottes" bilden. Wenn sich der „Herrschaftswille" Gottes des Vaters über alle Wesen durchgesetzt hat, der „Erlösungswille" Christi über „alle Sünder" zum Ziel gekommen ist und der „heilige Geistwille" die „heilige Gemeinschaft der Geister" konstituiert hat, dann wird wahr werden: Gott ist Alles in Allem (1 Kor 15,28). Seeberg hielt demnach zwar formal an der kirchlichen Lehre vom dualen Ausgang der Menschheitsgeschichte fest, betonte aber, dass letztlich ausnahmslos alle Menschen im Eschaton das ewige Heil erlangen werden.

---

38 Reinhold Seeberg: Christliche Dogmatik. 2 Bde., Erlangen/Leipzig 1924 u. 1925. Über Seebergs eschatologischen Heilsuniversalismus siehe ders.: Christliche Dogmatik. Bd. 2, § 49, S. 606–636.
39 Seeberg: Dogmatik (wie Anm. 38), Bd. 2, § 49, S. 631; die folgenden Zitate ebd., § 49, S. 631, 632, 633, 635.

1.4 Deutsche Erweckungsbewegung und Gemeinschaftsbewegung und ihr Verhältnis zur Lehre der Allversöhnung

Während des 19. Jahrhunderts wurden, wie erwähnt, auch zwei evangelische Frömmigkeitsbewegungen mit eschatologischen Heilserwartungen für alle Menschen auf unterschiedliche Weise konfrontiert: die deutsche Erweckungsbewegung, deren Anfänge bis ins 18. Jahrhundert zurückreichen und die in der ersten Hälfte des 19. Jahrhunderts in fast allen deutschen Territorien beachtliche Aktivitäten entwickelte, sowie die Gemeinschaftsbewegung, die im letzten Drittel des 19. Jahrhunderts in vielen Gebieten Deutschlands und der Schweiz entstand und bis in die Gegenwart fortbesteht. Während die Erweckungsbewegung sowohl auf Kirche und Theologie sowie teilweise auf die Gesellschaft und auch auf die Politik mannigfachen Einfluss ausübte, blieb die Wirkung der Gemeinschaftsbewegung eher auf den innerkirchlichen Raum sowie auf einige gesellschaftliche Randgruppen und Berufszweige beschränkt.

Deutsche Erweckungsbewegung

Die deutsche Erweckungsbewegung, weitgehend eine Reaktion auf die Aufklärung, aber auch mannigfach von ihr beeinflusst, knüpfte mit ihrem Drängen auf Buße und Erneuerung, ihrer Betonung der Innerlichkeit und ihrem Aufruf zum missionarischen, karitativen und sozialen Handeln in Kirche und Gesellschaft teilweise an den Spätpietismus an. Sie empfing aber auch starke Impulse vom Deutschen Idealismus und besonders von der Romantik sowie von der patriotischen Stimmung der Freiheitskriege. Ihre führenden Gestalten und deren Anhänger hielten im Allgemeinen nicht nur an der kirchlichen Lehre von der Ewigkeit der Höllenstrafen für alle Verdammten fest, sondern verteidigten sie sogar entschieden. Umso bemerkenswerter ist es, dass der ‚Patriarch' der Erweckungsbewegung, Jung-Stilling, sowie viele seiner Freunde und ‚Verehrer' sich ausdrücklich zur Lehre von der Wiederbringung aller Dinge bekannten.

Johann Heinrich Jung, gen. Jung-Stilling (1740–1817), in einer streng pietistischen, in einfachen Verhältnissen lebenden Familie im Siegerland aufgewachsen, praktizierte nach dem Studium in Straßburg (Bekanntschaft mit Goethe) zunächst als Arzt und Staroperateur in Elberfeld, unterrichtete dann seit 1778 an der Kameralschule (seit 1779 umbenannt Kameral Hohe Schule) in Kaiserslautern und seit 1784 an der Staatswirtschaftlichen Hohen Schule in Mannheim, bis er 1787 an der Universität Marburg Professor für Ökonomie, Kameral- und Finanzwissenschaft wurde. Dank einer Pension des Kurfürsten (ab 1806 Großherzog) Karl Friedrich von Baden konnte er seit 1803 als freier Schriftsteller in Heidelberg und seit 1806 in Karlsruhe leben. In spätpietistischen Kreisen und bei den Anhängern der frühen Erweckungsbewegung, mit denen er durch eine ausgebreitete Korrespondenz und häufige Besuchsreisen vielfach in persönlicher Verbindung stand, genoss er großes Vertrauen.

Jung-Stilling, dessen Frömmigkeitstheologie stark von eschatologisch-apokalyptischen Vorstellungen bestimmt war, äußerte erstmals 1808 in seiner Schrift „Theorie der Geister-Kunde" vorsichtig seine Erwartung, dass sich für alle Ungläubigen auch nach dem Tod noch die Möglichkeit zu einer allerdings stark reduzierten ewigen Seligkeit eröffnen werde. In der Hölle (Hades) werden sie nämlich „lange geläutert, und so allmälig zum geringsten Grad der Seeligkeit zubereitet" werden.[40] Als der Verkauf der Schrift im Basler Gebiet aufgrund eines Gutachtens des Geistlichen Ministeriums obrigkeitlich untersagt wurde, verteidigte er seine universale eschatologische Heilserwartung 1809 in seiner „Apologie der Theorie der Geisterkunde"[41]. Mit Nachdruck wies er auf die „ewige Liebe" Gottes hin und deklamierte: „Kann in dem gerechtesten Gericht [sc. Jüngsten Gericht], wo die Liebe [sc. Jesus Christus] selbst Richter ist, endliche Sünde, unendliche Strafen verdienen? – weg mit dem abscheulichen Gedanken!".[42] Das „Erlösungs-Werk" Christi wäre „mislungen", wenn nicht den Menschen ohne Ausnahme das ewige Heil zuteil würde. Emphatisch proklamierte er: Kein einziger Mensch wird verloren gehen, sie werden „endlich Alle – Alle – gerettet" werden.

Aus dem Kreis der Freunde und Verehrer Jung-Stillings, die sich zur Wiederbringungslehre bekannten, seien beispielsweise genannt: der wohlhabende Müller Johann Jakob Koch aus Schluchtern (jetzt in die Gemeinde Leingarten integriert), Verfasser und Herausgeber des chiliastischen (postmillenniaristischen) Liederbuches „Geistliche Gedichte und Gesänge für die nach Osten eilenden Zioniden [sc. die nach Jerusalem (Zion) Hineilenden]" (1817), und der Weingärtner (bairisch Weinbauer) Johann Georg Frick, gen. „Pietistenhansjergle", aus Altbach. Sie waren die Anführer einer größeren Gruppe schwäbischer Pietisten, die im Rahmen der Emigrationsbewegung nach Südrussland (1816–1819) im Mai 1817 mit hochgespannten eschatologisch-apokalyptischen Erwartungen – zunächst auf der Donau stromabwärts in sogenannten Ulmer Schachteln, dann weiter mit Pferdefuhrwerken – nach Transkaukasien aufgebrochen waren. Dort hofften sie, eine neue paradiesische Heimat („paradisiacal") und vor allem einen Ort zu finden, wo sie sich vor den in Kürze erwarteten endzeitlichen Katastrophen bergen, d. h. in Sicherheit bringen könnten (Bergungsort). Als ihre Kolonne, programmatisch

---

40 Jung-Stilling [Johann Heinrich Jung]: Theorie der Geister-Kunde, in einer Natur- Vernunft- und Bibelmäsigen Beantwortung der Frage: Was von Ahnungen, Gesichten und Geistererscheinungen geglaubt und nicht geglaubt werden müße, Frankfurt a.M./Leipzig 1808, § 35, S. 288; vgl. ebd., § 211–212, S. 227–229.

41 Jung-Stilling [Johann Heinrich Jung]: Apologie der Geisterkunde veranlaßt durch ein über dieselbe abgefaßtes Gutachten des Hochwürdigen geistlichen Ministeriums zu Basel, Nürnberg 1809.

42 Jung-Stilling: Apologie (wie Anm. 41), S. 56; die folgenden Zitate ebd., S. 57.

„Harmonie" genannt, in Odessa von russischen Behörden aus Sicherheitsgründen an einer Weiterreise nach Tiflis gehindert wurde, sandte man Frick und Koch nach Moskau, um bei Kaiser Alexander I. zu intervenieren. Dort konnten sie einen Monat später dem Monarchen in einer Audienz nicht nur ihr Anliegen, nach der südrussischen Provinz Grusinien (Georgien) weiterziehen zu dürfen, erfolgreich unterbreiten, sondern sie führten auch Gespräche mit mehreren Mitgliedern der kaiserlichen Familie und des Hohen Adels sowie mit dem Schotten Robert Pinkerton (1780–1859), dem agilen Agenten der British and Foreign Bible Society. Dieser bedeutende Missionar und Linguist berichtete später in seinem Buch „Russia"[43] über seine Unterredungen mit Frick und Koch sowie von Informationen, die er über die beiden Abgesandten erhalten hatte. Demnach bekannten sie sich zur Wiederbringung („universal restoration") aller vernunftbegabten Wesen („of all rational beings"), auch des Teufels und seiner Engel, andernfalls müsste, so argumentierten sie, das böse Prinzip stärker als das gute, der Satan stärker als Gott sein („otherwise the evil principle must be stronger than the good – Satan stronger than God").

Im Unterschied zu Jung-Stilling und seiner Jüngerschaft hielten die Anhänger der deutschen Erweckungsbewegung, wie schon bemerkt, jedoch allermeist strikt an der kirchlichen Lehre von der Ewigkeit der Höllenstrafen fest und wiesen universale Heilserwartungen als Irrlehre zurück. Nur sehr wenige namhafte Gestalten der Erweckungsbewegung vertraten zurückhaltend die Lehre von der Wiederbringung aller Dinge oder der Allversöhnung, so Johann Christoph Blumhardt (1805–1880), von 1838 bis 1852 Pfarrer in Möttlingen und dann bis zu seinem Tod Leiter des Seelsorgezentrums im Kurhaus von Boll. Jedoch hatte auch er anfänglich verkündigt: Die „Aussichtslosigkeit für die Verdammten" ist nach der Bibel „unumstößlich gewiß".[44] Erst während seines Wirkens in Boll gelangte er aufgrund eines neu gewonnenen Verständnisses vom Kreuz Christi zu der Gewissheit: „Der Karfreitag [sc. das Kreuzesgeschehen] verkündet einen Generalpardon [allumfassende Vergebung] über die ganze Welt".[45] Seine universale Heilshoffnung, von der

---

43 [Robert Pinkerton]: Russia. Or, miscellaneous observations on the past and present state of that country and its inhabitants, London 1833. Darin (S. 143–152) berichtete Pinkerton über seine Gespräche mit den beiden Abgesandten, Koch und Frick, sowie über die katastrophalen Geschehnisse bei Siedlungsbeginn (1818) der Kolonisten in Katharinenfeld (südöstlich von Tiflis) infolge von Kriegshandlungen (Massaker) und Epidemien; die folgenden Zitate ebd., S. 146. Vgl. Wilhelm Bruno Lindner: Württembergische Chiliasten in Russland. Aus Pinkertons Russia mitgeteilt, in: ZHTh 9/1 (1839), S. 183–189.

44 Johann Christoph Blumhardt: Fünfzehn Predigten über die ersten Advents-Evangelien zur Beförderung christlicher Erkenntniß, Stuttgart 1864, S. 115.

45 Johann Christoph Blumhardt: Gesammelte Werke. Hg. v. Christoph Blumhardt. Bd. 2, Karlsruhe 1887, S. 190. Siehe hierzu auch Friedhelm Groth: Chiliasmus und Apokatastasishoffnung in der Reich-Gottes-Verkündigung der beiden Blumhardts, in: PuN 9 (1983), S. 56–106.

er bemerkenswerterweise keine Lehre entwickelte, war also streng christologisch begründet.

Gemeinschaftsbewegung

Seit dem letzten Drittel des 19. Jahrhunderts bildeten sich in Deutschland und der Schweiz vielerorts ‚erweckliche‘ Kreise und Vereinigungen. Entstanden sind sie zumeist durch die rege missionarische Reisetätigkeit von Pastoren und Predigern, die vom Spätpietismus, der deutschen und angelsächsischen Erweckungsbewegung und der methodistischen Heiligungsbewegung mehr oder weniger stark beeinflusst waren. Diese Kreise und Vereinigungen differierten theologisch und frömmig-keitlich erheblich und hatten anfänglich untereinander nur losen Kontakt. Um sich enger zu vernetzen und ihr Anliegen (religiöse Erbauung und Evangelisation) effektiver zu verwirklichen, traf man sich nach längeren Vorbereitungen im Mai 1888 in Gnadau bei Magdeburg zur ersten gesamtdeutschen Gemeinschaftskonfe-renz; 1897 konstituierte sich dann der Deutsche Verband für Gemeinschaftspflege und Evangelisation (heute Evangelischer Gnadauer Gemeinschaftsverband). Man beschloss eine doppelte Zielsetzung: religiöse Erbauung der Gläubigen in selbststän-digen, jedoch innerhalb der einzelnen evangelischen Landeskirchen bestehenden Gemeinschaften, und Ausbreitung des Evangeliums besonders in kirchenfernen Gesellschaftsschichten.

In der Gemeinschaftsbewegung war der eschatologische Heilsuniversalismus im Sinne von Allversöhnung (Allerlösung) anfänglich kein Thema, da man sich generell zur traditionellen kirchlichen Lehre vom dualen Ausgang der Menschheits-geschichte bekannte. Das änderte sich, als der aus Barmen (Rheinland) gebürtige methodistische Theologe Ernst Ferdinand Ströter (1846–1922)[46] 1897 aus den USA, wo er seit 1869 verschiedene Predigt- und universitäre Lehrtätigkeiten ausgeübt hatte, nach Deutschland zurückkehrte. Hier fand er u. a. in der Gemeinschaftsbe-wegung sowie in der Deutschen Evangelischen Allianz (DEA), ein Netzwerk von Christen aus unterschiedlichen Landes- und Freikirchen sowie Organisationen, mannigfachen Eingang.

Seit 1902 vertrat Ströter in zahlreichen Vorträgen sowie Artikeln und Schrif-ten die Lehre von der Allaussöhnung.[47] Vehement wies er in seiner Schrift „Das Evangelium Gottes von der Allversöhnung in Christus“ (um 1915) die kirchliche Lehre von der Ewigkeit der Höllenstrafen zurück, weil sie erstens theo-logisch von einem „ganz unerträglichen Dualismus“ im „Wesen Gottes“ ausgehe und somit

---

46 Zu Ströter siehe bes. Ekkehard Hirschfeld: Ernst Ferdinand Ströter. Eine Einführung in sein Leben und Denken. Diss. theol., Universität Greifswald 2010.

47 Über Ströters Allaussöhnungslehre siehe Hirschfeld: Ströter (wie Anm. 46), S. 563–637.

dem biblischen Gottesbild konträr sei.[48] Zweitens opponierte er gegen diese Lehre aus christologischen Gründen: Nach dem biblischen Zeugnis hat Gott seinem Sohn „alles Geschaffene restlos und völlig wirklich" übergeben. Gäbe es am Ende der Zeit noch ewiglich Verdammte, dann wäre das ein „Fiasko Gottes", denn das Sühneopfer Christi hätte nicht ausnahmslos für alle Sünder Gültigkeit. Den stellvertretenden Sühnetod Jesu Christi für alle geschaffenen Wesen bezeugt nach Ströter jedoch eindeutig die Bibel, wobei er eklektizistisch auf disparate Texte aus alt- und neutestamentlichen Schriften verwies. Er war der Überzeugung: Nach einer Abfolge gewaltiger apokalyptischer Geschehnisse, die sich über viele Äonen erstrecken, werde eine Zeit kommen, da es „weder einen Teufel, Widersacher, Satan, Drachen als solchen mehr geben wird, noch irgendein anderes Wesen, in welchem irgendeine Spur von Feindschaft gegen Gott und Christus übriggeblieben" ist. Dann wird sich Christus selbst Gott unterwerfen und „Gott wird alles in allem sein [1 Kor 15,27–28]".

Mit seiner Lehre von der Allaussöhnung fand Ströter anfänglich in Teilen der Gemeinschaftsbewegung durchaus Beachtung und auch Zustimmung. Bald äußerte man aber vermehrt Bedenken, zumal auch seine ekklesiologische Lehre[49] von einer prätribulatorischen Entrückung der Gläubigen großen Widerspruch hervorrief. Er vertrat nämlich in seinem dispensationalistischen Lehrsystem die Auffassung, dass die Christen vor Beginn der ‚Großen Trübsal' (Begriff: Mt 24,21 und Apk 7,14: μεγάλη Θλίψις; (Vg) tribulatio magna) von der Erde zu Jesus Christus entrückt und so vor den endzeitlichen Katastrophen bewahrt werden. Seit 1911 wurde dann Ströters Lehre von der Allaussöhnung in der Gnadauer Gemeinschaftsbewegung grundsätzlich zurückgewiesen, abgesehen von relativ wenigen Ausnahmen. Verwiesen sei beispielsweise auf den Badischen Gemeinschaftsverband unter der Leitung von Inspektor Pfarrer Theodor Böhmerle (Gründer des Bibelheims Bethanien in Langensteinbach bei Karlsruhe). In diesem Gemeinschaftsverband gab es größere Kreise, bei denen die Lehre von der Allversöhnung konstitutive Bedeutung hatte.

2. Inklinationen zum eschatologischen Heilsuniversalismus in der katholischen Theologie des 19. Jahrhunderts

In der katholischen Kirche Deutschlands wurde im 19. Jahrhundert die Glaubenslehre von der Ewigkeit der Höllenstrafen lehramtlich strikt durchgehalten. Auch in der damaligen katholischen Theologie fand sie zumeist Akzeptanz. Allerdings

---

48 Ernst Ferdinand Ströter: Das Evangelium Gottes von der Allversöhnung in Christus, Chemnitz [um 1915], S. 351; die folgenden Zitate ebd., S. 352, 348, 376.
49 Über Ströters Ekklesiologie siehe Hirschfeld: Ströter (wie Anm. 46), S. 492–511.

lässt sich bei einigen Theologen eine gewisse Inklination zum eschatologischen Heilsuniversalismus vermuten oder sogar als sehr wahrscheinlich erweisen, so bei Franz Anton Staudenmaier, einem bedeutenden Vertreter der Tübinger Schule, sowie bei dem Reformtheologen Herman Schell und einigen seiner Schüler.

Franz Anton Staudenmaier (1800–1856), Professor für Dogmatik an den Universitäten in Gießen und Freiburg, hielt lehrmäßig unstreitig an der kirchlichen Glaubenslehre von der Ewigkeit der Höllenstrafen fest.[50] Sie sei, so formulierte er in seiner „Encyklopädie der theologischen Wissenschaften als System der gesammten Theologie" (1834), in der Heiligen Schrift an vielen Stellen „auf das Bestimmteste behauptet".[51] Nach der allgemeinen Auferstehung der Toten und dem Jüngsten Gericht, mit welchem die „zweite Weltperiode" beginnt, werde es demnach keine Sündenvergebung mehr geben; denn die Zeit des erlösenden Handelns Christi ist vorbei. Die „Verworfenen [sc. im Endgericht]" sind vom „Angesichte Gottes und Christi entfernt". Sie sind nun für immer aus der „Gemeinschaft der Guten" ausgeschlossen und der „Gemeinschaft mit dem Teufel und Engeln" zur „ewigen Schmach" zugeordnet. Angesichts dieses Bekenntnisses zur kirchlichen Glaubenslehre von der Ewigkeit der Höllenstrafen mutet es jedoch eigentümlich an, dass Staudenmaier zugleich erklären konnte: Nach dem Jüngsten Gericht werde „aus den Trümmern der alten Schöpfung eine verherrlichte Welt" hervorgehen; in dieser werde „jede [sc. alle, völlige] Vollkommenheit und jedes Gute" herrschen, weil Gott selber seine „Wohnung unter den Menschen" genommen hat. Unter der Annahme, dass zu den „Trümmern" des alten Äons auch die misslungenen Leben der „Verdammten" gehören, könnte Staudenmaier – unbeschadet seiner sonstigen Aussagen – möglicherweise persönlich die Zuversicht gehegt haben, dass auch jene ‚Trum' (bairisch Stücke, Teile, Exemplare) noch das ewige Heil erlangen werden.[52]

Im Unterschied zu Staudenmaier kann bei Herman Schell (1850–1906), seit 1884/85 in Würzburg Professor für Apologetik, Christliche Kunstgeschichte und Archäologie sowie Religionswissenschaft, wohl mit an Sicherheit grenzender Wahrscheinlichkeit von einer Inklination oder sogar Sympathie zum eschatologischen Heilsuniversalismus ausgegangen werden.[53] Schell engagierte sich für eine Reform

---

50 Über Staudenmaiers Eschatologie siehe Franz Anton Staudenmaier: Encyklopädie der theologischen Wissenschaften als System der gesammten Theologie. 2. Aufl., Mainz 1840, § 1188–1210, S. 833–845. Siehe auch Ignacio Escribano-Alberca: Eschatologie. Von der Aufklärung bis zur Gegenwart, in: Handbuch der Dogmengeschichte. Hg. v. Michael Schmaus u. a. Bd. IV. Sakramente. Eschatologie. Fasz. 7d, Freiburg u. a. 1980, S. 192–193 (Lit.); Burkhard Neumann: »Gott Alles in Allem« (1 Kor 15,28). Eine Studie zum eschatologischen Denken Franz Anton Staudenmaiers (MBT 68), Münster 2010.

51 Staudenmaier: Encyklopädie (wie Anm. 50), § 1203, S. 842; die folgenden Zitate ebd., § 1203, S. 842; § 1202, S. 841; § 1188, S. 835.

52 Vgl. Escribano-Alberca: Eschatologie (wie Anm. 50), S. 193.

53 Über Schells Eschatologie siehe u. a. Escribano-Alberca: Eschatologie (wie Anm. 50), S. 204–207.

der katholischen Kirche im Sinne einer entschlossenen Öffnung für Kultur und Wissenschaft. Deshalb galt er in der Neuscholastik, die sich seit dem Ersten Vatikanischen Konzil (1869–1870) weitgehend in der katholischen Kirche durchgesetzt hatte, als Exponent des Modernismus und wurde als Modernist apostrophiert.

Schell hat die traditionelle Vorstellung von der ewigen Verdammnis aller Gottlosen und Ungläubigen einerseits fraglos im Sinne der kirchlichen Glaubenslehre vertreten. Andererseits hat er diese aber nicht unhinterfragt hingenommen, sondern deutlich auf einige Inkonsistenzen aufmerksam gemacht. So explizierte er – unter Verweis auf Schrift und Tradition – in seinem dreibändigen theologischen Hauptwerk „Katholische Dogmatik in sechs Bänden" (1889–1893)[54] zum einen, dass alle Sünder, die im Jenseits nach beendeter „Prüfungszeit" fernerhin im Zustand des „geistig-sittlichen Todes oder der endgiltigen und innerlich unbußfertigen Sünde" verharren, im Jüngsten Gericht ihr finales Urteil empfangen werden: ewige Verdammnis, endgültiger Ausschluss aus der Gottesgemeinschaft der Heiligen.[55] Das sei die angemessene Strafe für ihre Unbußfertigkeit und Entfremdung von Gott. Zum anderen wies Schell im gleichen Werk, der „Katholischen Dogmatik", jedoch darauf hin, dass nach katholischer Lehre jeder Mensch nicht nur eine unzerstörbare, immerwährende „Geistesanlage" zum Bösen, sondern auch zum Guten besitzt. Deshalb hat jeder Verdammte auch in der Hölle weiterhin grundsätzlich die Freiheit, sich für das Gute zu entscheiden, und damit die Möglichkeit, dereinst der Hölle doch noch zu entkommen. Zwischen der in der kirchlichen Glaubenslehre verkündeten ewigen, unrevidierbaren Verdammnis aller unbußfertigen Sünder in der Hölle und der von der Kirche gelehrten „unvertilgbaren Anlage" eines jeden Verdammten, sich auch im Jenseits für die „Wahrheit und Güte" entscheiden zu können, besteht also eine Inkonsistenz. Diese Widersprüchlichkeit aufzulösen ist, so Schell, dem Menschen unmöglich. „Die Lösung [sc. die Auflösung dieses Grundwiderspruchs] ist Gottes Geheimnis, und zwar als des Weltvollenders", wie Röm 11,32–36 zeige.

Auf diese Disparatheiten in der kirchlichen Lehre über das eschatologische Geschick der Ungläubigen und Gottlosen machte Schell auch in seinem zweibändigen apologetischen Werk „Die göttliche Wahrheit des Christentums" (1895 u. 1896) aufmerksam.[56] Darin wies er nämlich darauf hin, dass nach der kirchlichen Glaubenslehre allen unbußfertigen Sündern ewige Verdammnis in der Hölle drohe.

---

54 Siehe bes. Herman Schell: Katholische Dogmatik in sechs Büchern. Bd. 3, 2. Teil, Paderborn 1893, S. 879–897. Vgl. Herman Schell: Katholische Dogmatik. Kritische Ausgabe. Hg. v. Heinrich Petri u. Paul-Werner Scheele. Bd. 3: Menschwerdung und Erlösung. Heiligung und Vollendung, München u. a. 1994.

55 Schell: Dogmatik (wie Anm. 54), § 6, S. 879; die folgenden Zitate ebd., § 6, S. 886; § 6, S. 888.

56 Siehe bes. Herman Schell: Die göttliche Wahrheit des Christentums. Bd. 2: Gott und Geist. 2. Teil: Beweisführung, Paderborn 1896 [ND 1968], S. 683–708.

Zugleich konzediere aber die katholische Lehre, so bemerkte Schell zu Recht, dass alle Seelen im Jenseits weiterhin eine freie „Selbstbestimmung" zum Guten oder Bösen bzw. eine frei wählbare – der Natur entsprechende – Entwicklungsmöglichkeit des „Geistes zum Guten" besäßen, die Gott niemals obstruieren werde.[57] Es besteht demnach also durchaus die Möglichkeit, dass Verdammte dank ihrer Entscheidungsfreiheit doch noch das ewige Heil erlangen. Allerdings räumte Schell ein, dass es dermaßen verstockte Sünder und Engel geben könne, die durch ihre eigene „feindselige Natur- und Schicksalsmacht" am „Wollen und Vollbringen" des Guten gehindert würden. Einen Ausweg aus diesem Aporem werde es erst geben, wenn aus dieser „jetzigen Verführerin [sc. der durch den Sündenfall korrumpierten Natur]" einst durch die Gnade Gottes eine „bereitwillige Gehilfin des sittlichen Geistes" generiert sein wird, d. h. wenn gemäß Röm 8,21 die Natur zur „Freiheit der Kinder Gottes verklärt" sein wird.

Schells Aussagen über die Ewigkeit der Höllenstrafen und andere kirchliche Lehren sowie seine mannigfachen kirchenkritischen und -reformerischen Äußerungen riefen heftige Kritik hervor, besonders nachdem seit Beginn des Pontifikats von Papst Pius X. (1903) ultramontane Kräfte in der katholischen Kirche immer mehr an Einfluss gewannen. Mitte Dezember 1898 wurden einige seiner Werke, u. a. seine „Katholische Dogmatik" und seine Schrift „Gott und Geist", indiziert, und er erhielt Lehrverbot. Dieses wurde aber schon nach zwei Monaten wieder aufgehoben, nachdem er eine sehr knappe lateinische Gehorsamserklärung abgegeben hatte. Die theologischen Streitigkeiten um ihn gingen jedoch alsbald weiter. Äußerst polemisch attackierte ihn vor allem der Jesuit Johann Stufler, der an der Theologischen Fakultät Innsbruck zunächst Metaphysik und dann Dogmatik lehrte. In seiner umfangreichen Schrift „Die Heiligkeit Gottes und der ewige Tod"(1903)[58] versuchte dieser Neuscholastiker nachzuweisen, dass Schells eschatologische Vorstellungen in völligem Widerspruch zur Heiligen Schrift, Tradition und Kirchenlehre stehen. Die „hl. Väter" hätten, so behauptete Stufler, „fast einstimmig" gelehrt, dass Gottes Gnade, Barmherzigkeit und Langmut für die Sünder mit dem Tod „für immer aufhöre"; die Verdammten seien von der Liebe Gottes ausgeschlossen. In der Sterbestunde entscheide sich „unwiderruflich" das „Los der ganzen Ewigkeit"; im Jenseits Versäumtes nachzuholen sei „schlechthin unmöglich". Indem Schell aber den Verdammten in der Hölle weiterhin grundsätzlich die Möglichkeit zur Buße einräume, leugne er, so Stufler, die kirchliche Glaubenslehre von der Ewigkeit der Höllenstrafen und dekuvriere sich als ein Anhänger der Apokatastasislehre. Stuflers

---

57 Schell: Wahrheit des Christentums (wie Anm. 56), S. 682; die folgenden Zitate ebd., S. 707.

58 Johann Stufler: Die Heiligkeit Gottes und der ewige Tod. Eschatologische Untersuchungen mit besonderer Berücksichtigung der Lehre des Prof. Hermann Schell, Innsbruck 1903; die folgenden Zitate ebd., S. 332–333, 317.

Fundamentalkritik rief u. a. Franz Xaver Kiefl, Schells engen Freund, auf den Plan.[59] In einer anderthalb Jahre währenden literarischen Kontroverse mit Stufler versuchte der streitbare Kiefl, seit 1905 dann Professor für Dogmatik und Dogmengeschichte in Würzburg, nachzuweisen, dass Schell hinsichtlich der Lehre von der Ewigkeit der Höllenstrafen fest auf dem Boden der kirchlichen Glaubenslehre stehe.[60] Dass Schell kein Vertreter der Apokatastasislehre im engeren Sinne war, ist sicherlich zutreffend. Schwerlich zu widerlegen ist jedoch, dass seine Äußerungen zur kirchlichen Lehre von der Ewigkeit der Höllenstrafen nicht eine deutliche Inklination, wenn nicht sogar Sympathie zum eschatologischen Heilsuniversalismus aufweisen.

3.   Apokatastasisideen in der Philosophie des Deutschen Idealismus – Friedrich W.J. Schelling

In der Philosophie des Deutschen Idealismus rezipierte vor allem Friedrich Wilhelm Joseph Schelling (1775–1854) unterschiedliche Apokatastasisvorstellungen und legte einen neuen Entwurf von der „Wiederbringung [aller]" in seinem umfangreichen, von mehreren Wandlungen und Umbrüchen gekennzeichneten Œuvre vor. Das geschah explizit in zwei Werken: in seinen „Stuttgarter Privatvorlesungen" (1809/10)[61] sowie in seinem Spätwerk „Philosophie der Offenbarung" (1841 u. 1842).[62] Mit letzterer Thematik nahm er seine akademische Lehrtätigkeit an der Friedrich-Wilhelm-Universität zu Berlin auf, wohin er 1841 mit hochgespannten

---

59 Zu Kiefl siehe Karl Hausberger: Franz Xaver Kiefl (1869–1928). Schell-Verteidiger, Antimodernist und Rechtskatholik (Quellen und Studien zur neueren Theologiegeschichte 6), Regensburg 2003.

60 Siehe Franz Xaver Kiefl: Die Ewigkeit der Hölle und ihre spekulative Begründung gegenüber den Problemen der modernen Theodizee. Meine Kontroverse mit Johann Stufler S.J. über die Eschatologie von Herman Schell und Thomas von Aquin. Sonderdr. aus der prakt. Monats-Schrift 1904 und 1905 nebst einem Nachw., Paderborn 1905.

61 Friedrich Wilhelm Joseph Schelling: Stuttgarter Privatvorlesungen. (Aus dem handschriftlichen Nachlaß.) 1810. In: Schelling: Sämmtliche Werke. Hg. v. Karl Friedrich August Schelling. 1. Abt. Bd. 7, Stuttgart/Augsburg 1860, S. 417–484; Friedrich Wilhelm Joseph Schelling: Stuttgarter Privatvorlesungen (1810). In: Schelling: Historisch-kritische Ausgabe. Reihe 2: Nachlass. Bd. 8: Nachschrift E.F. v. Georgii: Schellings natur-phylosophisches System, Stuttgart 2017; Friedrich Wilhelm Joseph Schelling: Stuttgarter Privatvorlesungen. Mit einer Einl. und Anm. kritisch hg. v. Vicki Müller-Lüneschloß (PhB 687), Hamburg 2016. Im Folgenden wird nach der von Karl Friedrich August Schelling 1860 hg. Ausgabe zitiert; die in Klammer vermerkten Angaben verweisen auf Parallelstellen in der Edition (PhB 687) von Vicki Müller-Lüneschloß.

62 Friedrich Wilhelm Joseph Schelling: Philosophie der Offenbarung. In: Schelling: Sämmtliche Werke (wie Anm. 61). 2. Abt. Bd. 3 u. 4, Stuttgart/Augsburg 1858; Friedrich Wilhelm Joseph Schelling: Philosophie der Offenbarung 1841/42 [sog. Paulus-Nachschrift]. Hg. u. eingel. v. Manfred Frank (stw 181). 5. Aufl., Frankfurt a.M. 2016.

Erwartungen als ordentlicher Professor für Philosophie auf den vakanten Lehrstuhl von Hegel berufen worden war. In seiner „Philosophie der Offenbarung" sah er –summarisch zusammengefasst – den „Endzweck der Offenbarung" in der „Wiederbringung" des sich gegen Gott erhobenen und dadurch ‚dunklen' Mächten ausgelieferten Menschen zu Gott.[63] Im Folgenden wird jedoch Schellings philosophischer Entwurf einer „Wiederbringung [aller]" nicht anhand dieses Spätwerks, sondern seiner „Stuttgarter Privatvorlesungen" in groben Zügen dargestellt werden.[64] Da deren Anlass und Gestaltung aufs allerengste mit seiner Lebensgeschichte verwoben sind, ist diese fallweise zu berücksichtigen.

Schelling, der ab 1790 in Tübingen das Evangelische Stift besuchte, an der dortigen Universität Theologie studierte und dann seit 1796 in Leipzig naturwissenschaftliche Vorlesungen hörte, erhielt bereits in seiner Jugend- und Studentenzeit Kenntnis von der facettenreichen Wiederbringungslehre der Schwabenväter Johann Albrecht Bengel und Friedrich Christoph Oetinger sowie des Pfarrers und vielseitigen Erfinders Philipp Matthäus Hahn. Letzterem war er sogar noch persönlich begegnet; auf dessen Tod verfasste er die „Elegie, am Grabe Hahns", sein erstes Gedicht. 1798 wurde Schelling Professor für Philosophie in Jena, wo er bald ein gern gesehener Gast im frühen Romantikerkreis um die beiden Brüder Friedrich und August Wilhelm Schlegel war. Hier lernte er die gebildete Caroline Schlegel (geb. Michaelis, verw. Böhmer) – damals noch mit August Wilhelm Schlegel verheiratet – kennen und lieben. 1803 wurde Schelling nach Würzburg auf den Lehrstuhl für Philosophie berufen, wo seine Identitätsphilosophie ihre eigentliche Ausformung erfuhr. Im Juni desselben Jahres konnte er Caroline heiraten, nachdem ihre unerfüllte Vernunftehe einvernehmlich – mit Goethes Unterstützung – durch Herzog Karl August von Sachsen-Weimar, Carolines Landesherrn, kurz zuvor geschieden worden war. 1806 übersiedelte das Ehepaar Schelling nach München, wo er in den bayerischen Staatsdienst eintrat. Am 7. September 1809 verstarb Caroline völlig unerwartet und plötzlich an Nervenfieber (wahrscheinlich Typhus) während eines gemeinsamen Besuchs bei Schellings Eltern in Maulbronn. Ihr jäher Tod stürzte Schelling in tiefe Depression und große Verzweiflung. Es kam in seinem Leben und Werk zu einer deutlichen, in der Forschung wiederholt dargestellten Zäsur: Das ‚Transzendentale' wurde fortan verstärkt zur bestimmenden Thematik seines Denkens.

---

63 Schelling: Sämmtliche Werke (wie Anm. 62), 2. Abt. Bd. 4, S. 11. Vgl. Walter Heinrich: Schellings Lehre von den Letzten Dingen, Salzburg 1955.

64 Über die Stuttgarter Privatvorlesungen siehe vor allem Vicki Müller-Lüneschloß: Über das Verhältnis von Natur und Geisterwelt: ihre Trennung, ihre Versöhnung, Gott und den Menschen; eine Studie zu F.W.J. Schellings „Stuttgarter Privatvorlesungen" (1810) nebst des Briefwechsels Wangenheim – Niederer – Schelling des Jahres 1809/10 (Spekulation und Erfahrung: Texte und Untersuchungen zum Deutschen Idealismus: Abt. II, Untersuchungen 59), Stuttgart 2012.

Als Schelling 1810 zu einem zehnmonatigen Erholungsurlaub in Stuttgart weilte, hielt er hier auf Drängen des Oberjustizrats Eberhard Friedrich von Georgii in dessen Gartensaal vor einem kleinen, elitären Kreis hoher Beamter acht Vorlesungen. Darin sollte er eine Einführung in sein philosophisches System geben. Seine Vorlesungsnotizen wurden fünfzig Jahre später, 1860, von seinem jüngsten Sohn Ludwig Hermann in der Gesamtausgabe seiner Werke unter dem Titel „Stuttgarter Privatvorlesungen" publiziert. Dagegen wurde die Vorlesungsnachschrift, welche damals Georgii angefertigt und Schelling zur Korrektur und Billigung vorgelegt hatte, erst 1973 bzw. 2016 veröffentlicht. Diese dreiteiligen „Stuttgarter Privatvorlesungen", die gewissermaßen ein Bindeglied zwischen Schellings Identitätsphilosophie und seiner späteren Philosophie bilden, geben einen Einblick in seine damaligen Vorstellungen von der ‚Wiederbringung'.

Schellings Vorstellungen basieren auf der Annahme, dass zu Beginn der Schöpfung ‚Natur' und ‚Geisterwelt' (‚Geisterreich') zwar getrennt nebeneinander existierten, aber in einer sehr engen Beziehung zueinander standen. Sie bildeten gewissermaßen eine ‚einige' Welt. Innerhalb der ‚Natur' nahm der Mensch die höchste Rangstufe sämtlicher Wesen ein. Er besaß nämlich im Unterschied zum Tier einen „endlichen Geist",[65] welcher ihm aus der ‚Natur' generiert war. Jedoch befand er sich in einer „ewige[n] Differenz" zu Gott. Da der Mensch mit diesem Zustand seiner ‚Selbstheit' nicht zufrieden war, sondern sich machtgierig über die ‚Allheit' erhob,[66] kam es zu einem Bruch zwischen ‚Natur' und ‚Geisterwelt'. Die ‚Natur' konstituierte sich nun zu einer eigenständigen Welt, in der fortan „Unruhe" und das „Böse" herrschten.[67] Allenthalben zeigte sich in der ‚Natur' nun „Böses, Gift, z. B. die Krankheit" und „der Tod". Gleichzeitig machte sich bei den Menschen aber auch ein sehnsuchtsvolles Verlangen bemerkbar, sich „wieder aus dem Nichtseyenden empor[zu]arbeiten, das Dunkle in sich [zu] verdrängen, und […] aus der Finsterniß des Bösen, des Irrigen, des Verkehrten" wieder „das Licht des Guten, der Wahrheit und der Schönheit hervor[zu]rufen". Deshalb unternahmen die Menschen zweimal einen Versuch, durch Errichtung eines Staatswesens und durch Gründung der Kirche[68] sich von diesem „Anorgismus", d. h. der „Nicht-Einheit" von ‚Natur' und

---

65 Schelling: Sämmtliche Werke (wie Anm. 61), Abt. 1. Bd. 7, S. 457 (PhB 687, S. 40); das folgende Zitat ebd.

66 Über das Zerfallen der ursprünglichen intensiven Verbundenheit zwischen Natur und Geisterwelt siehe Müller-Lüneschloß: Verhältnis von Natur und Geisterwelt (wie Anm. 64), S. 240–242.

67 Schelling: Sämmtliche Werke (wie Anm. 61), Abt. 1. Bd. 7, S. 459 (PhB 687, S. 43); das folgende Zitat ebd.

68 Über die beiden misslungenen Versuche einer Wiederherstellung der verlorengegangenen innigen Verbundenheit durch Einrichtung von Staat und Kirche siehe Müller-Lüneschloß: Verhältnis von Natur und Geisterwelt (wie Anm. 64), S. 243–250.

‚Geisterwelt', zu befreien[69] und die frühere innige Verbundenheit zwischen beiden wieder herzustellen. Beide Versuche misslangen.

Nach dem Tod, so Schelling, kommen alle Menschen aus dem Reich der ‚Natur' in das ‚Geisterreich', also auch diejenigen, welche im irdischen Leben ‚Böses' begangen haben. Dorthin gelangen sie aber nicht nur mit ihrem Geist „im engern Sinn", sondern auch mit ihrem Körper. Allerdings kommt von diesem nur derjenige Teil ins ‚Geisterreich', der während des irdischen Lebens „Er selber" war; dagegen bleibt von ihm alles das in der ‚Natur' zurück, „was nicht Er selber war". Der Mensch existiert im ‚Geisterreich' demnach nicht, wie gemeinhin angenommen, als ein „luftähnliches Wesen", sondern er ist ein „höchst-wirkliches" Wesen. Er lebt hier „weit wirklicher" als früher im Reich der ‚Natur'. Es handelt sich um ein „schlafendes Wachen" oder ein „wachendes Schlafen". Ähnlich wie die Somnambulen werden hier alle Menschen miteinander kommunizieren, ohne dazu irgendwelche Organe zu benötigen. Jedoch werden sich in der ‚Geisterwelt' die postmortalen Existenzweisen der Guten und der Bösen gravierend unterscheiden. Die Guten werden hier nämlich ausschließlich an alles Gute eine lebendige Erinnerung haben, welches sie während des Lebens im Reich der ‚Natur' getan haben. Dagegen werden sich die Bösen nur an das von ihnen verübte Böse erinnern. Der Zustand der „Vergessenheit" wird also differieren. Der Trank der „Lethe", des Vergessens, hat bei Guten und Bösen eine unterschiedliche Wirkung.

Der Bruch zwischen dem Reich der ‚Natur' und der ‚Geisterwelt' wird aber nach Schelling nicht für immer fortbestehen. Der Heilungsprozess hat vielmehr bereits mit der Epiphanie Christi begonnen,[70] er wird aber erst mit der ‚Erlösung' der Menschheit durch deren Teilhabe am göttlichen Leben vollendet sein. Zuvor muss jedoch eine letzte „Krisis", das „letzte Gericht", erfolgen.[71] Ähnlich wie bei mensch-lichen Krankheiten muss nämlich zunächst alles Böse völlig aus der ‚Natur' entfernt werden, damit „eine ganz gesunde, lautere, reine und unschuldige Natur" hervor-gehen kann. Deshalb wird alles Böse in die „allertiefste Tiefe unter die Natur", in die ‚Hölle', hinabgedrängt werden. Das Böse ist nunmehr von der „göttlichen Welt" absolut getrennt. Es hat keinerlei „Bezug" mehr zu „Gott" und dem „Universum". Es ist den „Qualen seines eigenen Egoismus" ausgeliefert.

Aber auch das Reich des Bösen, die ‚Hölle', wird nicht für immer fortbestehen. Im dritten und letzten Weltalter wird es schließlich allmählich überwunden wer-den. Leider notierte Schelling in seinem Vorlesungsmanuskript die Abfolge dieser

---

69 Schelling: Sämmtliche Werke (wie Anm. 61), Abt. 1. Bd. 7, S. 460 (PhB 687, S. 44); die folgenden Zitate ebd., S. 475, 477, 476, 477, 478 (PhB 687, S. 61, 59, 60, 61).

70 Über die Epiphanie Christi und die durch ihn geschehene Versöhnung siehe Müller-Lüneschloß: Verhältnis von Natur und Geisterwelt (wie Anm. 64), S. 251–256.

71 Schelling: Sämmtliche Werke (wie Anm. 61), Abt. 1. Bd. 7, S. 483 (PhB 687, S. 67); die folgenden Zitate ebd., S. 483, 484 (PhB 687, S. 67, 68).

eschatologisch-apokalyptischen Geschehnisse lediglich mit wenigen Stichworten: Herrschaft Christi („des menschgewordenen Gottes"), Regierung des Geistes und Übergabe der Herrschaft Christi an Gott (1 Kor 15,24). Am Ende, so vermerkte er, wird schließlich „das Unendliche ganz endlich" sein und zwar „ohne Nachtheil seiner Unendlichkeit". Jetzt erst wird Gott „wirklich Alles in Allem [1 Kor 15,28]" und der „Pantheismus wahr" sein.

4. Bearbeitungen universaler Heilserwartungen und Apokatastasisvorstellungen in der Literatur des Sturm und Drang, der Klassik und Romantik

Auch in der deutschen Literatur vom letzten Drittel des 18. bis zur Mitte des 19. Jahrhunderts, also in den Epochen von Sturm und Drang, der Klassik und der Romantik, wurden wiederholt Vorstellungen und Ideen von der ‚Wiederbringung' oder der ‚Apokatastasis' aufgegriffen und poetisch bearbeitet, verändert und neu gestaltet. Im Folgenden soll zunächst auf die zwei Hauptvertreter von Sturm und Drang bzw. der Klassik, Goethe und Schiller, eingegangen werden. Sodann wird der Blick auf die beiden frühromantischen Dichter Achim von Arnim und Clemens Brentano sowie auf den Lyriker Friedrich Hölderlin gelenkt werden. Letzterer ist allerdings nicht eindeutig der Romantik zuzuordnen, da er auch mit der Klassik vielfältig verbunden ist.

4.1 Sturm und Drang sowie Klassik

Johann Wolfgang von Goethe

In den Werken und Briefen Goethes finden sich zahlreiche Hinweise, Bemerkungen und Ausführungen zur ‚Apokatastasis', deren Interpretation in der Forschung allerdings vielfach strittig ist. Bereits der junge Goethe hatte spätestens 1768/69 durch Susanna Katharina von Klettenberg einige Kenntnisse von der Lehre der Wiederbringung aller Dinge erhalten. Möglicherweise hat er diese Lehre aber schon früher durch die Lektüre von Gottfried Arnolds „Unpartheyischer Kirchen- und Ketzer-Historie" kennengelernt, da sich dieses voluminöse Werk in der Bibliothek seines Vaters befand. Klettenberg, eine gebildete, der Herrnhuter Brüdergemeine nahestehende Stiftsdame und religiöse Schriftstellerin, die mit Goethes Mutter verschwägert und befreundet war, hatte sich des jungen Goethe angenommen, als dieser im November 1768 aus dem Studium in Leipzig krank nach Frankfurt am Main zurückgekehrt war. Nach Klettenberg, die eine ‚undogmatische' Frömmigkeit pflegte, werden alle Menschen, die während ihres Lebens noch keine Wiedergeburt erfahren haben, im Jenseits „umgeschmolzen und am Ende" nach einem langen

Läuterungsprozess „durchs Feuer" selig werden.[72] Mit ihr zusammen las Goethe während seiner Rekonvaleszenz das „Opus mago-cabalisticum et theologicum" (1719) des Alchemisten Georg von Welling. Nach diesem neuplatonisch grundierten Werk werden alle aus Gott emanierten Wesen ohne Ausnahme zu ihrer „urständlichen Vollkommenheit" zurückkehren; anderenfalls hätte Gott zwei konträre Eigenschaften: Liebe und Zorn, was jedoch „teuflisch zu sagen, geschweige gar zu glauben" wäre.[73]

Sodann sei verwiesen auf Goethes Brief vom 14. Februar 1769 an seinen ehemaligen Leipziger Zeichenlehrer, den Maler, Bildhauer und Buchillustrator Adam Friedrich Oeser. Darin bemerkte er: „Kein Abbé wird den Origines verkleinern", d. h. kein Geistlicher wird in der Lage sein, die Größe des Origenes, dieses bedeutendsten Vertreters der Apokatastasislehre in der christlichen Antike, zu schmälern.[74]

Schließlich sei Goethes Ansprache „Zum Schäkespears Tag"[75] erwähnt, die er am 14. Oktober 1771 in seinem Elternhaus am Großen Hirschgraben in Frankfurt am Main hielt. In dieser Rede, in der er Shakespeare vor allem als einen Vorläufer von Sturm und Drang feierte, schwächte er u. a. den traditionellen Dualismus von Gut und Böse ab, indem er erklärte: Das Böse gehört immer auch irgendwie zum Guten. Damit rüttelte er aber – ohne es direkt auszusprechen – an der kirchlichen Lehre von dem dualen Ausgang der Menschheitsgeschichte.

Eine eindeutige Sympathiebezeugung des jungen Goethe für die Lehre von der ‚Wiederbringung' findet sich jedoch erst in seinem fiktionalen „Brief des Pastors zu*** an den neuen Pastor zu*** Aus dem Französischen".[76] In diesem kleinen, Anfang 1773 erschienenen theologischen Werk, wird – durch die Maske eines alten, erfahrenen Landgeistlichen – Goethes damalige Stellung zur ‚Apokatastasis' erzählerisch und rollenfiktiv verschattet deutlich. In diesem sogenannten Pastorenbrief

---

72 Susanna Catharina von Klettenberg: Die schöne Seele. Bekenntnisse, Schriften und Briefe. Hg. v. Heinrich Funck, Leipzig 1911, S. 274. Zu Klettenberg und ihrer Inklination zur Apokatastasis siehe Burkhard Dohm: Radikalpietisten und die ‚schöne Seele'. In: Hans-Georg Kemper u. Hans Schneider (Hg.): Goethe und der Pietismus (Hallesche Forschungen 6), Halle 2001, S. 111–134.

73 Georg von Welling: Opus mago-cabalisticum et theologicum. 3. Aufl., Frankfurt a.M./Leipzig 1785, S. 57.

74 Brief: Johann Wolfgang Goethe an Adam Friedrich Oeser, 14.2.1769. In Goethe: Werke (WA). IV. Abt.: Briefe. Bd. 1, Weimar 1887, Nr. 52, S. 203–206, hier S. 205, Z. 22–23. Vgl. Rolf Christian Zimmermann: Das Weltbild des jungen Goethe: Studien zur hermetischen Tradition des deutschen 18. Jahrhunderts. Bd. 1: Elemente und Fundamente, München 1969, S. 71 u. 82.

75 Johann Wolfgang Goethe: Zum Schäkespears Tag. In: Goethe: Werke (WA). I. Abt.: Werke. Bd. 37, Weimar 1896, S. 129–135.

76 Johann Wolfgang Goethe: Brief des Pastors zu *** an den neuen Pastor zu ***. Aus dem Französischen. In: Goethe: Werke (WA). I. Abt.: Werke. Bd. 37, Weimar 1896, S. 153–173. Über den Pastorenbrief siehe u. a. Thomas Tillmann: Hermeneutik und Bibelexegese beim jungen Goethe (Historia Hermeneutica. Series Studia 2), Berlin/New York 2006, S. 94–154.

expliziert der alte Pastor seinem in der Nachbargemeinde neu installierten jüngeren Amtsbruder seine Stellung zur lehramtlich anathematisierten Lehre von der Apokatastasis. Er drückt seine getroste Zuversicht aus, dass die „ewige(n) wiederbringende(n) Liebe" alle „Ungläubigen" am Ende der Zeit doch noch zum ewigen Heil zu führen wisse. Die Liebe werde den „unsterblichen und unbefleckten Funken, unsre Seele, aus dem Leibe des Todes" hinausführen und mit einem „neuen und unsterblich reinen Kleide" umhüllen.[77] Deshalb gibt es keinen Grund, an „jemands Seligkeit zu verzweifeln". Liebe und Gott sind für den alten Pastor also Synonyma. Jedoch gesteht er, es sei ihm aufgrund seiner langen Pfarramtspraxis sehr wohl bewusst, dass es sich hierbei um „keine Sache" handle, über die von der Kanzel herab gepredigt werden könne. Sein persönliches Missfallen an der traditionellen kirchlichen Lehre von der ewigen Verdammnis aller Ungläubigen fasst er jedoch unmissverständlich in die Worte: „Ich muß Euch gestehen, daß die Lehre von Verdammung der Heiden eine von denen [sc. Lehren] ist, über die ich wie über glühendes Eisen [i.S.v. ein heikles Thema] eile". Er bekennt seinem neuen Amtsbruder, dass er – wie viele „barmherzig[e]" Menschen – der Lehre von der Wiederbringung „verfallen" sei und dass sie ihn „insgeheim tröste". Der zur Zeit der Veröffentlichung des Pastorenbriefes schon weit bekannte Zürcher Theologe und Schriftsteller Johann Kaspar Lavater war, wie viele andere Zeitgenossen, von dem theologischen Traktat begeistert. Er las den Pastorenbrief als Goethes persönliches Credo und übersah geflissentlich oder verdrängte vielmehr die fiktiven Elemente des Textes. Mitte August 1773 nahm er brieflichen Kontakt zu dem acht Jahre jüngeren Goethe auf und besuchte ihn im nächsten Sommer auf seiner Hinreise zur Kur in Bad Ems und auch auf dem Rückweg für einige Tage in Frankfurt am Main.

Für die Zeit nach der Übersiedlung Goethes nach Weimar im November 1775 ist hinsichtlich der Apokatastasis-Thematik vor allem auf den zweiten Teil seiner Tragödie „Faust" (Faust II) zu verweisen, an dem er mit längeren Unterbrechungen von 1770 bis 1832 gearbeitet hat und der erst 1833 posthum in der Tübinger Cotta'schen Verlagsbuchhandlung im Druck erschienen ist.

In den beiden Schlussszenen von Faust II (Grablegung und Bergschluchten)[78], die bekanntlich recht unterschiedliche oder auch widersprechende Deutungen erfuhren, wird zunächst geschildert, wie Mephisto nach Fausts Tod aufgrund des geschlossenen Paktes irrigerweise annimmt, dass er nun endlich von dessen Seele Besitz ergreifen könne. Fausts „Unsterbliches" (‚Seele') wird jedoch im letzten Moment von Engeln himmelwärts fortgetragen. Mephisto klagt: „Die hohe

---

77 Goethe: Brief des Pastors (wie Anm. 76), S. 161, Z. 25 – S. 162, Z. 1; die folgenden Zitate ebd., S. 159, Z. 11; S. 156, Z. 21–23; S. 159, Z. 7 u. 10.

78 Johann Wolfgang Goethe: Faust. Zweiter Theil. In: Goethe: Werke (WA). I. Abt.: Werke. Bd. 15.1, Weimar 1888, S. 317–337, Z. 11603–12111.

Seele die sich mir verpfändet [i.S.v. im Pakt] / Die haben sie mir pfiffig weggepascht" (Z. 11830–11831). Sodann wird beschrieben, wie Fausts ‚Unsterbliches' durch Bergschluchten – vorbei an Gebirgshängen, an denen heilige Anachoreten lagern – zunächst in die untere und dann in die mittlere Jenseitsregion gelangt. Hier wird Fausts ‚Seele' von seligen Knaben, frühverstorbenen Kindern, mit den Worten empfangen: „Wer immer strebend sich bemüht / Den können wir erlösen" (Z. 11936–11937). Stets höher emporschwebend erreicht Fausts ‚Seele' – inzwischen von immer größeren himmlischen Heerscharen eskortiert – schließlich die höchste, reinste Himmelssphäre. Hier huldigt der Anachoret Doctor Marianus (Faust selber?) – im gebührenden Abstand – der herbeischwebenden Mater gloriosa (Jungfrau, Mutter, Königin, Göttin), die von heiligen Büßerinnen umgeben ist. Er bittet sie darum, Fausts ‚Seele' „Euch zu seligem Geschick / Dankend umzuarten [sc. zu vergöttlichen]" (Z. 12098–12099). Im Finale rühmt der Chorus Mysticus die Mater gloriosa, die gestaltgewordene Liebe: „Alles Vergängliche / ist nur ein Gleichnis / ; [...] Das Ewig-Weibliche / Zieht uns hinan" (Z. 12104–12105; 12110–12111).

Fausts ‚Erlösung' bzw. ‚Rettung' in Goethes Tragödie stellt, wie wiederholt bemerkt wurde, zweifelsohne einen Paradigmenwechsel in der damaligen Faust-Tradition dar, sieht man einmal von Lessings Schauspielfragment „Dr. Faust" (früheste Erwähnung 1755, Teildr. 1759) ab. In der traditionellen Faustdichtung – von dem Volksbuch „Historia Von D. Johann Fausten" (von Nicodemus Frischlin?) (1587, veröff. von dem Frankfurter Buchdr. Johann Spies) bis zu „The Tragicall History of D. Faustus" (verf. 1588/1592; erster Dr. 1604) des englischen Dichters Christopher Marlowe – wurde Faust wegen seiner schweren Missetaten (‚Todsünden': Mord, Unzucht, Zauberei, Neid und Habgier) gemäß der kirchlichen Glaubenslehre stets zu ewigen Höllenstrafen verdammt. Dagegen wird Faust im zweiten Teil von Goethes Tragödie trotz seiner verdammungswürdigen Vergehen schließlich Rettung bzw. Erlösung zuteil.

Fausts ‚Erlösung' in Goethes Tragödie erfuhr in der Forschung – bei allen Unterschieden im Detail – im Wesentlichen drei verschiedene Interpretationen, abgesehen von dem Versuch, den Schluss von Faust II. völlig unreligiös zu deuten. Erstens erblickte man in der ‚Apokatastasis' den eigentlichen Grund für Fausts Bewahrung vor seiner ewigen Verdammnis.[79] Faust wird, so meinte man, die ‚Erlösung' folgerichtig gewährt, denn die ‚Wiederbringung' impliziert die Rückkehr zum ‚göttlichen' Ursprung. In dem Zusammenhang verwies man meistens nachdrücklich darauf, dass Goethe schon sehr früh Apokatastasisvorstellungen kennengelernt hat und von ihnen bleibend beeinflusst gewesen ist. Zweitens sah man in Fausts

---

79 Siehe u. a. Arthur Henkel: Das Ärgernis ‚Faust'. In: Werner Keller (Hg.): Aufsätze zu Goethes „Faust II", Darmstadt 1991, S. 290–315. Vgl. Rolf Christian Zimmermann: Goethes „Faust" und die „Wiederbringung aller Dinge". Kritische Bemerkungen zu einem unkritisch aufgenommenen Interpretationsversuch, in: Goethe-Jahrbuch 11 (1994), S. 171–185.

titanischem Tatendrang und seinem fortwährenden Streben nach Vollendung den Grund für seine ‚Erlösung‘, d. h. für seine Fortexistenz als entelechische Monade.[80] Bereits im Monolog lässt Goethe nämlich Faust sagen, dass er entschlossen und bereit sei, „Auf neuer Bahn den Äther zu durchdringen / Zu neuen Sphären reiner Thätigkeit" (Faust I, Z. 704–705). Und im Schluss der Tragödie, nachdem Fausts ‚Unsterbliches‘ von Engeln in immer höhere Jenseitsregionen emporgetragen wurde, intoniert ein Engel: „Wer immer strebend sich bemüht, / Den können wir erlösen" (Z. 11934–11935). Drittens meinte man, dass im ‚Ewigweiblichen‘ das entscheidende Motiv für Fausts Bewahrung vor der Hölle zu sehen ist. Dabei interpretierte man das ‚Ewigweibliche‘ in den letzten beiden Schlussversen („Das Ewigweibliche / Zieht uns hinan" (Z. 12109–12110)) als schöpferische ‚Liebe‘. Diese verstand man entweder im christlichen Sinne als selbstlose, sich aufopfernde Agape (Caritas), durch die Faust – durch die Mater gloriosa – schließlich göttliche Begnadigung erlangt. Oder man verstand die ‚Liebe‘ im platonischen Sinn als Eros.[81] Wie der Eros, so resümierte Jochen Schmidt, im „Reich der Natur und des Schönen" als „schöpferisches, gestaltendes Prinzip wirkt, so im geistigen-mystischen Reich der Schlußszene [sc. von Faust II] als entelechische Kraft, die über alle Natur und alle Gewalt hinaus ins Ewige steigernd und verklärend sich selbst verklärt".[82]

Angesichts der divergierenden Deutungen von Fausts ‚Erlösung‘ ist zunächst darauf hinzuweisen, dass Goethe schon selbst geahnt hat, dass das Verständnis des Schlusses von Faust II große Schwierigkeiten bereiten werde. Im Gespräch mit Eckermann, seinem engen Vertrauten, am 17. Februar 1831 bemerkte er nämlich: „Wer sich nicht etwas umgetan hat [sc. in der Welt], und einiges erlebt hat", wird „nichts damit [sc. mit dem Schluss von Faust II] anzufangen wissen".[83] Davon abgesehen entziehen sich aber die beiden Schlussszenen in Faust II wohl vor allem deshalb einer einzigen Deutung, weil sich in ihnen mehrere Motive für Fausts ‚Erlösung‘ relativ unverbunden nebeneinander finden. Diese wurden (und werden) in der Forschung – aufgrund unterschiedlicher Vorverständnisse sowie Interpretationsansätze und -methoden – jeweils mehr oder weniger exklusiv gedeutet. Trotz aller Bedenken sollte dagegen versucht werden, die verschiedenen Moti-

---

80 Vgl. Jochen Schmidt: Goethes Faust. Erster und zweiter Teil. Grundlagen – Werk – Wirkung. 3. Aufl., München 2011, S. 287–288.
81 Diese Deutung vertritt Schmidt in Goethes Faust (wie Anm. 80), ebd., S. 289–301. Hier ebd., S. 285: „Dort [sc. in der Schlussszene] bestimmt die Liebe alles Geschehen, immer höher trägt sie Fausts „Unsterbliches" empor – nicht als christliche Liebe, nicht als Agape (Caritas), sondern als Eros, wie ihn Platon in seinem Symposion darstellt: als sublimierende Kraft, die vom Sinnlichen Stufe um Stufe bis zum Absoluten emporführt."
82 Schmidt: Goethes Faust (wie Anm. 80), S. 301.
83 Goethe's Gespräche. Gesamtausgabe. Neu hg. v. Flodoard Biedermann u. a. 2. Aufl. Bd. 4, Leipzig 1910, Nr. 2918, S. 329.

ve für Fausts Errettung kohärent und komplementär zu interpretieren. Dadurch könnte im „Ewigweiblichen" – also in der Liebe im weitesten Sinne verstanden – durchaus das prävalierende Motiv seiner ‚Erlösung' gesehen werden, ohne die Bedeutung des Apokatastasis hierfür zu negieren. Denn immerhin war Goethe mit der ‚Apokatastasis' nicht nur seit seiner Jugend vertraut, sondern er hat sich auch in Faust II ausdrücklich zu ihr bekannt: In der Grablegungsszene erfleht der vorletzte Engelschor die Erlösung aller Menschen, „um in dem Allverein / selig zu sein"; und der letzte Engelschor bricht in den Jubelruf aus: „Alle vereinigt / Hebt euch und preist!" (Z. 11807–11808; 11821–11822).

Friedrich Schiller

Die Stellung Friedrich Schillers (1759–1805) zur ‚Apokatastasis' wird in der Forschung unterschiedlich beurteilt. Jedoch meint nur eine Minorität, bei ihm – zumindest in seinen frühen Jahren – eine Inklination zur ‚Apokatastasis' aufweisen zu können. Hierbei wird besonders auf seine bekannte Ode „An die Freude"[84] verwiesen. Verfasst hat Schiller diese Ode 1785 auf Anregung des Juristen und Schriftstellers Christian Gottfried Körner, seit 1783 Rat im Oberkonsistorium in der kurfürstlich sächsischen Residenzstadt Dresden, bei welchem er nach seiner Flucht aus dem Herzogtum Württemberg von 1785 bis 1787 großzügig Aufnahme gefunden hatte. Seinem Mäzen und dessen Ehefrau Minna widmete er dann diese Ode, die erstmals 1786 in der Zeitschrift „Thalia" veröffentlicht wurde. Da Schiller sie aber, wie er an Körner schrieb, für „durchaus fehlerhaft" hielt,[85] arbeitete er weiterhin an ihr. In der zweiten Fassung (1803) ist die erste Strophe leicht verändert und die letzte Strophe mit ihren zwölf Versen völlig gestrichen.

Bereits 1800 konnte Schiller in seinem soeben erwähnten Brief an Körner schreiben, dass seine Ode „An die Freude" die „Ehre" erhalten habe, „gewißermaßen ein Volksgedicht" zu werden. Ihr Bekanntheitsgrad wuchs bald noch mehr, da sie zahlreiche Vertonungen erfuhr, u. a. von Johann Friedrich Reichardt (1796) und Franz Schubert (1815). Weltberühmt wurde sie aber erst durch die musikalische Umsetzung von Ludwig van Beethoven. In seiner 1824 uraufgeführten Neunten

84 Friedrich Schiller: An die Freude. In: Schiller: Werke. Nationalausgabe. Bd. 1: Gedichte (Text) 1776–1799. Hg. v. Julius Petersen u. Friedrich Beißner, Weimar 1943 (ND 1992), S. 169–172 (Frühfassung); Bd. 2. Teil 2B: Gedichte (Anm.). Hg. v. Georg Kurscheidt u. Norbert Oellers, Weimar 1993, S. 135–136. Vgl. ebd., Bd. 2. Teil 1: Gedichte (Text) 1799–1805. Hg. v. Norbert Oellers, Weimar 1983, S. 185–187 (Spätfassung); Bd. 2. Teil 2A: Gedichte (Anm.). Hg. v. Georg Kurscheidt u. Norbert Oellers, Weimar 1991, S. 146–152. Zu dieser Ode siehe Helmut Koopmann (Hg.): Schiller-Handbuch. Stuttgart 1998. Vgl. Peter-André Alt: Schiller. Leben-Werk-Zeit. Eine Biographie, München 2000, S. 252–255.
85 Brief: Friedrich Schiller an Christian Gottfried Körner, 21.10.1800. In: Schiller: Werke (wie Anm. 84). Bd. 30: Briefwechsel. Schillers Briefe. 1.11.1998–31.12.1800. Hg. v. Lieselotte Blumenthal, Weimar 1961 (ND 1990), Nr. 245, S. 206–207, hier S. 206, Z. 28–29; das folgende Zitat ebd., S. 206, Z. 34.

Symphonie (Symphoniekantate) finden sich im Finalsatz mehrere Textpassagen aus „An die Freude", gesungen von Solisten und einem Chor. Das Hauptthema des Schlusssatzes ist seit 1985 offizielle Hymne der Europäischen Union und des Europarats.

Schillers Ode „An die Freude" (1785) besteht aus neun Strophen, die jeweils durch einen Refrain (Chor) intensiviert werden. Ihr Thema ist die Freude, der „Götterfunke(n)", ein damals gängiger literarischer Topos: Die Freude macht die Menschen über alle Konfessions- und Konventionsschranken sowie Ländergrenzen hinweg nicht nur zu Brüdern, sondern verbindet sie auch mit Gott. Sie lässt die Menschen Gott als liebenden „Vater" erkennen, der über dem „Sternenzelt" wohnt.

In der langen Interpretationsgeschichte der Ode findet sich, wie erwähnt, gelegentlich die Auffassung, in diesem Gedicht Schillers leuchte die Hoffnung auf das eschatologische ‚Heil' aller Menschen, d. h. auf die ‚Apokatastasis', deutlich auf.[86] Hierbei rekurrierte man auf einige Verse bzw. Passagen in der letzten Strophe: „Allen Sündern soll vergeben, / Und die Hölle nicht mehr sein" und „Großmut auch dem Bösewicht" (Z. 7–8 u. 2) und machte auf die sechste Strophe aufmerksam: „Groll und Rache sei vergessen" (Z. 5). Vor allem wurde aber nachdrücklich auf die beiden Schlussverse des ersten Chors hingewiesen: „Brüder – überm Sternenzelt / Muß ein lieber Vater wohnen" (Z. 11–12). Diese Anrede Gottes als „lieber Vater", der über dem „Sternenzelt" wohnt und sich allen Menschen zuwendet, brachte man in Verbindung zur ‚Liebestheologie' und der mit ihr verknüpften Wiederbringungslehre des pietistischen Pfarrers, Astronomen und Feinmechanikers Philipp Matthäus Hahn, der zunächst in Kornwestheim und seit 1781 in Echterdingen wirkte. Nach der ‚Liebestheologie' dieses württembergischen Pietisten ist es das Ziel und der Zweck des „Vorsatzes [der festen Absicht, des Entschlusses]" Gottes,[87] dass die Liebe – durch Christus und seine Gemeinde – „das ganze All" durchdringt.[88] Diesen theologischen Ansatz rezipierte aus Hahns schwäbischem Freundeskreis besonders Karl Friedrich Harttmann, von 1774 bis 1777 Prediger und Professor für Religion an der Militär- und Kunstakademie (seit 1881 Hohe Karlsschule) im Schloss Solitude bei Gerlingen (seit 1775 in Stuttgart). Zu dessen Eleven gehörte

---

86 Hierzu und zum Folgenden siehe bes. Reinhard Breymayer: Astronomie, Kalenderstreit und Liebestheologie. Von Erhard Weigel und seinem Schüler Detlev Clüver über Friedrich Christoph Oetinger und Philipp Matthäus Hahn zu Friedrich Schiller […], Dußlingen 2016.

87 Philipp Matthäus Hahn: Kornwestheimer Tagebücher 1772–1777. Hg. v. Martin Brecht u. Rudolf F. Paulus (TGP Abt. VIII, 1), Berlin/New York 1979, S. 46.

88 Philipp Matthäus Hahn u. Jakob Friedrich Klemm: „Etwas zum Verstand des Königreichs Gottes und Christi" („Fingerzeig") – samt einem Auszug aus dem „Theologischen Notizbuch" von Philipp Matthäus Hahn mit neun ausgewählten Abhandlungen aus dem zeitlichen Umfeld der Epheserauslegung 1774. Hg. v. Walter Stäbler (Kleine Schriften des Vereins für Württembergische Kirchengeschichte 20), Stuttgart 2016, S. 69. Über Hahns Apokatastasisvorstellungen siehe ebd., S. 218–220.

damals auch Schiller, der von 1773 bis 1782 Schüler und später Regimentsmedikus an dieser Herzoglichen Schule war. Dass Schiller von Hahns ‚Liebestheologie' Kenntnis hatte, zeigt seine Rede, die er Anfang 1780 in dieser Akademie hielt: „Die Tugend in ihren Folgen betrachtet".[89] Darin führte er aus: „Die Liebe ist es, die aus der gränzenlosen Geisterwelt eine Einzige Familie […] eines allliebenden Vaters macht. Liebe ist der zweite Lebensodem in der Schöpfung; Liebe das große Band des Zusammenhangs aller denkenden Naturen".

Obwohl Schiller während seiner achtjährigen Studienzeit an der universitätsähnlichen Karlsschule den schwäbischen Pietismus – zumindest durch Harttmann – durchaus kennengelernt hat, kann daraus nicht ohne weiteres gefolgert werden, dass er von diesem irgendwie tiefer beeinflusst wurde und ihn bei der Abfassung der Ode „An die Freude" mitbestimmt hat. Denn Schiller hatte auf der Karlsschule nicht nur den Pietisten Harttmann zum Lehrer, sondern auch den Spätaufklärer Jacob Friedrich Abel, mit dem er bekanntlich zeitlebens in Dankbarkeit verbunden geblieben ist. Dieser war hier von 1772 bis 1790 Professor für Philosophie, Psychologie und Moral. Nach dessen herzoglich approbiertem „Entwurf zu einer Generalwissenschaft" ist es Aufgabe der Philosophie, nicht nur den „Verstand", sondern auch das „Herz" zu verbessern; sie soll die Studierenden zu „vernünftigen und brauchbaren Menschen machen".[90] Dieses Erziehungsziel wollte er durch die von ihm entwickelte ‚Liebesphilosophie' erreichen, die in seinen Ethikvorlesungen einen breiten Raum einnahm. In diese ‚Liebesphilosophie' konnte die Vorstellung von Gott als ein alle Menschen liebender Vater ohne weiteres integriert werden. Deshalb ist Schiller, der bis zu seiner Beschäftigung mit Kant (1791) stark unter dem Einfluss der Aufklärung stand, bei der Niederschrift seiner Ode mit ziemlicher Sicherheit vor allem von Abels aufklärerischer ‚Liebesphilosophie' (mit)bestimmt gewesen und nicht von Harttmanns pietistischer ‚Liebestheologie'.

4.2 Romantik

In der Romantik mit ihrer Offenheit für das Religiöse im weiteren Sinne wurden universale Heilserwartungen bzw. ‚Apokatastasisvorstellungen' häufig literarisch und poetisch bearbeitet und umgeformt. Paradigmatisch soll zunächst auf Friedrich Hölderlin, sodann auf die Dichter und Schriftsteller Achim von Arnim und Clemens

---

89 Friedrich Schiller: Die Tugend in ihren Folgen betrachtet. In: Schiller: Werke (wie Anm. 84). Bd. 20: Philosophische Schriften. Teil 1. U.M.v. Helmut Koopmann hg. v. Benno von Wiese, Weimar 1962 (ND 2001), S. 30–36; das folgende Zitat ebd., S. 32, Z. 21–32.

90 Jacob Friedrich Abel: Entwurf zu einer Generalwissenschaft vom 13.12.1773. In: Abel: Eine Quellenedition zum Philosophieunterricht an der Stuttgarter Karlsschule (1773–1782). Mit Einl., Übers., Komm. und Bibl., hg. v. Wolfgang Riedel, Würzburg 1995, S. 15–23, hier S. 17.

Brentano, die beiden Hauptvertreter der sogenannten Heidelberger Romantik, eingegangen werden.

Friedrich Hölderlin

In der Dichtung Hölderlins (1770–1843) begegnen bekanntlich wiederholt universale Heilserwartungen bzw. ‚Apokatastasisvorstellungen'. Möglicherweise lernte Hölderlin, der aus württembergischen Rats- und Pfarrersfamilien stammte, die im schwäbischen Pietismus weit verbreitete Lehre von der Wiederbringung aller Dinge ansatzweise schon in seiner Kindheit und Jugend durch seine vom Pietismus geprägte Mutter und Vormundin Johanna Christiana, geb. Heyn sowie durch seine pietistischen Lehrer kennen. Nähere Kenntnisse von der Wiederbringungslehre erhielt er jedoch erst später durch die selbstständige Lektüre der Schriften der schwäbischen Theologen Bengel, Oetinger und Philipp Matthäus Hahn sowie der Werke Schellings, Schleiermachers und anderer. Ob sich aber bereits der junge Hölderlin intensiver mit der Wiederbringungslehre auseinandergesetzt hat, ist zweifelhaft. Jedenfalls lässt sich eine solche Beschäftigung weder für seine Jugendzeit in Nürtingen, Denkendorf und Maulbronn noch für die ersten Jahre seines Aufenthalts im Tübinger Stift (seit 1788) quellenmäßig belegen.[91] Vielmehr vertrat er damals nachweislich die traditionelle kirchliche Lehre von einem dualen Ausgang der Menschheitsgeschichte. Erst nach seinem Weggang aus Tübingen im Jahre 1793 lassen sich in seinen Werken wiederholt universale Heilserwartungen bzw. ‚Apokatastasisvorstellungen' nachweisen, so beispielsweise in den beiden Hymnen „Friedensfeier" und „Patmos".

Die Hymne „Friedensfeier"[92] entwarf Hölderlin bald nach dem von ihm enthusiastisch begrüßten Friedensschluss von Lunéville (Februar 1801) und vollendete sie wohl spätestens 1802/1803. Von diesem Gedicht existiert außer der nicht genau datierbaren (1802?), erst 1954 entdeckten Reinschrift, die für eine geplante Druckveröffentlichung bestimmt war, ein fragmentarischer ‚Entwurfskomplex'[93], d. h. ein Konvolut verschiedener Entwürfe dieses Gedichts, aus dem Jahre 1801. Die Hymne wird in der Hölderlinforschung sehr kontrovers interpretiert.[94] Hierbei ist vor allem strittig, um wen es sich bei dem „Fürsten des Fests" (Z. 15) handelt,

---

91 Hierzu und zum Folgenden siehe Priscilla A. Hayden-Roy: Zwischen Himmel und Erde: der junge Friedrich Hölderlin und der württembergische Pietismus, in: HJb 35 (2006/2007), S. 30–66 (Lit!). Vgl. dies.: „A Foretaste of Heaven". Friedrich Hölderlin in the Context of Württemberg Pietism (Amsterdamer Publikationen zur Sprache und Literatur 114), Amsterdam 1994.

92 Friedrich Hölderlin: Friedensfeier. In: Hölderlin: Werke in zwei Bänden. Hg. v. Günter Mieth (BDK 20 u. 21). Bd. 1, München/Wien 1978 [1982], S. 365–370, 1064–1069 (Anmerkungen).

93 Hölderlin: Friedensfeier (wie Anm. 92), S. 1064–1069 (Entwurfskomplex).

94 Hierzu siehe bes. Jochen Schmidt: Hölderlins geschichtsphilosophische Hymnen „Friedensfeier", „Der Einzige", „Patmos", Darmstadt 1990, S. 9–105.

welcher die Einladung zur Friedensfeier ausgehen lässt: Napoleon Bonaparte, Christus, eine mythische Gestalt, Gott. Unter Einbeziehung des ‚Entwurfskomplexes‘ sprechen gewichtige Gründe dafür, dass mit dem „Fürsten des Fests" wohl Gott der „Vater" (Z. 75) gemeint ist. Dieser macht sich in einer Epiphanie als „der Geist / Der Welt" (Z. 77–78) kund und lädt zu einem endzeitlichen Friedensmahl ein. Diese Einladung ergeht an alle, denn der Fürst des Festes wird ausdrücklich der „Allversammelnde" (Z. 103) genannt. Vorrangig eingeladen sind allerdings die mannigfachen göttlichen Manifestationen, durch die sich der „Vater" (Z. 75) in Vergangenheit und Gegenwart, in Natur und Geschichte den Menschen vielfältig kundgetan hat und noch kundtut. Der allseits anerkannte Anführer der Manifestationen ist Christus, der „Sohn" (Z. 73), der „freundlichernst" (Z. 41) und „mild" (Z. 48) den Menschen zugetan ist. Durch ihn sind zum einen alle anderen göttlichen Manifestationen mit- und untereinander verbunden (Kol 1,15–20); zum anderen „hängen [vgl. Kol 1,17]" alle an ihm, an „ihr Geliebtestes" (Z. 108–109). Zu diesem endzeitlichen Fest sind aber auch alle jemals Dagewesenen gerufen: die „Unsterblichen" (Z. 116–118) und die Sterblichen. Sie sollen versöhnt und in Frieden miteinander vereint werden.[95] „Alles gefällt jetzt, / Einfältiges aber / Am meisten" (Z. 133–135). Die „Friedensfeier" mit dem geplanten Festmahl kann deshalb, wie Jochen Schmidt überzeugend nachgewiesen hat, als ein „Zeichen der All-Versöhnung"[96] verstanden werden, als Ausdruck der Hoffnung auf universale Versöhnung und Frieden am Ende der Zeit.

Jedoch liegen keinesfalls sämtlichen Texten Hölderlins, in denen Hoffnung, Frieden, Versöhnung und Wiedervereinigung thematisiert und dichterisch bearbeitet sind, ‚Apokatastasisideen‘ im weitesten Sinne zugrunde, wie mehrfach angenommen oder vage vermutet wurde. Dahingehend hat man beispielsweise wiederholt das bekannte Hölderlinzitat gedeutet: „Wie der Zwist der Liebenden, sind die Dissonanzen der Welt. Versöhnung ist mitten im Streit und alles Getrennte findet sich wieder. Es scheiden und kehren im Herzen die Adern und einiges, ewiges, glühendes Leben ist Alles".[97] Dieses Zitat aus dem Schluss des zweiten Bandes seines „Hyperion" dürfte wohl nicht so sehr als Versöhnung, sondern – im Heraklitischen Sinne – als Vereinigung entgegengesetzter Größen, als eine Kohärenz konträrer

---

95 Siehe Schmidt: Hölderlins geschichtsphilosophische Hymnen (wie Anm. 94), S. 92–97, 98–100.

96 Schmidt: Hölderlins geschichtsphilosophische Hymnen (wie Anm. 94), S. 5.

97 Friedrich Hölderlin: Hyperion oder Der Eremit in Griechenland. In: Hölderlin: Sämtliche Werke (Grosse Stuttgarter Ausgabe). Bd. 3. Hyperion. Hg. v. Friedrich Beißner, Stuttgart 1957, S. 160. Vgl. Friedrich Hölderlin: Hyperion oder Der Eremit in Griechenland. In: Hölderlin: Werke (wie Anm. 92), Bd. 1, München/Wien 1978 [1982], S. 744.

Kräfte oder als eine ‚komplementäre Harmonie' zu verstehen sein, woraus neues dynamisches Leben in Gegensätzen entsteht.[98]

Achim von Arnim und Clemens Brentano

Die in der Romantik häufige Rezeption und Bearbeitung von ‚Apokatastasisvorstellungen' lässt sich paradigmatisch am Lied „O Röschen roth!" verdeutlichen. Es findet sich in der von Achim von Arnim (1781–1831) und seinem Studienfreund und späteren Schwager Clemens Brentano (1778–1842) geschaffenen dreibändigen Anthologie „Des Knaben Wunderhorn".[99] Diese zwischen 1805 und 1808 erschienene Liedersammlung, deren ersten Band Goethe rezensiert und sehr gelobt hat,[100] umfasst 723 Lieder unterschiedlicher Provenienz und Liedgattung: Liebes-, Kinder-, Wander- und Soldatenlieder vom Mittelalter bis ins 18. Jahrhundert. Beim Sammeln der Texte wurden Arnim und Brentano von etwa fünfzig Beiträgern unterstützt, so von den Brüdern Jacob und Wilhelm Grimm, den Herausgebern der weltberühmten „Kinder- und Hausmärchen".

Das Lied „O Röschen roth!" findet sich im zweiten Band der Anthologie, der ausschließlich von Brentano redigiert und 1808 in Heidelberg gedruckt wurde.[101] Den Text dieses Liedes hatte er von Wilhelm Grimm zugesandt bekommen. Es trug ursprünglich die Überschrift „Todesgebät". Für den Druck übernahm Brentano jedoch nicht diesen Titel, sondern versah das Lied mit der neuen Überschrift „Urlicht".

In diesem Lied, das nur zehn Verse umfasst, wird zunächst festgestellt, dass das menschliche Leben zutiefst von „Noth" und „Pein" (Z. 2–3) durchdrungen und gekennzeichnet ist. Angesichts dieser leidvollen existenziellen Erfahrung erwacht im Menschen die Sehnsucht nach der himmlischen Heimat. Es ergreift ihn ein großes Verlangen nach dem „Himmel" (Z. 4). Um dorthin zu gelangen, macht er sich auf den Weg. Ein Engel tritt ihm jedoch entgegen und versperrt den „breiten"

---

98 Siehe hierzu und dem Folgenden Dieter Bremer: „Versöhnung ist mitten im Streit". Hölderlins Entdeckung Heraklits, in: HJb 30 (1996/1997), S. 173–199.

99 Achim von Arnim u. Clemens Brentano (Hg.): Des Knaben Wunderhorn. Alte deutsche Lieder gesammelt von Achim von Arnim und Clemens Brentano. Kritische Ausgabe. Hg. u. komm. v. Heinz Rölleke. 3 Bde., Stuttgart 1987; über „Des Knaben Wunderhorn" siehe Nachwort, ebd., Bd. 3, S. 557–581. Vgl. Heinz Rölleke: Die Auseinandersetzung Clemens Brentanos mit Johann Heinrich Voß über „Des Knaben Wunderhorn", in: JbFDH 1968, S. 283–328; ders.: Anmerkungen zu „Des Knaben Wunderhorn". In: Detlev Lüders (Hg.): Clemens Brentano. Beiträge des Kolloquiums im Freien Deutschen Hochstift, 1978, Tübingen 1980, S. 276–294.

100 Johann Wolfgang Goethe: Rezension Des Knaben Wunderhorn [...] herausgegeben von Arnim und Clemens Brentano. 1806. in: Goethe: Werke (WA). I. Abt.: Werke. Bd. 40, Weimar 1901, S. 337–359, hier bes. S. 337.

101 Arnim u. Brentano (Hg.): Des Knaben Wunderhorn (wie Anm. 99), Bd. 2, S. 18 (II 11a); vgl. S. 426–427 (II 11a) (Kommentar).

Weg (Z. 4; vgl. Mt 7,13). Der Mensch beharrt aber hartnäckig darauf, seinen Weg fortsetzen zu dürfen: Er sei „von Gott" und wolle „wieder zu Gott" (Z. 8), d. h. er will dorthin zurück, woher er gekommen ist. Er ist sich gewiss, dass der „liebe Gott" ihm dazu ein „Lichtchen" (Z. 9) geben werde. Das werde ihm auf dem Weg „leuchten", bis er in das „ewig selig Leben" (Z. 10) gelangt ist.

Die ursprüngliche Überschrift „Todesgebät", mit welcher die Vorlage des Liedes „O Röschen roth!" versehen war, weist darauf hin, dass es vormals ein Bittgebet um die ewige Seligkeit gewesen ist. Das war zweifelsohne vor allem im Hinblick auf die ersten drei Verse des Liedes geschehen, besonders wegen der Exklamation: „Der Mensch liegt in gröster Noth, / Der Mensch liegt in gröster Pein" (Z. 2–3). Durch die von Brentano gewählte neue Überschrift „Urlicht" verlagerte sich der Akzent des Liedes jedoch jetzt auf die Verse acht bis zehn. Nun kommt im Lied vor allem die feste Zuversicht zum Ausdruck: Der Mensch wird wieder zu Gott zurückkehren; er wird heim finden. Diese feste Zuversicht wird in den Schlussversen doppelt begründet. Erstens wird damit argumentiert, dass der Mensch „von Gott" (Z. 8) herkommt. Ihm verdankt er aber nicht nur sein Dasein, sondern auch seine ,göttliche' Qualität. Deshalb will und kann er zu seinem ,Ursprung' zurückkehren. Zweitens wird die Hoffnung auf eine Rückkehr zu Gott damit begründet, dass der Mensch von Gott ein ,Lichtchen' erhalten wird, welches ihm ermöglicht, den Weg in die Ewigkeit zu finden. Dabei handelt es sich aber – nach Brentanos neuer Liedüberschrift – nicht um irgendein beliebiges Licht, sondern um das „Urlicht".

Das Wort Urlicht war seit dem ausgehenden 18. Jahrhundert geläufig und weit verbreitet.[102] Es begegnet in Dichtung und Prosawerken von der Empfindsamkeit bis zur Romantik und bedeutet ein Licht von hoher oder höchster Qualität. Letztlich ist „Urlicht" jedoch eine Metapher für Gott. Gott selber ist es, der den Menschen – und zwar jeden ohne Ausnahme – in die himmlische Heimat, in die ewige Heimat zurückleitet. Durch die neue Überschrift des Liedes hat also der romantische Dichter Brentano die ,Apokatastasis' zum eigentlichen Thema des Liedes gemacht.

In diesem Sinne hat auch der spätromantische Komponist Gustav Mahler das Lied „O Röschen roth" („Urlicht") verstanden. Er setzte es im Juli 1893 in seinem Komponierhäusl in Steinbach am Attersee in Töne für Singstimme und Klavier.[103] Es gehört zu den zwölf Liedern, gemeinhin „Wunderhorn-Lieder" genannt, die er

---

102 Siehe Deutsches Wörterbuch von Jacob und Wilhelm Grimm. 2. Aufl. Bd. 24 (Bd. 11. Abt. III, Leipzig 1936), ND (dtv 5945) München 1984, Sp. 2480–2481.
103 Hierzu siehe Gustav Mahler: Sämtliche Werke. Neue Kritische Gesamtausgabe. Hg. v. der Internationalen Gustav Mahler Gesellschaft Wien. Bd. 14/2: Des Knaben Wunderhorn. Gesänge für eine Singstimme mit Orchesterbegleitung. Vorgelegt v. Renate Stark-Voit, Wien 2010. Über das „Urlicht" siehe ebd., S. 361–363, 395–396. Die folgende Bemerkung Mahlers zum „Urlicht" ist zitiert nach Natalie Bauer-Lechner: Erinnerungen an Gustav Mahler, Leipzig u. a. 1923, S. 23. Vgl. Herbert

aus „Des Knaben Wunderhorn" zwischen 1892 und 1901 vertonte. Über das Gedicht („Urlicht") sagte Mahler, der von der Frage nach dem Eschaton zutiefst bewegt war, zu seiner langjährigen engen Vertrauten, der Wiener Bratschistin Natalie Bauer-Lechner, nach deren Aufzeichnungen: Das ‚Urlicht' ist „das Fragen und Ringen der Seele um Gott und ihre eigene ewige Existenz". Dieses Lied orchestrierte Mahler auch in seiner Zweiten Symphonie, der Auferstehungssymphonie (uraufgeführt 1895), im vierten Satz für Sopran- und Altsolistinnen sowie gemischten Chor und gab ihm ebenfalls den Titel „Urlicht".

Resümierend lässt sich feststellen: In der Zeit vom Ende der Aufklärung bis zum Beginn des 20. Jahrhunderts war in der evangelischen Theologie und Kirche die Erwartung des eschatologischen Heils für alle Menschen weiterhin thematisch und diskursorisch präsent, jedoch recht verschieden in Form und Inhalt sowie mit unterschiedlicher theologischer und metaphysischer Begründung. Dabei ist das nunmehr verstärkte Interesse an der Relevanz der universalen Heilserwartung für das gegenwärtige individuelle und gesellschaftliche Leben augenfällig und bemerkenswert. Zu dieser Neuperspektivierung kam es, weil der theologischen Hermeneutik eschatologisch-apokalyptischer Texte aus dem Alten und Neuen Testament – unter dem Einfluss Schleiermachers und der Liberalen Theologie – inzwischen eine vermehrte Aufmerksamkeit geschenkt wurde. Dagegen lehnte man in den beiden damaligen evangelischen Frömmigkeitsbewegungen, der Erweckungs- bewegung und der Gemeinschaftsbewegung, die Lehre von der Wiederbringung aller Dinge bzw. der Allversöhnung aufgrund eines biblizistischen Verständnis- ses der Heiligen Schrift zumeist entschieden ab. Im deutschen Katholizismus, seit der zweiten Hälfte des 19. Jahrhunderts weitgehend dem Antimodernismus und Ultramontanismus verhaftet, hielt man lehramtlich strikt am dualen Ausgang der Menschheitsgeschichte fest. Nur bei einigen namhaften katholischen Theologen zeichnete sich eine gewisse Inklination zum eschatologischen Heilsuniversalis- mus ab oder zeigte sich sogar mehr oder weniger deutlich. In der Philosophie des Deutschen Idealismus waren ‚Apokatastasisvorstellungen' auf mannigfache Art und Weise virulent. Geprägt waren sie, wie paradigmatisch an der Philosophie Schellings deutlich wird, keineswegs nur von der christlichen Tradition, sondern auch von den vielfältigen paganen Apokatastasisideen. Auch in der damaligen Lite- ratur und Dichtung (Sturm und Drang, Klassik und Romantik) wurden universale Heilserwartungen öfters aufgegriffen und literarisch oder poetisch bearbeitet und umgeformt. Bei der Bearbeitung und Transformation machte sich – unter dem Einfluss von Aufklärung und Idealismus – eine allmähliche, graduelle Loslösung von den traditionellen eschatologischen Vorstellungen des christlichen Glaubens – auch hinsichtlich der universalen Heilshoffnung – bemerkbar.

VIII. Universale Heilshoffnungen in Theologie und Kirche sowie Apokatastasisvorstellungen in Literatur und Musik des 20. Jahrhunderts

Im Rahmen dieses geschichtlichen Überblicks können die im 20. Jahrhundert erstellten und diskutierten Entwürfe vom eschatologischen Heil aller Menschen bzw. Apokatastasisvorstellungen wiederum nur anhand einiger weniger ausgewählter Beispiele aus Theologie und Kirche sowie aus Literatur und Musik in groben Zügen skizziert werden. Zudem ist eine Beschränkung auf den deutschen Sprachraum notwendig, obgleich zur gleichen Zeit in den anglo-amerikanischen und skandinavischen Ländern eine lebhafte Auseinandersetzung über das „problem of universal salvation" erfolgte.[1]

1. Protestantismus und universale Heilshoffnung

Evangelische Theologie und Kirche

In der deutschen evangelischen Theologie und Kirche kam es bald nach dem Ende des Ersten Weltkriegs zu einer Neubesinnung auf die grundlegende Bedeutung der Eschatologie für den christlichen Glauben, wobei vielfach auch das Theologumenon vom eschatologischen Heil aller Menschen explizit thematisiert wurde. Diese Neuorientierung, die sich im Kontext des allgemeinen Krisenbewusstseins in den Nachkriegsjahren vollzog, war aufs engste verknüpft mit der Dialektischen Theologie und besonders mit der Theologie des reformierten Schweizer Theologen Karl Barth (1886–1968). Dieser hatte 1922 pointiert erklärt: „Christentum, das nicht ganz und gar und restlos Eschatologie ist, hat mit Christus ganz und gar und restlos nichts zu tun".[2]

Nach Barths berühmter und oft verhandelter Lehre von der ‚Gnadenwahl Gottes', dargestellt vor allem im 2. Halbband des zweiten Bandes seines Hauptwerkes: „Die Kirchliche Dogmatik",[3] vollzieht der Mensch durch sein sündiges Tun seine

---

1 Hierzu siehe bes. Esteban Deak: Apokatastasis. The problem of universal salvation in twentieth century theology, Toronto 1961 (1979), S. 174–180 (The Norwegian church controversy), S. 180–192 (The English scene) u. S. 192–198 (The North-American scene). Zitat im Nebentitel.

2 Karl Barth: Der Römerbrief (Zweite Fassung). Hg. Cornelis van der Kool. In: Barth: Gesamtausgabe. Werke. Bd. 14, Zürich 2010, S. 298.

3 Karl Barth: Die Kirchliche Dogmatik. Die Lehre von Gott. Bd. II/2, § 32–35. Gottes Gnadenwahl. I. u. II. Teil, Zürich 1942. In: Barth: Studienausgabe. Bd. 10 [Gottes Gnadenwahl. I. Teil § 32–33] u.

Trennung von Gott und führt dadurch seine ewige Verdammnis selbst herbei. Jedoch entgeht er seiner verdienten Strafe, da Jesus Christus, der einzige von Gott Erwählte, die Verwerfung aller Menschen stellvertretend auf sich gezogen hat. Er wurde an ihrer statt verworfen, „damit außer ihm keiner verloren gehe".[4] Gott hat also in Christus alle Menschen dazu erwählt, sein Erbarmen zu finden. Deshalb hat man Barths eschatologische Heilshoffnung für alle Menschen wiederholt als ‚Apokatastasis' bezeichnet, so der reformierte Theologe Emil Brunner (1889–1966), sein einstiger Weggefährte und Mitbegründer der Dialektischen Theologie. Er warf Barth vor, die Apokatastasis weitaus radikaler als „Origenes und seine Nachfolger" zu vertreten.[5] Nach Barths Lehre habe nämlich Jesus, der „einzige erwählte, so auch der einzige verworfene Mensch" für „alle andern Menschen die Hölle verschlossen, Verdammnis und Gericht abgetan". Diese Schlussfolgerung aus Barths Lehre von der ‚Gnadenwahl Gottes' zu ziehen, ist unzutreffend. Barth hat stets die absolute Souveränität und Freiheit Gottes betont. Deshalb erklärte er auch mit Nachdruck, dass es keine Garantie für ein eschatologisches Heil aller Menschen geben könne. Das heißt, man kann, so Barth, „unter Respektierung der Freiheit der göttlichen Gnade" nicht mit Sicherheit davon ausgehen, dass alle Menschen ohne Ausnahme das Heil erlangen werden.[6] Dennoch müssen und dürfen wir „im Glauben an Jesus Christus […] keinen von Gottes Zorn Überlieferten für verloren halten".

Zumeist im Kontext von Barths dezidiert christologisch begründeter universaler Heilshoffnung oder auch in kritischer Auseinandersetzung mit ihr erschien vor und besonders nach dem Zweiten Weltkrieg eine Reihe von Eschatologien und eschatologischen Entwürfen, in denen auch die Frage nach dem eschatologischen Heil aller Menschen ausdrücklich thematisiert ist. Die wichtigsten von ihnen seien im Folgenden kurz skizziert.

Der lutherische Theologe Paul Althaus (1888–1966) befasste sich mehrfach historisch und systematisch mit der Eschatologie, besonders in seinem erstmals 1922 erschienenen Werk „Die Letzten Dinge".[7] Diese Monographie erfuhr in ihren einzelnen Auflagen wiederholt Veränderungen, Ergänzungen und auch wesentliche

Bd. 11 [Gottes Gnadenwahl. II. Teil § 34 u. 35], Zürich 1988. Über Barths Stellung zur Lehre von der Apokatastasis in der „Kirchlichen Dogmatik" siehe Rolf Rochusch: Untersuchung über die Lehre von der Apokatastasis in der „Kirchlichen Dogmatik". Darstellung und Auseinandersetzung mit der Kritik, Berlin 1974. Vgl. Christine Tietz: Karl Barth. Ein Leben im Widerspruch, München 2018, S. 378–381.

4 Barth: Kirchliche Dogmatik (wie Anm. 3), § 35, S. 551.
5 Emil Brunner: Gesammelte Werke. Dogmatik. Bd. 1. Die christliche Lehre von Gott, Zürich 1972, S. 354; das folgende Zitat ebd.
6 Barth: Kirchliche Dogmatik (wie Anm. 3), § 35, S. 462; das folgende Zitat ebd., § 35, S. 551.
7 Paul Althaus: Die letzten Dinge. Lehrbuch einer christlichen Eschatologie, Gütersloh 1922; ders.: Die letzten Dinge. 4. Aufl., Gütersloh 1933 (Ohne Nebentitel). Vgl. ders.: Art. „Wiederbringung Aller: II. Dogmatisch", in: RGG. 3. Aufl. Bd. 6, Tübingen 1962, Sp. 1694–1696. Über „Die letzten Dinge" von

Umformungen. Während Althaus in den frühen Auflagen eine axiologische, d. h. eine auf Werte – wie vor allem auf Gerechtigkeit und Liebe – in der Immanenz perspektivierte Eschatologie vertrat, transformierte er sie ab der vierten Auflage (1933) in eine stärker teleologisch, also futurisch ausgerichtete Eschatologie. Transzendenz und Futurum waren nunmehr wieder wesentlich deutlicher akzentuiert. Bezüglich des eschatologischen Heils aller Menschen wird in diesem Standardwerk betont, dass aufgrund der Antinomie von Gesetz und Evangelium eine Lehre von der ‚Wiederbringung Aller' verwehrt ist: „Die Lehre von der Apokatastasis oder Wiederbringung, wenn sie den Anspruch macht, erschöpfende Beschreibung des Endes zu sein, ist und bleibt Vorwitz".[8] Zugleich wird aber – mit Hinweis auf 1 Kor 15 und Röm 8 und 11 – an der ‚Wiederbringung Aller' als erhoffter und zu erhoffender Zuversicht festgehalten. Dank der „Liebesmacht Gottes" dürfen wir, so Althaus, nicht nur die „zuversichtliche Hoffnung" unseres eigenen Heils „wagen", sondern einer „endlichen Wiederbringung aller".

Der lutherische Theologe und Widerstandskämpfer Dietrich Bonhoeffer (1906–1945) vertrat eine streng christologisch konzipierte „wirklichkeitstreue" Eschatologie.[9] Es war ihm zwar nicht vergönnt, diese monographisch systematisch darzustellen, umrisshaft wird sie aber in seinen Werken, Aufzeichnungen und Briefen deutlich. Nach Bonhoeffer, der sich bereits 1926 als Zwanzigjähriger in Seminararbeiten mit der Eschatologie und auch mit der Apokatastasis-Thematik befasste,[10] ist das Eschaton durch das Christusgeschehen bereits in der ‚Diesseitigkeit', in der Gesamtwirklichkeit des irdischen Lebens, verborgen stets gegenwärtig und dennoch zugleich zukünftig; es ist präsent und futurisch. Bonhoeffers getroste Zuversicht auf die Rettung aller Menschen findet sich besonders eindrücklich in einem Brief[11], welchen er im Dezember 1943 aus dem Wehrmachtsuntersuchungsgefängnis Tegel in Berlin an seinen Freund Eberhard Bethge sandte. Darin gab er deutlich seiner Hoffnung Ausdruck, dass alle Menschen das ewige

---

Althaus vgl. u. a. Gunther Wenz: Vollendung. Eschatologische Perspektiven (Studium Systematische Theologie 10), Göttingen 2015, S. 105–113.

8 Paul Althaus: Die letzten Dinge. Lehrbuch der Eschatologie. 8. Aufl., Gütersloh 1961, S. 194; das folgende Zitat ebd., S. 193.

9 Über Dietrich Bonhoeffers Eschatologie siehe Clara Aurelia Tolkemit: „Christus, unsere Hoffnung" (1 Tim 1,1) – Überlegungen zu einer wirklichkeitstreuen Eschatologie bei Dietrich Bonhoeffer mit Ausblicken auf Hans Joachim Iwand. In: Michael Basse u. Gerald den Hertog (Hg.): Dietrich Bonhoeffer und Hans Joachim Iwand – Kritische Theologen im Dienst der Kirche (FSÖTh 157), Göttingen 2017, S. 207–233.

10 Vgl. Eberhard Bethge: Dietrich Bonhoeffer. Theologe – Christ – Zeitgenosse. 4. Aufl., München 1978, S. 117–118.

11 Brief: Dietrich Bonhoeffer an Eberhard Bethge, 18.12.1943. In: Bonhoeffer: Werke. Bd. 8. Widerstand und Ergebung. Briefe und Aufzeichnungen aus der Haft. Hg. v. Christian Gremmels u. a., Gütersloh 1998, Nr. 88, S. 241–254; die folgenden Zitate ebd., S. 246.

Heil erlangen werden. Diese Hoffnung zeige sich, so schrieb er, treffend in Paul Gerhardts Liedvers: „Ich [sc. Christus] bring alles wieder". Über diesen Vers aus der fünften Strophe des Weihnachtsliedes „Fröhlich soll mein Herze springen" (um 1651) habe er längere Zeit meditiert und dabei sei ihm bewusst geworden: „Es geht nichts verloren, in Christus ist alles aufgehoben, aufbewahrt, allerdings in verwandelter Gestalt, durchsichtig, klar, befreit von aller Qual des selbstsüchtigen Begehrens". Die „Lehre von der Wiederbringung aller Dinge [...] ist ein großartiger und überaus tröstlicher Gedanke". Mit diesen wenigen Sätzen machte Bonhoeffer deutlich, dass die christliche Hoffnung auf das eschatologische Heil aller Menschen allein in Christus ihren Grund hat. Zugleich erteilte er aber damit auch der Vorstellung eine entschiedene Absage, das ewige Leben könne irgendwie als eine Prolongierung des irdischen imaginiert werden. Das ewige Leben ist vielmehr ein durch Christus völlig verändertes Leben, ein gänzlich neues Leben.

Die „sich realisierende Eschatologie" des reformierten Theologen Jürgen Moltmann,[12] seit 1967 Professor für Systematische Theologie an der Universität Tübingen, erwies sich in der zweiten Hälfte des 20. Jahrhunderts in Theologie und Kirche als außerordentlich wirkungskräftig und war für den gesellschaftlichen, politischen und ökologischen Diskurs von großer Relevanz. Von seinen Publikationen zur Eschatologie, die sich auch mit der Frage nach dem eschatologischen Heil aller Menschen explizit befassen, seien besonders erwähnt: die 1964 erschienene, wiederholt nachgedruckte und in mehrere Sprachen übersetzte „Theologie der Hoffnung" und sein 1995 veröffentlichtes Werk „Das Kommen Gottes. Christliche Eschatologie".[13] Die Eschatologie bildet nach Moltmann kein „Teilstück christlicher Lehre", sondern ist deren Mitte.[14] Sie gründet auf der biblischen Verheißung vom Kommen Gottes in die Welt, dem Christusgeschehen (Auferweckung des gekreuzigten Jesus – Karfreitag und Ostern) und der Zusage einer künftigen Vollendung des Reiches Gottes in Herrlichkeit. Hierbei ist die Auferstehung des gekreuzigten Jesus der Dreh- und Angelpunkt. Sie ist durch den Heiligen Geist „ein Vorschein und Angeld seiner Zukunft, der Zukunft der universalen Auferstehung und des Lebens". An diesem ewigen Leben in der Vollendung zukünftig Anteil zu haben, dürfen aber

---

12 Durch den Terminus „sich realisierende Eschatologie" will Moltmann zum Ausdruck bringen, dass die Vollendung der Welt nicht durch „menschliche Aktivität" geschieht, sondern durch die „innere Notwendigkeit des Christusgeschehen, dessen Tendenz darauf hinausläuft, das in ihm latente ewige Leben und das in ihm latente Reich Gottes an allem herauszubringen" (Jürgen Moltmann: Theologie der Hoffnung. 10. Aufl., München 1977, S. 196).

13 Hierzu siehe Jürgen Moltmann: Das Kommen Gottes. Christliche Eschatologie. 4. Aufl., Gütersloh 1995, S. 262–284; ders.: Theologie der Hoffnung (wie Anm. 12), S. 189–196. Zu Moltmanns Stellung zur Wiederbringung aller Dinge bzw. Allversöhnung siehe u. a. Wenz: Vollendung (wie Anm. 7), S. 123–124.

14 Moltmann: Theologie der Hoffnung (wie Anm. 12), S. 12; das folgende Zitat ebd., S. 192.

nicht nur die an Christus Glaubenden hoffen, sondern alle Menschen ohne Ausnahme. Diese Hoffnung gründet in der Passion und im Kreuzestod Christi. Im Leiden und Sterben erlitt Christus nämlich an unserer statt die tiefste Gottverlassenheit und Verdammnis. Dieses Geschehen interpretiert Moltmann in Anlehnung an Luther als Höllenfahrt Christi: Christus erlitt „die wirkliche und ganze Hölle der Gottverlassenheit für die Versöhnung der Welt […] und die wirkliche und ganze Verdammnis der Sünde für uns".[15] Der Descensus ad inferos – als tiefste Gottverlassenheit interpretiert – begründet also die Zuversicht, dass „nichts verloren geht, sondern alles wiedergebracht und ins ewige Reich Gottes versammelt wird". Im Jüngsten Gericht wird demnach Christus als der „Richter" erscheinen, welcher bereits zuvor „selbst für die Angeklagten, an ihrer Stelle und zu ihren Gunsten, zum Gerichteten geworden ist". Der Richter ist mit dem Retter identisch.[16] Damit erweist sich das Endgericht nicht als eine Gerichtsstätte, an der „»Sühnestrafrecht« exerziert" wird oder „ewige(n) Todesstrafen verhängt" werden. Es ist vielmehr eine Gnadenstätte, an der „nichts anderes als die universale Offenbarung Jesu Christi und die Vollendung seines Rettungswerkes" geschieht. Der christliche Glaube kann und darf also nach Moltmann die getroste Hoffnung auf das eschatologische Heil aller Menschen, auf eine „Allversöhnung" im Eschaton, hegen.

Der evangelische Theologe Wolfhart Pannenberg (1928–2014) legte in seiner dreibändigen „Systematischen Theologie" (1988–1993) eine universalgeschichtliche Eschatologie vor.[17] Danach ist die christliche Hoffnung ausgerichtet auf das eschatologische Heil, welches „Teilnahme an Gottes ewigem Leben bedeutet".[18] Zur Teilhabe an Gottes ewigem Leben sind alle Menschen ohne Ausnahme berufen. Dafür bürgt nicht nur der fortdauernde Schöpferwille Gottes, sondern auch sein universaler Heilswille. Dieser wurde bereits dem Volk des alten Bundes (Israel) verheißen; offenbart wurde er dann im Christusgeschehen (Kreuz und Auferstehung). Dieser zukünftigen Partizipation an Gottes ewigem Leben dürfen zunächst alle diejenigen Menschen gewiss sein, die bereits im irdischen Leben mit Jesus Christus durch die „Taufe und den Glauben" verbunden sind. Sie erfahren nämlich durch Christus „schon jetzt die Rechtfertigung, den Freispruch durch den künftigen Richter". Im Jüngsten Gericht, das von Gott-Vater dem Sohn übertragen ist, wird dann – wie die paulinische Metapher vom „Feuer" (1 Kor 3,11–15) versinnbildlicht – aus der Lebensgeschichte der Gläubigen alles Nichtige und Böse wie „Stroh"

---

15 Moltmann: Kommen Gottes (wie Anm. 13), S. 279; das folgende Zitat ebd.
16 Moltmann: Kommen Gottes (wie Anm. 13), S. 278; die folgenden Zitate ebd., S. 279.
17 Siehe Wolfhart Pannenberg: Systematische Theologie. Bd. 3, Göttingen 1993, S. 569–694 (Die Vollendung der Schöpfung im Reiche Gottes). Über Pannenbergs Eschatologie und die Hoffnung auf das eschatologische Heil aller Menschen siehe Gunther Wenz: Wolfhart Pannenbergs Systematische Theologie. Ein einführender Bericht, Göttingen 2003, S. 255–269, bes. S. 266–267.
18 Pannenberg: Systematische Theologie (wie Anm. 17), S. 569; die folgenden Zitate ebd., S. 663.

verbrennen (1 Kor. 3,12–13).[19] Das Weltgericht ist demnach nicht „Vernichtung, sondern ein Feuer der Reinigung und Läuterung". Von dieser Hoffnung auf das ewige Leben sind aber nach Pannenberg auch diejenigen Menschen nicht von vornherein ausgeschlossen, welche ante Christum gelebt haben oder welche in ihren Kulturräumen und Gesellschaftsformen nicht bzw. nur unzureichend die Möglichkeit gehabt haben, die christliche Botschaft kennenzulernen. Wie nämlich das Gleichnis vom Weltgericht (Mt 25, 31–46) oder die Seligpreisungen Jesu (Mt 5; Lk 6) deutlich zeigen, werden auch Menschen „faktisch am Heil des Gottesreiches teilhaben und im Gericht Gottes freigesprochen werden", die „Jesus nicht gekannt, aber die Werke der Liebe getan haben, welche seiner Botschaft entsprechen".[20] Es sind Menschen, die dem Reiche Gottes nahe sind (vgl. Mk 12,28–34), „ohne es zu wissen". Sie kommen – wie alle Christen – ins Läuterungs- bzw. Reinigungsfeuer des Weltgerichts. In diesem Endgericht gibt es für sie nur einen einzigen gültigen „Maßstab": „Die faktische Übereinstimmung oder Nichtübereinstimmung" ihres „individuellen Verhaltens" mit der Intention der Botschaft Jesu. Das entscheidende Kriterium ist demnach, ob sie zu ihren Lebzeiten dem „Reich Gottes" „im Sinne der Seligpreisungen oder des Gleichnisses vom Weltgericht" nahe gewesen sind. Nach Pannenberg ist es jedoch keineswegs absolut gesichert, d.h. es gibt keine Garantie dafür, dass das „Feuer der göttlichen Herrlichkeit" alle Menschen zum ewigen Heil vorzubereiten vermag. Es könne nämlich Menschen geben, die „darauf beharren, unversöhnlich von Gott abgewandt zu bleiben" oder von deren Leben im Reinigungsfeuer „nichts übrigbleibt", was mit der Gegenwart Gottes kompatibel ist. Das sind aber, so Pannenberg, „Grenzfälle", Sonderfälle.

Von dem an der Universität in Kiel lehrenden evangelischen Theologen Hartmut Rosenau erschien 1993 ein „transzendentaltheologischer Grundlegungsversuch", in welchem die ‚Allversöhnung' als ein „denkmögliches eschatologisches Modell aus einsichtigen Gründen" dargestellt ist.[21] Aufgrund des exegetischen Befundes der neutestamtlichen Schriften folgert Rosenau, dass der Begriff ‚Allversöhnung' am besten der Vorstellung vom eschatologischen Heil aller Menschen entspricht. Hierbei verweist er besonders auf den kosmologischen Christushymnus in Kol 1,15–20. Im systematischen Teil seiner Monographie geht Rosenau – unter Regress auf den späten Fichte – von der anthropologischen These der gänzlichen soteriologischen

---

19 Hierzu siehe Pannenberg: Systematische Theologie (wie Anm. 17), S. 663–667; das folgende Zitat ebd., S. 666.

20 Pannenberg: Systematische Theologie (wie Anm. 17), S. 661–662; die folgenden Zitate ebd., S. 667.

21 Hartmut Rosenau: Allversöhnung. Ein transzendentaltheologischer Grundlegungsversuch (TBT 57), Berlin/New York 1993. Über die ‚Allversöhnung' bei Rosenau siehe Wenz: Vollendung (wie Anm. 7), S. 304–307.

Ohnmächtigkeit des Menschen aus.[22] Der Mensch vermag von sich aus das eschatologische Heil weder zu „erwirken" noch zu „verwirken".[23] Deshalb ist es auch nicht möglich, dass sich ein Mensch selbst vom eschatologischen Heil ausschließt. Die göttliche Gnade will aber nach dem biblischen Zeugnis das Heil aller Menschen, die ‚Allversöhnung'. Diese kann zwar nicht von Gott „gleichsam mit Rechtsanspruch" verlangt, eingefordert oder sogar eingeklagt werden, aber sie darf im Sinne Kants als „Postulat", d. h. als „verbindliche Möglichkeit" gedacht werden. Jedoch stellt Rosenau seinen Entwurf selbst unter ‚eschatologischen Vorbehalt', indem er von seiner Darstellung der ‚Allversöhnung' als von einem „Postulat" und von einer „notwendige(n) Hypothese" spricht.

Das von der evangelischen Theologin Johanna Christine Janowski (Universität Bern) 2002 in zwei Teilbänden vorgelegte sehr aspekten- und materialreiche Werk „Allerlösung" intendiert – so der Nebentitel – „Annäherungen an eine entdualisierte Eschatologie".[24] Nach Janowski enthält die traditionelle kirchliche Eschatologie mit ihrem „streng" dualen Ausgang der Menschheitsgeschichte,[25] wie sie in der zweitausendjährigen Geschichte des Christentums geglaubt und gelehrt wurde und an der trotz gewisser Modifikationen im Grunde bis in die Gegenwart festgehalten wird, „viele Bestimmtheiten und Unbestimmtheiten".[26] Aber auch die seit der christlichen Antike bis in die Gegenwart entwickelten unterschiedlichen ‚Apokatastasis-panton-Modelle', nach denen das eschatologische Heil aller Menschen durchaus erhofft, jedoch keinesfalls lehrmäßig verkündigt werden dürfe, sind nach Janowski keine theologisch befriedigende Alternative zum ‚orthodoxen' eschatologischen Dual. Dieser sogenannte dritte Weg – mit seiner Devise: „Hoffnung – ja, Lehre – nein" – ist ein nicht hinnehmbarer ‚Schwebezustand'. Deshalb ist, so Janowski, eine „konsequente Paradigmenveränderung" durch eine neue Eschatologie dringend vonnöten. In einer solchen Eschatologie müsse deutlich werden, „was aufgrund bestimmter Grundvoraussetzungen, die der christliche Glaube – und zwar schon biblisch – expliziert (hat), in futurisch-eschatologischer

22 Zu Rosenaus These von der völligen soteriologischen Ohnmacht des Menschen siehe bes. Rosenau: Allversöhnung (wie Anm. 21), S. 226–399.
23 Rosenau: Allversöhnung (wie Anm. 21), S. 226; die folgenden Zitate ebd., S. 424–427.
24 J. Christine Janowski: Allerlösung. Annäherungen an eine entdualisierte Eschatologie (NBST 23), Neukirchen-Vluyn 2000. Über die ‚Allerlösung' bei Janowski siehe u. a. Wenz: Vollendung (wie Anm. 7), S. 304–307.
25 Janowski: Allerlösung (wie Anm. 24), S. 28; siehe ebd., S. 28–227 (Teil A: „»Es war einmal« – ein streng duales Paradigma").
26 Janowski: Allerlösung (wie Anm. 24), S. 228; siehe ebd., S. 228–619 (Teil B: „»Wie es ist« – viele Bestimmtheiten und Unbestimmtheiten innerhalb des streng dualen eschatologischen Paradigmas"). In dem Zusammenhang weist Janowski darauf hin, dass sich die früheste „offizielle" Glaubensformel vom doppelten Ausgang des Gerichts erst in dem wohl zwischen 430 und 500 entstandenen Pseudo-Athanasianum „Quicumque" findet.

Hinsicht angemessenerweise gelehrt werden darf und zu lehren ist".[27] Eine solche approximativ entdualisierte Eschatologie will Janowskis Entwurf „Allerlösung" sein. Auch in diesem Modell wird die getroste Zuversicht auf das universale Heil („Allerlösungs-Hoffnung") christologisch begründet: Christus hat als Erlöser die Sünden aller Menschen auf sich genommen und ihnen damit die Hoffnung auf ein zukünftiges eschatologisches Heil eröffnet. Dabei sollen die „Wahrheitsmomente des streng dualen eschatologischen Paradigmas" durch „modale Relativierungen"[28] in dieses neue Konvenienz-Modell übersetzt werden. So kann die Vorstellung von der ewigen Verdammnis der Sünder transformiert werden in die Vorstellung von einer ewigen Verdammung aller sündhaften Taten: Nicht die ‚Bösen' werden für immer verdammt, sondern das ‚Böse'; nicht die ‚Sünder' werden ewiglich verdammt, sondern die ‚Sünde'. Jedoch hat Janowski ihr christologisch-trinitarisch konzipiertes Apokatastasis-panton-Modell systematisch-theologisch nicht präziser bearbeitet und detaillierter dargestellt.

Evangelische Frömmigkeitsbewegungen

Im Unterschied zur evangelischen Theologie setzte man sich in den beiden evangelischen Frömmigkeitsbewegungen des 20. Jahrhunderts, im Evangelischen Gnadauer Gemeinschaftsverband und in der Evangelikalen Bewegung, eigentlich nur marginal und temporär mit dem eschatologischen Heilsuniversalismus etwas eingehender auseinander.

In der Gnadauer Gemeinschaftsbewegung gab es nämlich – nach der bereits erwähnten Auseinandersetzung um die von dem deutsch-amerikanischen Theologen Störter vehement vertretene Lehre von der „Allaussöhnung" zu Beginn des 20. Jahrhunderts – keine größeren Gruppierungen, welche der Lehre von der Allversöhnung bzw. der Wiederbringung anhingen. Lediglich in einigen kleineren Kreisen fanden sich deren Anhänger und Sympathisanten, so beispielsweise im Badischen Gemeinschaftsverband, der stark von Pfarrer Theodor Böhmerle (1870–1927), einem dezidierten Verteidiger der Allversöhnungslehre, geprägt war.[29] Theologischen Rückhalt suchten diese Kreise u. a. bei Wilhelm Michaelis (1896–1965), Professor für Neues Testament an der Universität in Bern. Vor allem aufgrund des Christushymnus in Kol 1,15–20 (Christus als Schöpfer und Versöhner) und mehrerer

---

27 Janowski: Allerlösung (wie Anm. 24), S. 620; siehe ebd., S. 620–626 (Teil C: „»Was Not tut« – eine konsequente Paradigmenveränderung. Einige Konvenienz- und Inkonvenienzthesen"); das folgende Zitat ebd., S. 621.

28 Hierzu siehe Janowski: Allerlösung (wie Anm. 24), S. 578–619 („Transformationen durch modale Relativierungen als einschneidendste Transformationen").

29 Böhmerle gründete 1909 das Bibelheim Bethanien in Langensteinbach bei Karlsruhe. Hier entstand 1959 noch das überkonfessionelle Bibelkonferenzzentrum Langensteinbacher Höhe, zu dessen ‚Glaubensgrundsätzen' die Lehre von der Allversöhnung gehört.

anderer Bibelstellen, die „nur im Sinne einer Allversöhnung, einer endgültigen Rettung auch der Ungläubigen verstanden werden können", meinte er konstatieren zu können: Allversöhnung „ist die einzige Auskunft, die uns die Schrift über die allerletzten Ziele des Heilsplanes Gottes gibt".[30]

Auch in der Evangelikalen Bewegung[31], die nach dem Zweiten Weltkrieg – vor allem seit den 60er Jahren – in mehreren deutschen evangelischen Landeskirchen und einigen Freikirchen entstand und konfessionell, theologisch, frömmigkeitsgeschichtlich und soziologisch recht inhomogen war, hielt man zumindest anfänglich grundsätzlich am dualen Ausgang der Menschheitsgeschichte fest. In der Lausanner Verpflichtung, 1974 auf dem Internationalen Kongress für Weltevangelisation in Lausanne verabschiedet, lautet der dritte Artikel („Einzigartigkeit und Universalität Jesu Christi"): „Wer [...] Jesus Christus ablehnt, verschmäht die Freude des Heils und verdammt sich selbst zur ewigen Trennung von Gott".[32] Die Erwartung eines eschatologischen Heils für alle Menschen aus einigen biblischen Texten zu folgern, wird mit den Worten zurückgewiesen: Wenn Jesus in diesen Bibelstellen „als Erlöser der Welt verkündet wird, so heißt das nicht, daß alle Menschen von vornherein oder am Ende doch noch gerettet werden". Erst in neuerer Zeit gibt es innerhalb der Evangelikalen Bewegung infolge ihrer zunehmenden Pluralisierung und Fragmentierung vermehrt Gruppierungen, bei denen universale Heilsvorstellungen virulent sind und auch lehrmäßig vertreten werden.

2.   Katholizismus und der eschatologische Heilsuniversalismus

Bereits vor dem Zweiten Vatikanischen Konzil (1962–1965) lässt sich – unbeschadet kirchlicher Lehrverlautbarungen und Dogmen über die ewige Verdammnis aller Ungläubigen und unbußfertigen Sünder – bei einigen deutschen katholischen Theologen eine gewisse Inklination zum eschatologischen Heilsuniversalismus feststellen, so beispielsweise bei dem Tübinger Professor für Dogmatik Karl Adam (1876–1966). Nach dessen Verständnis bedeutet ‚Apokatastasis', „von der die Bibel

---

30 Wilhelm Michaelis: Versöhnung des Alls. Die frohe Botschaft von der Gnade Gottes, Gümlingen (Bern) 1950, S. 149 u. 151. Vgl. Jens Adam: Paulus und die Versöhnung aller. Eine Studie zum paulinischen Heilsuniversalismus, Neukirchen-Vluyn 2009, S. 65–70.

31 Siehe Friedhelm Jung: Die deutsche Evangelikale Bewegung. Grundlegung ihrer Geschichte und Theologie. 3. Aufl., Bonn 2001. Vgl. Gisa Bauer: Evangelikale Bewegung und evangelische Kirche in der Bundesrepublik Deutschland. Geschichte eines Grundsatzkonflikts (1945 bis 1989) (AKIZ Reihe B 53), Göttingen 2012.

32 Veröffentlicht u. a. in Jung: Evangelikale Bewegung (wie Anm. 31), S. 338–344; das folgende Zitat ebd., S. 339.

spricht", dass „alles Böse aus der Menschenwelt genommen ist".[33] Das kann aber nach Adam nur dadurch geschehen, dass alle im Jüngsten Gericht verurteilten und verdammten Menschen entweder für immer in die „Gehenna [‚Hölle']" geworfen werden oder – wegen des universalen Heilswillen Gottes – zur Läuterung an einen „Reinigungsort [‚Fegefeuer']" kommen. Da aber die ewige Seligkeit eines jeden Menschen davon abhängt, wie er sich aufgrund seiner Willensfreiheit während seines irdischen Daseins entscheidet, ist es dem Menschen im Jenseits unmöglich, im Nachhinein „noch Frucht zu bringen und sich aktiv schöpferisch zu entfalten". Jedoch besteht nach Adam für den Menschen im „Fegfeuer" die Möglichkeit einer „satispassio [Substantivierung von satis patior]", eines „passiven Sühneleidens". Durch diese Läuterung, die völlig passiv durchlitten wird, eröffnet sich, so Adam, der Weg „für jene Wiederherstellung des Alls, d. h. für jene Weltordnung", die „von Anfang an im Plane Gottes stand": In ihr wird es „keine Sünde, kein Gericht und keine Hölle" mehr geben, und sie wird „bis in ihr letztes Geäder [die letzten verästelten Adern] von Gottes Gerechtigkeit und Liebe durchdrungen" sein.

In der katholischen Kirche selbst erfolgte eine Öffnung hin zum eschatologischen ‚Heilsuniversalismus' im Grunde erst auf dem Zweiten Vatikanischen Konzil.[34] Während der theologische Lehrsatz vom eschatologischen Heil für Ungläubige und unbußfertige Sünder bis in die zweite Hälfte des 20. Jahrhunderts allenfalls im letzten Lehrstück einer Dogmatik unter De novissimis (Über die letzten Dinge) erörtert wurde, wird dieses Theologumenon nun innerhalb der Ekklesiologie dargestellt und vom Christusereignis her konzipiert. In der Dogmatischen Konstitution über die Kirche „Lumen Gentium" (dt. [Christus ist das] „Licht der Völker", 1964) wird im Artikel 16 verkündet, dass es auch den Nichtchristen nicht ‚versagt' sei, das ewige Heil im Eschaton zu erlangen.[35] Hierbei wird jedoch zwischen Juden, Muslimen, Theisten und Atheisten unterschieden: Von den Letzteren können nur diejenigen das eschatologische Heil erlangen, welche „ohne Schuld" zwar zu Lebzeiten noch nicht zur „ausdrücklichen Anerkennung Gottes" kommen, aber dank der allenthalben wirksamen göttlichen Gnade ein „rechtes Leben zu führen sich bemühen". Sie besitzen also ohne eigenes Verschulden keine wahre Gotteserkenntnis, sind jedoch bestrebt, ein sittliches Leben zu führen. Dieses Verhalten (‚praeparatio evangelica')

---

33 Karl Adam: Zum Problem der Apokatastasis, in: ThQ 121 (1951), S. 129–138, hier S. 138; die folgenden Zitate ebd.

34 II. Vatikanisches Konzil, Constitutio de ecclesia „Lumen gentium", Dogmatische Konstitution über die Kirche, vom 21. November 1964 (Lateinischer Text aus „Acta Apostolicae Sedis" 57 (1965), S. 5–75; Deutsche Übersetzung besorgt im Auftrag der deutschen Bischöfe; von den deutschen Bischöfen genehmigte verb. Fassung von 1966), Caput II / Zweites Kapitel, Art. 16. In: LThK. 2. Aufl., Freiburg u. a. 1986, S. 204–207.

35 Hierzu und zum Folgenden siehe ebd., S. 205–207 (Kommentar [zu Art. 16] von Prof. Dr. Grillmeier SJ, Frankfurt a. M.).

ist die Voraussetzung, dass die heilschaffende Gnade den Menschen ergreift, „damit er schließlich („tandem") das Leben habe". Über den Verlauf dieses Prozesses macht die apostolische Konstitution keine Aussagen. Im Katechismus der Katholischen Kirche (1997) wird im Hinblick auf das postmortale Geschick der Nichtchristen gelehrt, dass auch diese „durch Christus und seine Kirche" das „ewige Heil" erlangen können, sofern sie „ohne eigene Schuld das Evangelium Christi und seiner Kirche nicht kennen", jedoch Gott mit „aufrichtigem Herzen suchen und sich unter dem Einfluss der Gnade bemühen, seinen durch den Anruf des Gewissens erkannten Willen zu erfüllen".[36] Hoffnung auf ein ewiges Heil besteht also nur für solche Menschen, welche ohne die geringste Schuld keine Kenntnis von der christlichen Botschaft gehabt haben und „guten Willens" (Vg Lk 2,14: „bonae voluntatis") im Sinne eines aktiven Verlangens gewesen sind. Dagegen droht allen Menschen, die ganz bewusst einen Selbstausschluss aus der Gottesgemeinschaft vornehmen, ewige Verdammnis; diese wird zumeist als immerwährende Gottesferne gedeutet oder verstanden.

Von den katholischen Theologen und Laien, die an der Neuorientierung in der katholischen Kirche vor und besonders nach dem II. Vatikanum großen Anteil hatten, seien hier nur genannt: der Jesuitentheologe Karl Rahner (1904–1984) und der Schweizer Schriftsteller, Kulturphilosoph und Theologe Hans Urs von Balthasar (1905–1988).

Karl Rahner, einer der einflussreichsten katholischen Theologen des 20. Jahrhunderts, betonte in seiner transzendentaltheologisch-anthropologisch konzipierten Eschatologie entschieden den universalen Heilswillen Gottes für ausnahmslos alle Menschen.[37] Er proklamierte: Es ist „eine Hoffnung" auf das eschatologische Heil aller Menschen „erlaubt und einem Christen möglich".[38] Diese Hoffnung gründet auf Gottes gnädige ‚Selbstmitteilung' (ein Schlüsselbegriff bei Rahner) im Christusgeschehen. Die ‚Selbstmitteilung' Gottes kommt den Menschen auch außerhalb des Christusgeschehens in Natur und Geschichte allenthalben als Gabe

---

36 Katechismus der Katholischen Kirche (KKK) (1997), Nr. 847–848.
37 Zu Rahners Eschatologie siehe bes. Karl Rahner: Theologische Prinzipien der Hermeneutik eschatologischer Aussagen. In: Rahner: Sämtliche Werke. Bd. 12. Menschsein und Menschwerdung Gottes. Studien zur Grundlegung der Dogmatik, zur Christologie, Theologischen Anthropologie und Eschatologie, Freiburg 2005, S. 489–546; ders.: Hinüberwandern zur Hoffnung. Grundsätzliches über die Hölle. In: Rahner: Sämtliche Werke. Bd. 30. Anstöße systematischer Theologie. Beiträge zur Fundamentaltheologie und Dogmatik, Freiburg 2009, S. 668–673; ders.: Art. „Eschatologie, theol.-wissenschaftstheoretisch". In: Rahner: Sämtliche Werke. Bd. 17.2. Enzyklopädische Theologie. Die Lexikonbeiträge der Jahre 1956–1973. 2. Teilbd., Freiburg 2002, S. 1022–1029. Über Rahners Eschatologie siehe u. a. Klaus Vechtel: Eschatologie und Freiheit. Zur Frage der postmortalen Vollendung in der Theologie Karl Rahners und Hans Urs von Balthasars (IThS 89), Innsbruck/Wien 2014, S. 25–144, bes. S. 128–134 (Lit.).
38 Rahner: Hinüberwandern (wie Anm. 37), S. 671.

nahe. Der auf Transzendenz hin angelegte Mensch kann diese ‚Selbstmitteilung' Gottes dank seiner Entscheidungsfreiheit annehmen oder zurückweisen. Diese individuellen Entscheidungen, im Alltag immer wieder erneut gefällt, sind stets direkte oder indirekte Willensbekundungen für oder gegen Gott; sie entwickeln sich letztendlich zu einer Grundhaltung, die das Leben des Menschen bestimmt. Mit dem Tod oder erst im Endgericht (sofern nicht beide identisch sind) endet nach Rahner definitiv die Entscheidungsfreiheit des Menschen. Die während der irdischen Pilgerschaft sich allmählich verfestigte Grundhaltung, die sogenannte Fundamentaloption (‚option fondamentale'), kann nicht mehr revidiert werden. Im ‚Jenseits' gibt es keine „radikale Veränderung der letzten Grundentscheidung eines Menschen".[39] Jedoch besteht hier die Möglichkeit, die Fundamentaloption, die sich im Diesseits herausgebildet hat, zu läutern; denn der Mensch als „Subjekt […] partizipiert als Teil der geschichtlichen Welt auf seine Weise immer noch an der Zeitlichkeit und Geschichtlichkeit der Welt".[40] Diese Läuterung, von Rahner als „Ausreifung" bezeichnet,[41] kommt jedoch nur dann zu einem „gnadenhaften" Abschluss, wenn der Mensch als „Subjekt" (aufgrund seiner postmortalen Freiheitsgeschichte) diesem Prozess zustimmt. Umgekehrt hat aber der Mensch als „Subjekt" auch die Freiheit, sich dieser „Ausreifung" zu entziehen. Trotz dieser grundsätzlichen Möglichkeit eines Selbstausschlusses aus der Gottesgemeinschaft ging Rahner davon aus, dass letztendlich alle Menschen die Chance der „Ausreifung" ergreifen und so das gnadenhafte Heil erlangen werden. Ja sogar nach Auschwitz dürfe man, so Rahner, darauf hoffen, „dass schließlich und endlich durch die größere Macht der Liebe Gottes auf unbegreifliche Weise alles gut ausgeht".[42]

Hans Urs von Balthasar, vom „Geist und Feuer" des Origenes zeitlebens zutiefst fasziniert,[43] entwarf eine theodramatische Eschatologie. In seinen zahlreichen Schriften zur Eschatologie[44] lehnte er zwar eine Lehre von der Allversöhnung ab,

---

39 Karl Rahner: Zu einer Theologie des Todes. In: Rahner: Sämtliche Werke. Bd. 22.2. Dogmatik nach dem Konzil. 2. Teilbd. Theologische Anthropologie und Ekklesiologie, Freiburg 2008, S. 230–244, hier S. 234.

40 Vechtel: Eschatologie (wie Anm. 37), S. 121.

41 Karl Rahner: Das Leben der Toten. In: Rahner: Sämtliche Werke. Bd. 12 (wie Anm. 37), S. 540–546, hier S. 545.

42 Karl Rahner: Politische Dimensionen des Christentums. Ausgewählte Texte zu Fragen der Zeit. Hg. u. erl. v. Herbert Vorgrimler, München 1986, S. 97.

43 So der Nebentitel der von Hans Urs von Balthasar herausgegebenen, übersetzten und in vier Themenkreise gegliederten Textauswahl aus Origenes' Schriften: Origenes. Geist und Feuer. Ein Aufbau aus seinen Schriften, Salzburg/Leipzig 1938 (mehrere Ausgaben).

44 Siehe u. a. Hans Urs von Balthasar: Kleiner Diskurs über die Hölle. Apokatastasis (Neue Krit. 1). 3. Aufl., Einsiedeln/Freiburg 1999; ders.: Theodramatik. Bd. IV: Das Endspiel, Einsiedeln 1983; ders.: Was dürfen wir hoffen? (Krit. 75), Einsiedeln 1986. Zu Urs von Balthasars Eschatologie und seiner Stellung zur Apokatastasis siehe u. a. Jan Anbaum: Hoffnung auf eine leere Hölle. Wiederherstellung

sah es aber als erlaubt und sogar geboten an, für alle Menschen das ewige Heil zu erhoffen. Die Frage bezüglich des eschatologischen Heils der Ungläubigen könne, so konzedierte er, exegetisch nicht eindeutig entschieden werden. Jedoch besitze die „universalistische Textreihe [sc. in den biblischen Schriften] ein unaufhebbares Schwergewicht".[45] Das werde besonders an solchen neutestamentlichen Texten evident, welche von der Epiphanie handeln: Christus ist erschienen, damit durch ihn die ganze Menschheit gerettet werde (Joh 3,17; 1 Tim 2,15) und in Gemeinschaft mit ihm zum Vater zurückkehre, sodass schließlich alles mit göttlichem Leben erfüllt sei, wie die Christushymnen Kol 1,15–20 und Phil 2,5–11 zeigen. Diese biblischen Zeugnisse berechtigen, so von Balthasar, das ewige Heil für alle Menschen zu er-„hoffen". Wenn sich aber ein sündiger Mensch aufgrund seiner Entscheidungsfreiheit der göttlichen Gnade widersetzt, dann „überrumpelt" diese „den Willen des Sünders" nicht einfach, sondern Gott wartet in unendlicher Langmut solange, bis der Sünder im Diesseits oder Jenseits aus freiem Entschluss seinen Selbstausschluss vom Heil, seine selbstgewählte Gottverlassenheit, aufgibt. Dazu muss jedoch der Mensch aus eigenem Willen bereit sein: „Ohne mein Einverständnis kann über mich als freie Person nicht verfügt werden". Zur Beendigung seiner Selbstausschließung vom Heil, seiner Gottverlassenheit, wird kein Sünder gezwungen. Er kann aber durch das Exemplum der ‚Höllenfahrt' Christi dazu angeregt werden.[46] Im Descensus ad inferos erfuhr und erlitt nämlich Christus selbst tiefste Gottverlassenheit, wodurch der gottferne Mensch ermutigt werden kann, durch Umkehr und Läuterung doch noch das ewige Heil zu ergreifen. Dafür gibt es, so von Balthasar, allerdings keine verbürgte Sicherheit oder einklagbare Garantie, aber eine getroste Hoffnung.

Diese grundsätzliche Offenheit für die Frage nach dem eschatologischen Heil für alle Menschen – zumindest für alle diejenigen, welche ohne eigenes Verschulden keine Kenntnisse vom Evangelium erlangen können, aber ‚guten Willens' sind – stellt in der Geschichte des neueren Katholizismus eine beachtliche Neuorientierung dar. Allerdings gab (und gibt) es in der katholischen Theologie und vor allem im Klerus Stimmen, die mit differierenden Argumenten und auf unterschiedliche Weise daran Kritik übten und dagegen Front machten. Erinnert sei hier beispielsweise nur an die heftige Kontroverse, die Urs von Balthasars Inklination zum eschatologischen Heilsuniversalismus in den 80er Jahren ausgelöst hat, veranlasst

---

aller Dinge? H.U. von Balthasars Konzept der Hoffnung auf das Heil, in: IKaZ Communio 20 (1991), S. 33–46; Nicholas J. Healy: The Eschatology of Hans Urs von Balthasar: Being as Communion, Oxford 2005; Vechtel: Eschatologie (wie Anm. 37), bes. S. 145–261 (Lit.).

45 Von Balthasar: Was dürfen wir hoffen? (wie Anm. 44), S. 28. Die folgenden Zitate in: ders.: Diskurs über die Hölle (wie Anm. 44), S. 34, 56 u. 57.

46 Über den Descensus Christi ad inferos und die Apokatastasishoffnung bei von Balthasar siehe Vechtel: Eschatologie (wie Anm. 37), S. 230–240.

vor allem durch seine schmale Schrift „Kleine Katechese über die Hölle" (1984). Oder verwiesen sei auf die schroffe Zurückweisung der ‚Apokatastasis' als Irrlehre durch den konservativen Theologen Leo Kardinal Scheffczyk (1920–2005).[47]

3. Bearbeitungen und Transformationen von universalen Heilserwartungen und Apokatastasisvorstellungen in der Literatur

Im 20. Jahrhundert wurden in der Literatur weiterhin universale Heilserwartungen und Apokatastasisvorstellungen aufgegriffen und bearbeitet, jedoch nicht mehr so häufig wie in früheren Literaturepochen. Obgleich auch hier der Blick nur auf Schriftsteller aus dem deutschen Sprachraum gelenkt werden kann, sollen wenigstens einige ausländische Autoren genannt werden, deren Werke ins Deutsche übersetzt wurden und große Resonanz fanden.

Hingewiesen sei zunächst auf den kretischen Schriftsteller Nikos Kazantzakis (1883–1957), der sich in seinen Werken öfters emotional und sehr vehement zum eschatologischen Heilsuniversalismus bekannte, so in seinem autobiographischen Romanfragment „Rechenschaft vor El Greco" („Anafora ston Greko", 1961). Darin schildert er, wie er bei einem Besuch in der Mönchskolonie Athos (1914) während eines Gesprächs mit dem greisen Einsiedler Makarios plötzlich zur Erkenntnis gelangt sei, „daß eine Zeit der vollkommenen Erlösung kommen werde, der vollkommenen Versöhnung, daß die Flammen der Hölle erlöschen und der verlorene Sohn, der Teufel in den Himmel steigen, die Hand des Vaters [sc. Gottes] küssen werde und Tränen aus seinen Augen fließen werden. »Ich habe gesündigt!« wird er rufen, und der Vater wird seine Arme ausstrecken und ihm sagen:»Willkommen, willkommen, mein Sohn« [vgl. Lk 15,20f]".[48]

Erwähnt sei sodann der französische Schriftsteller Georges Bernanos (1888–1948), ein Hauptvertreter des Renouveau catholique, welcher die Vorstellung vom eschatologischen Heil aller Menschen besonders in seinem Roman „Tagebuch eines Landpfarrers" („Journal d'un Curé Campagne", 1936) vertrat.[49] Hauptfigur

---

47 Zur Kontroverse um von Balthasar siehe u. a. Manfred Lochbrunner: Hans Urs von Balthasar 1905–1988. Die Biographie eines Jahrhunderttheologen, Würzburg 2020, S. 615–616; zu Scheffczyks Zurückweisung der Apokatastasis siehe dessen Beitrag „Apokatastasis: Faszination und Aporie", in: IKaZ Communio 14 (1985), S. 35–46.

48 Nikos Kazantzakis: Rechenschaft vor El Greco. 3. Aufl., München/Berlin 1970, S. 228.

49 Georg Bernanos: Tagebuch eines Landpfarrers. Ein Roman. Deutsch v. Jakob Hegner, Frankfurt a.M./Hamburg 1956; Georges Bernanos: Tagebuch eines Landpfarrers. Roman. Neu übers. u. komm. v. Veit Neumann, Regensburg 2015. Zum „Tagebuch eines Landpfarrers" siehe Veit Neumann u. Josef Kreiml (Hg.): Georges Bernanos und der Renouveau catholique. Das „Tagebuch eines Landpfarrers" als herausragender Priesterroman (Schriften der Philosophisch-Theologischen Hochschule St. Pölten 12), Regensburg 2016.

dieses Romans ist ein junger Landgeistlicher in der kleinen Ortschaft Ambricourt im französischen Flandern, der trotz seines pastoralen Eifers bei seiner bitterarmen Dorfgemeinde nur auf Unverständnis stößt und bei der adligen Grundherrschaft im Schloss keinerlei Rückhalt findet. Für ihn ist Gott grenzenlose Liebe; sie gilt bedingungslos allen Menschen, wie am Leben und Wirken Jesu Christi deutlich geworden ist. Diese Liebe Gottes ist trotz aller Säkularisierungstendenzen auch in der Gegenwart weiterhin überall – verdeckt oder offen – gegenwärtig. Deshalb gibt es für den Landgeistlichen neben dem ‚Himmel‘ keine ‚Hölle‘, ebenso wenig wie neben dem ‚Reich der Lebendigen‘ ein ‚Reich der Toten‘ existiert. Der Schlossherrin, einer über den Tod ihres einzigen Sohnes verbitterten und wegen der Treulosigkeit ihres Mannes verhärmten Gräfin, bezeugt er im Gespräch: „Es gibt nur das Reich Gottes, und lebend wie tot sind wir alle in ihm [vgl. Röm 14,8]".[50] Als er, immer einsamer, leidender und kränklicher geworden, dann wenige Wochen später am Ende seines ersten Dienstjahres in dem armseligen Logis seines ehemaligen Studienfreundes Louis Dufréty an Krebs stirbt, sind seine letzten Worte: „Alles ist Gnade" („Tout est grâce").

Genannt sei schließlich noch der irische Schriftsteller Clive Staples Lewis (1898–1963), der erst nach langem Suchen vom Atheismus über den Pantheismus zum christlichen Glauben gefunden hat. In seinem Roman „Die Große Scheidung" („The Great Divorce", 1945), in welchem er in der literarischen Gattung einer Traumvision von seiner Reise ins ‚Jenseits‘ erzählt, bekennt er freimütig seine Hoffnung, dass einst ausnahmslos alle Menschen das ewige Heil erlangen werden. Jedoch hütet er sich davor, diese getroste Zuversicht irgendwie näher darzustellen. Der schottische Theologe, Lyriker und Schriftsteller George Macdonald, sein „Meister" und Begleiter auf dem Gang durch die Jenseitsregionen, hatte ihn nämlich darauf hingewiesen, dass es „schlimm" sei, sich auf Erden über das Ewige Leben zu äußern.[51] Im Diesseits könne man auf die ‚letzten Dinge‘ immer nur durch „die Linse der Zeit" schauen. Eindringlich hatte er ihn zudem ermahnt: „Gebt keinem Narren einen Vorwand, zu meinen, Ihr beansprucht Wissen von dem, was kein Sterblicher weiß".

Im Folgenden seien aus dem deutschsprachigen Raum in zeitlicher Abfolge paradigmatisch drei Dichter und Schriftsteller angeführt, die in ihren Werken die ‚Apokatastasis‘ sehr unterschiedlich literarisch bearbeitet und transformiert haben: Franz Werfel, Thomas Mann und Luise Rinser.

---

50 Bernanos: Tagebuch eines Landpfarrers (1956) (wie Anm. 49), S. 214; das folgende Zitat ebd., S. 367. Diese letzten Worte des Landpfarrers teilte Louis Dufréty dem Pfarrer von Torcy in einem Brief mit.
51 Clive Staples Lewis: Die grosse Scheidung oder zwischen Himmel und Hölle. Übertr. und mit einem Nachw. versehen v. Helmut Kuhn (Krit. 47). 13. Aufl., Einsiedeln/Freiburg 2018, S. 132; die folgenden Zitate ebd., S. 133 u. 136.

Franz Werfel

Der expressionistische Schriftsteller und Dichter Franz Werfel (1890–1945) unternahm es, die ‚Apokatastasis‘ in seinem 1913 erschienenen Dramolett „Die Versuchung: ein Gespräch des Dichters mit einem Erzengel und Luzifer“ ‚nicht religiös‘ zu interpretieren‘.[52] In diesem kurzen Bühnenstück, in dem auf die Erzählung von der Versuchung Jesu in den Evangelien (Mt 4,1–11; Luk 4,1–13) Bezug genommen ist, klagt ein Dichter bitter und verbittert über sein bislang unerfülltes Leben. Daraufhin macht Luzifer, der Oberste der gefallenen Engel (lat. wörtlich „Lichtträger“, Name des Morgensterns, im Christentum Name des obersten Teufels; vgl. Lk 10,18 u. Jes 14,12), dem Verzweifelten drei Offerten: Unumschränkte Macht, ruhmreiches Leben als Dichter und beharrlicher Kampf gegen eigene und fremde Unzulänglichkeit. Als der Dichter diese Angebote verächtlich zurückweist, erscheint ein Erzengel und macht ihn auf eine große Menschenschar aufmerksam, die sich soeben in einer nahe gelegenen Dorfkirche eingefunden hat: Wucherer, Abgearbeitete, Verzagte, Korrupte. Je mehr sich der Dichter in deren Lebensgeschichten hineindenkt und einfühlt, umso deutlicher erkennt er, dass alle Menschen irgendwie durch das ihnen jeweils beschiedene Los miteinander verbunden sind: Sie bilden eine Gemeinschaft. Er empfindet Empathie für sie, begibt sich mental in ihre Gemeinschaft und wird so mit ihnen solidarisch. Dabei erweist sich die aus der Kirche ertönende Musik, das „Unbegreiflichste und Sicherste“, als das „alle, alle Geschöpfe“ verbindende Medium.[53] Der vereinsamte Dichter kehrt daraufhin – durch dieses Damaskuserlebnis ‚erleuchtet‘ – in die menschliche Gemeinschaft zurück. Er erkennt: Die „Welt“ „braucht“ ihn, sein „Erdenwallen“ ist nicht „nutzlos und unfruchtbar“; aber auch er „braucht“ die Welt, sie ist ihm nützlich und fruchtbar. Werfels Botschaft ist klar: Erst wenn der Mensch wieder in die Gemeinschaft der Menschen zurückfindet, erfährt er seine ‚Rettung‘. Diese erfolgt nicht durch göttliches Eingreifen, sondern durch seine Rückkehr in die menschliche Gemeinschaft und durch sein soziales Engagement. Sie ereignet sich nicht im Jenseits, sondern im Diesseits, nicht in der Transzendenz, sondern in der Immanenz; sie geschieht nicht am Ende der Zeit, sondern im Hier und Jetzt.

Thomas Mann

Eine ungleich stärker der christlichen Tradition verbundene Umdichtung der ‚Apokatastasis‘ findet sich in dem vielschichtigen Spätwerk von Thomas Mann

---

52 Franz Werfel: Die Versuchung. Ein Gespräch des Dichters mit dem Erzengel und Luzifer, Leipzig o.J. Vgl. Volker Hartmann: Religiosität als Intertextualität. Studien zum Problem der literarischen Typologie im Werk Franz Werfels (Mannheimer Beiträge zur Sprach- und Literaturwissenschaft 40), Tübingen 1998, S. 75–90.

53 Werfel: Versuchung (wie Anm. 52), S. 19; die folgenden Zitate ebd., S. 21 u. 22.

(1875–1955) „Doktor Faustus. Das Leben des deutschen Tonsetzers Adrian Leverkühn" (1947). In diesem Roman, in welchem wiederholt historische, zeitgeschichtliche, gesellschaftliche und politische Ereignisse vom Deutschen Kaiserreich bis zum Ende des Nationalsozialismus kommentierend integriert sind, erzählt der fiktive Biograph Serenus Zeitblom die Lebensgeschichte des hochbegabten, ehrgeizigen Komponisten Adrian Leverkühn. Dieser hatte als 21-Jähriger mit dem Teufel einen zeitlich befristeten Pakt geschlossen: Unter der Bedingung, niemals im Leben ein menschliches ‚Wesen' zu lieben, sollten ihm geniale Kompositionen gelingen und zu Ruhm und Ehre verhelfen. Mittels verschiedener Opiate – „Teufelswerk, eingegossen vom Engel des Giftes"[54] – kann er in den nächsten Jahren tatsächlich großartige, alte Musiktraditionen aufbrechende Werke in Zwölftontechnik schaffen. Dennoch bereut er schließlich das eingegangene Teufelsbündnis zutiefst. Nach Ablauf der 24-jährigen Frist versammelt der inzwischen 45-jährige Leverkühn etwa dreißig Freunde und Bekannte um sich und berichtet ihnen von seinem Pakt mit dem Teufel, seiner Gotteslästerung, seinem Verkehr mit einem „Schlafweib [lat. concubina, Konkubine]", seiner Überheblichkeit. Er fühlt sich unrettbar verloren, da „seine „Sünde" größer sei, als dass sie ihm „könnte verziehen werden". Er habe nämlich bei seinem sündigen Handeln immer „frech(e)" auf die „ewige Güte" Gottes spekuliert und freventlich angenommen, dass seine „letzte [i.S.v. tiefste] Verworfenheit der äußerste Ansporn sein müsse für die Güte [sc. Gottes], ihre Unendlichkeit zu beweisen". Nach dieser Lebensbeichte setzt er sich ans Tafelklavier, um aus „Dr. Fausti Weheklag" vorzuspielen. Dieser Symphonischen Kantate, seinem letzten Werk, das musikalisch seine tiefe Hoffnungslosigkeit zum Ausdruck bringt, hatte er das Volksbuch „Historia von D. Johann Fausten" zugrunde gelegt. Als er die Tasten in „stark dissonantem Akkorde" anschlägt, bricht er, gebeugt über die Tastatur des Klaviers, unter „Tränen" zusammen. Er erleidet einen paralytischen Schock. Frau Schweigestill, eine der Umherstehenden, stürzt zu dem bewusstlosen Leverkühn, nimmt ihn in die Arme und ruft den immer noch im Zimmer „Gaffenden" zu: „Viel hat er von der ewigen Gnaden g'redt, der arme Mann, und i weiß net, ob die langt. Aber a recht's a menschlich's Verständnis, glaubt's es mir, des langt für all's!". In der „Nachschrift" zu seinem Roman lässt Thomas Mann dann den Erzähler Serenus Zeitblom von der „ewigen Gnade" als von einem Licht der Hoffnung jenseits der Hoffnungslosigkeit sprechen, von einem „Wunder, das über den Glauben geht". Damit gab Thomas Mann, der in seinem Exil in den USA (1938–1952) stark von dem American Universalism beeinflusst wurde, seiner Zuversicht Ausdruck,

---

54 Thomas Mann: Doktor Faustus. Das Leben des deutschen Tonsetzers Adrian Leverkühn, erzählt von einem Freunde. Hg. und textkritisch durchgesehen v. Ruprecht Wimmer (Große komm. Frankfurter Ausg., Bd. 10.1), Frankfurt a.M. 2017, S. 720, Z. 6–7; vgl. S. 352–353 (Komm.Bd.); die folgenden Zitate ebd., S. 724, Z. 15; S. 727, Z. 28; S. 727, Z. 32; S. 728, Z. 31–32; S. 729, Z. 10 u. 13–15; S. 738, Z. 20.

dass einst die größere Hoffnung die Hoffnungslosigkeit überwältigen und über sie triumphieren werde.[55]

Luise Rinser

Die damals vielgelesene, streitbare und umstrittene Schriftstellerin Luise Rinser (1911–2002) äußerte in ihren Werken mehrfach ihre Sympathie für die ‚Apokatastasis' und ihre Antipathie gegen die kirchliche Glaubenslehre von der Ewigkeit der Höllenstrafen. Im zweiten Teil ihrer Autobiographie, 1994 unter dem Titel „Saturn auf der Sonne" erschienen, gestand sie, dass ihre „Religion" nach ihrer erneuten Hinkehr zum Katholizismus „keine dualistische" mehr gewesen ist, keine Religion, welche „die Welt in Himmel und Hölle" teilt.[56] Besonders deutlich wird ihr emotionales Bekenntnis zur ‚Apokatastasis' auch in einem ihrer vielen Briefe an Karl Rahner, die unter dem Titel „Gratwanderung" veröffentlicht wurden. Diesem bedeutenden katholischen Theologen, mit dem sie seit 1955 bis zu seinem Tod freundschaftlich eng verbunden war, drückte sie anlässlich ihrer Lektüre von Goethes Gedicht „Sehnsucht" („Dies wird die letzte Trän' nicht sein") ihre Zuversicht aus, dass Gott „diesen frommen Goethe schon auch in seine Arme geschlossen haben" wird, obgleich er die „Kirche verachtete und haßte" und die Kirche ihrerseits „so einen Mann nicht zu gewinnen vermochte".[57]

4. Tonmalerische Umsetzungen von universalen Heilserwartungen und Apokatastasisvorstellungen in der Musik

Auch im 20. Jahrhundert haben mehrere europäische Komponisten in ihren Werken die eschatologische Hoffnung auf das Heil aller Menschen bzw. die ‚Apokatastasis' thematisch aufgegriffen und musikalisch bearbeitet. Obgleich wiederum eine Beschränkung auf deutsche Komponisten erfolgen muss, soll ausnahmsweise der französische Komponist und Organist Olivier Messiaen (1908–1992) erwähnt werden, da er in seinen Werken des Öfteren die ‚Apokatastasis' in großartiger Weise tonmalerisch ausgedeutet und durch neutestamentliche Zitate über einzelne Sätze explizit darauf aufmerksam gemacht hat. Hingewiesen sei hier nur auf sein berühmtes frühes Quatuor pour la fin du temps (dt. Quartett für das Ende der Zeit), welches er im Winter 1940/41 im Kriegsgefangenenlager der deutschen Wehrmacht

---

55 Vgl. Hermann Wohlgschaft: Schuld und Versöhnung. Das Letzte Gericht und die größere Hoffnung, Würzburg 2019, S. 155–156.

56 Luise Rinser: Saturn auf der Sonne. 4. Aufl., Frankfurt a.M. 2002, S. 134.

57 Brief: Luise Rinser an Karl Rahner, 21.2.[1967]. In: Rinser: Gratwanderung. Briefe der Freundschaft an Karl Rahner 1962–1984. Hg. v. Bogdan Snela, München 1994, S. 411–412, hier S. 412.

im Süden von Görlitz vollendet und es dort auch am 15. Januar 1941 in der Theaterbaracke uraufgeführt hat.[58] Den acht Sätzen seiner Komposition legte Messiaen einige Verse aus dem 10. Kapitel der Johannesapokalypse zugrunde, in welchem ein Engel mit einem Büchlein vom Himmel herabsteigt und endzeitliche Geschehnisse ankündigt. So versah er beispielsweise den siebenten Satz (Fouillis d'arcs-en-ciel, pour l'ange qui annoce la fin du temps) mit folgenden Worten aus dem 6. und 7. Vers dieses Kapitels: „Es wird keine Zeit mehr bleiben, sondern in den Tagen, wenn der siebte Engel seine Stimme erhebt und seine Posaune bläst, wird auch das Geheimnis Gottes vollendet sein" (EÜ).

Bevor auf Gustav Mahler und Carl Orff eingegangen wird, sei retrospektiv noch kurz Richard Wagner (1813–1883) erwähnt, der in seinen Musikdramen bekanntlich mehrfach die ‚Apokatastasis' sowohl textlich als auch kompositorisch aufgegriffen und tiefgreifend umgestaltet hat. So insinuierte er am Ende seines Opernzyklus Der Ring des Nibelungen – nach der Rückgabe des unter einem Fluch stehenden Ringes an die Rheintöchter, der Vernichtung des ränkevollen Hagen in den Fluten des Rheins und des Untergangs der von Riesen erbauten Burg Walhall mitsamt ihren Göttern durch das Urelement Feuer – die ‚reale' Möglichkeit zum Werden einer neuen Welt: Aus demselben Urelement, dem Feuer, aus welchem einst die untergegangene Welt entstanden war, wird wiederum eine neue Welt hervorgehen. ‚Apokatastasis' bedeutet für Wagner, wie Dieter Borchmeyer überzeugend nachgewiesen hat, demnach nicht Allversöhnung oder Erlösung, sondern „Rückführung und Neugeburt oder Wiederherstellung des Urzustandes, eine kosmogonisch konnotierte, in Zyklen sich vollziehende restitutio in integrum".[59]

Ein ähnliches Apokatastasisverständnis („Wiederherstellung der Unschuld des Natürlich-Sinnlichen und in diesem Sinne Entsühnung der Natur"[60]) findet sich auch in Wagners letztem musikdramatischen Werk, seinem Bühnenweihfestspiel Parsifal (1882). Das ist vor allem in den Szenen der Fall, in denen Kundry, die enigmatische, innerlich zerrissene Helferin der Gralsritter, die Zentralgestalt ist, so beispielsweise im dritten Aufzug (Karfreitagszauber). Wie die Blumen auf feuchten Wiesen im Frühling aufs Neue zu sprießen und zu blühen beginnen, so erwacht in Kundry aufgrund ihrer Reue wiederum neues Leben: Gleich der großen Sünderin Maria Magdalena wäscht sie Parsifal die Füße, trocknet sie mit ihren Haaren und salbt sie mit Öl (vgl. Lk 7,37–38). Daraufhin spendet Parsifal, der ‚durch Mitleid

---

58 Siehe Rebecca Rischin: For the End of Time. The Story of the Messiaen Quartett, Ithaca, New York 2003; Stephen Schloesser: Visions of Amen. The early life of Oliver Messiaen, Cambridge 2014.

59 Dieter Borchmeyer: Richard Wagner. Ahasvers Wandlungen, Frankfurt a.M./Leipzig 2002, S. 305.

60 Siehe Borchmeyer: Wagner (wie Anm. 59), S. 308–334 (9. Erlösung und Apokatastasis: Parsifal und die Religion des späten Wagner). Vgl. Dieter Borchmeyer: Richard Wagner. Werk – Leben – Zeit, Stuttgart 2013, S. 325–374 (»Regeneration des Menschen-Geschlechtes« Parsifal und Die Sieger).

wissende reine Tor', der weinenden Büßerin die Taufe mit den Worten: „Auch deine Träne ward zum Segenstaue: / du weinest – siehe! / es lacht die Aue".[61]

Gustav Mahler

Der spätromantische, am Beginn der ‚Neuen Musik' stehende Komponist Gustav Mahler (1860–1911) thematisierte die ‚Apokatastasis' mehrmals in seinen Werken, so u. a. in seiner Dritten Symphonie (1892/96). Darin konzipierte er das erhoffte eschatologische Heil für alle Menschen musikalisch entschlossen von der Liebe Gottes her, die er ‚christologisch' deutete. An die gefeierte Sängerin Anna von Mildenburg, seine große Liebe in den Jahren (1891–1897), als er in Hamburg Chefdirigent am Stadt-Theater (Vorgänger der Hamburger Staatsoper) war, schrieb er: „Das Motto zu diesem Satz (Nro. 7) lautet: »Vater [sc. Gott], sieh an die Wunden mein [sc. Christi]! Kein Wesen laß verloren sein!« […] Es soll damit die Spitze und die höchste Stufe bezeichnet werden, von der aus die Welt gesehen werden kann. […] Und zwar eben in dem Sinne, als ja Gott nur als »die Liebe« gefaßt werden kann".[62] Wohl aufgrund dieses Heilsverständnisses vertonte Mahler im fünften Satz seiner Symphonie einige Verse aus dem „Armer Kinder Bettlerlied", das er aus der bereits erwähnten Anthologie „Des Knaben Wunderhorn" entnommen hat.[63] Denn die drei letzten Verse dieses seit dem 17. Jahrhundert bekannten Heischeliedes (Bettliedes; heischen, wünschen, begehren) verkünden, dass nicht nur der reumütige Petrus (vgl. Mt 26,75; Lk 22,61–62), sondern alle Reue empfindende Menschen durch Christus einst die ewige Seligkeit erlangen werden: „Die himmlische Freude war Petro bereit, / Durch Jesum und allen zur Seeligkeit, / Zur Seeligkeit" (Z. 23–24). In Mahlers Dritter Symphonie gibt es also keinen dualen Ausgang der Menschheitsgeschichte. Vielmehr wird allen Menschen dank der Liebe Gottes „durch Jesum" (Z. 24) „himmlische Freude" zur „Seeligkeit" (Z. 23 u. 24) zuteil.

Carl Orff

Eine wesentlich andere musikalische Bearbeitung der ‚Apokatastasis' findet sich in dem letzten Bühnenwerk des Komponisten und Musikpädagogen Carl Orff

---

61 Richard Wagner: Parsifal, 3. Aufzug. In: Wagner: Dichtungen und Schriften. Jubiläumsausgabe in zehn Bänden. Hg. v. Dieter Borchmeyer. Bd. 4, Frankfurt a.M. 1983, S. 327; vgl. S. 372–379, hier S. 377 (Anhang. Prosaentwürfe. Zweiter Entwurf (1877). Parzival. Dritter Aufzug).

62 Brief: Gustav Mahler an Anna von Mildenburg, 1.7.1886. In: Mahler: Briefe. NA. Zweite, nochmals rev. Ausg. Hg. v. Herta Blaukopf, Wien 1996, Nr. 181, S. 189–190, hier S. 189.

63 Achim von Arnim u. Clemens Brentano (Hg.): Armer Kinder Bettlerlied. In: Arnim u. Brentano (Hg.): Des Knaben Wunderhorn. Alte deutsche Lieder gesammelt von Achim von Arnim und Clemens Brentano. Krit. Ausg. Hg. u. komm. v. Heinz Rölleke. Bd. 3, Stuttgart 1987, S. 80–81 (III, 79).

(1895–1982) De temporum fine comoedia – Das Spiel vom Ende der Zeiten (1973/81).[64] Dieses Musiktheater, zu dem Orff auch den Text – unter Einschub zahlreicher griechischer und lateinischer Zitate – verfasste, ist nach der Schriftstellerin Luise Rinser, die mit ihm von 1954 bis 1959 verheiratet war, „der Schlüssel zu seinem Wesen: Die furchtbare Welt-Ur-Angst".[65] In diesem triadischen Musiktheater bekannte sich Orff eindeutig zur ‚Apokatastasis', ohne allerdings den Begriff zu verwenden. Im zweiten Teil des Werkes, in welchem neun Anachoreten antithetisch zu den neun Sibyllen im ersten Teil auftreten, lässt Orff einen dieser Einsiedler leise flüstern: „Omnium rerum finis erit vitiorum abolitio". Hierbei handelt es sich um ein Zitat aus Origenes' Streitschrift „Contra Celsum", die jener zwischen 244 und 249 gegen den paganen Philosophen und Schriftsteller Kelsos von Alexandria (Celsus, 2. Jh.) verfasst hat.[66] Dieses lateinische Zitat war für Orff offensichtlich so wichtig, dass er es nicht nur als Motto seiner Komposition voranstellte, sondern von diesem sogar selbst die Übersetzung schuf: „Das Ende aller Dinge wird aller Schuld Vergessung [i.S.v. Zustand des Vergessenseins] sein".[67] Im dritten Teil der Comoedia wird dann schließlich sogar die Rückkehr Luzifers zum Nūs, zum ‚Geist', angekündigt. Das geschieht, nachdem dieser einstige Engelfürst, der wegen seiner Rebellion gegen Gott aus dem Himmel gestoßen worden war (vgl. Jes 14,12–15), dreimal seine Schuld in einem liturgischen Sprechgesang bekannt hatte: „Pater peccavi [Vg Lk 15,21]". Daraufhin wird seine Heimkehr zum Nūs von himmlischen Stimmen – dreimal auf Griechisch und einmal auf Deutsch – mit der Sentenz bekräftigt: „Ta panta [est] nūs" bzw. „Alles [ist] Geist". Damit hat Orff die universale Heilshoffnung, wie sie sich in der christlichen Tradition auf vielfache Weise findet, grundlegend modifiziert. In seiner „Comoedia" geht es nicht um Sünden, sondern um Defizite, nicht um Vergebung von Sünden, sondern um „Vergessung" („abolitio") von Mängeln, nicht um Heimkehr zu Gott, sondern um Rückkehr zum Nūs, zum „weltbildenden, weltformenden und weltlösenden Geist".

Während im deutschen Protestantismus, so lässt sich zusammenfassend feststellen, bereits nach dem Ersten Weltkrieg – in einer Zeit allgemeiner Orientierungslosigkeit, existenzieller Krisenerfahrungen und diffuser politischer, weltanschaulicher und ideologischer Programme – eine Besinnung auf die Bedeutsamkeit der Eschatologie im christlichen Glauben erfolgte, geschah eine solche im Katholizismus

---

64 Hierzu und zum Folgenden vgl. Werner Thomas: Carl Orff – De temporum fine comoedia. Perspektiven einer neuen Werkbegegnung. Eine Sonderpublikation des Orff-Zentrums München, München 2010.

65 Rinser: Saturn auf der Sonne (wie Anm. 56), S. 133.

66 Origenes: Contra Celsum VIII, 72 (PG 11, 1626 bzw. 1625).

67 Thomas: Orff (wie Anm. 64), S. 9; die folgenden Zitate ebd., S. 45–47, 46–52, 105–106, 15.

im Grunde erst während des Zweiten Vatikanischen Konzils (1962–1965). Im Zusammenhang mit dieser Neuentdeckung des Eschatologischen erhielt auch die Frage nach dem eschatologischen Heil aller Menschen sowohl in der evangelischen als auch in der katholischen Theologie und Kirche zunehmende Relevanz und Aktualität. Der Diskurs darüber wurde im Protestantismus wesentlich intensiver geführt als im Katholizismus. Außerdem ging es in diesem zuerst und vor allem um die Frage nach dem ewigen Heil derjenigen Menschen, die aus unterschiedlichen Gründen während ihres Lebens keine Kenntnis von der christlichen Botschaft erhalten hatten, sich jedoch um moralische Integrität bemüht haben, auf jeden Fall „guten Willens [Vg Lk 2,14: „bonae voluntatis"]" gewesen sind.

Allerdings gab es zur gleichen Zeit im deutschen Protestantismus und besonders im Katholizismus weiterhin namhafte Theologen, die mit unterschiedlichen Argumenten strikt an der traditionellen kirchlichen Lehre von einem dualen Ausgang der Menschheitsgeschichte festhielten. Eschatologische Heilserwartungen oder -hoffnungen für alle Menschen wurden zurückgewiesen oder sogar häretisiert, zumeist unter Verweis auf die vielfachen Verurteilungen der ‚Apokatastasis' in Konzilsbeschlüssen und in offiziellen Lehrverlautbarungen bzw. auf die Verwerfungen des eschatologischen Heilsuniversalismus in den reformatorischen Bekenntnisschriften.

Unbeschadet aller Unterschiede im Detail wird in keiner der neueren evangelischen und katholischen Eschatologien oder eschatologischen Entwürfen das künftige Heil aller Menschen als ‚Faktizität' oder gesicherte Lehre vertreten. Vielmehr wird der eschatologische ‚Heilsuniversalismus' – in Anbetracht der Souveränität und absoluten Freiheit Gottes – stets ausschließlich als Hoffnung – in unterschiedlichen Ausprägungen (‚Hoffnungen') – artikuliert. Diese getroste Zuversicht ist in der neueren evangelischen und auch in der katholischen Theologie christologisch perspektiviert: Gott will, wie im Christusgeschehen offenbart, dass alle Menschen „gerettet" werden (1 Tim 2,4). Allerdings wird diese Hoffnung auf das eschatologische Heil aller Menschen im Katholizismus innerhalb der Ekklesiologie thematisiert und dargestellt.

Auf nähere Ausführungen über das ‚ewige Leben' wird in der neueren evangelischen und zumeist auch in der katholischen Theologie weitgehend verzichtet. Hierin zeigt sich ein erster deutlicher Unterschied zu früheren Epochen der Christentumsgeschichte. Ehedem wurde das zukünftige ‚himmlische Leben' – zumal in volksnahen, der religiösen Erbauung dienenden Schriften wie Predigtsammlungen, Andachtsbüchern sowie Gebet- und Gesangbüchern – häufig bilderreich, fantasievoll und augenfällig dargestellt. Zum anderen wird in den neueren Eschatologien und eschatologischen Entwürfen – im Unterschied zu früheren – nun mit Nachdruck auf die grundsätzliche Bedeutsamkeit der eschatologischen Heilshoffnung für die Gegenwart insistiert: Relevanz hat die getroste Heilszuversicht für alle Menschen nicht nur für das individuelle und gemeinschaftliche Leben, sondern auch für das religiöse, politische, ökonomische und ökonomische Zusammenleben der Völker in vielfacher Hinsicht.

In Dichtung und Musik wurden auch im 20. Jahrhundert weiterhin universale ‚Heilshoffnungen' bzw. Apokatastasisvorstellungen aufgegriffen, bearbeitet und umgestaltet. Das geschah jedoch offensichtlich nicht mehr so häufig wie in früheren Epochen der Literatur- und Musikgeschichte. Eine Ausnahme bilden die Kirchen- und Sakralmusik sowie die christliche Erzählliteratur. Bei den literarischen und poetischen sowie tonmalerischen Bearbeitungen und Transformationen der eschatologischen Heilshoffnung wurde vielfach auf Apokatastasisvorstellungen aus der griechisch-hellenistischen Welt und deren mannigfachen Umformungen in der Moderne rekurriert. Dadurch – sowie unter dem Einfluss von Aufklärung und Säkularisation – erfuhren die literarischen, poetischen und tonmalerischen Darstellungen der christlichen Heilshoffnung vielfach Veränderungen und Umformungen.

Resümee

Die überblicksartige Darstellung versuchte in groben Zügen zu zeigen, dass die Hoffnung auf ein eschatologisches Heil aller Menschen eigentlich von Anbeginn im Christentum – in unterschiedlicher Form und Ausprägung sowie Interpretation – präsent gewesen ist. Jedoch war diese Zuversicht jeweils in verschiedener Abundanz und Intensität verbreitet. Begründet wurde die universale Heilszuversicht mit recht unterschiedlichen theologischen, metaphysischen, rationalen und moralischen Argumenten: Theologisch begründete man die universale eschatologische Heilshoffnung – unter Verweis auf einschlägige neutestamentliche Texte (bes. 1 Kor 15, 21ff; Röm 5,12; 1 Tim 2,4) – vor allem mit der Liebe Gottes zu allen Menschen, die sich im Christusgeschehen offenbart hat, aber auch in Natur und Geschichte allenthalben manifest geworden ist. Metaphysisch verwies man darauf, dass die Entwicklungsfähigkeit des ‚Menschen‘ auch im ‚Jenseits‘ fortwährt und mithin für seine Vollendung eine reale Möglichkeit besteht, nämlich die Teilhabe an der Gottesgemeinschaft und am ewigen Leben. Rational und moralisch argumentierte man mit dem Prinzip der Verhältnismäßigkeit: Endliche Vergehen können nicht mit unendlichen Strafen in der ‚Hölle‘ geahndet werden. Jedoch müsse die Seele von solchen ‚Verunreinigungen‘ im Jenseits geläutert, d. h. gereinigt und befreit werden. Diese Läuterung wurde im Laufe der Geschichte des Christentums sehr unterschiedlich verstanden und dargestellt.

Dagegen wird die universale Heilshoffnung in der neueren evangelischen und katholischen Theologie und Kirche seit den Anfängen der Dialektischen Theologie bzw. seit dem Zweiten Vatikanischen Konzil (1963–1965) fast immer ‚christologisch‘ begründet. In Anbetracht der Souveränität und absoluten Freiheit Gottes wird sie aber in keiner theologischen Eschatologie lehrmäßig als ein gesichertes oder garantiertes Theologumenon formuliert. Vielmehr wird sie ausschließlich als Hoffnung artikuliert und verkündigt. Allerdings wird die universale Heilshoffnung im Katholizismus – im Unterschied zum Protestantismus – theologisch innerhalb der Ekklesiologie abgehandelt und dargestellt. Auch gilt diese ‚universale‘ Heilszuversicht in der katholischen Kirche, wie die offiziellen Lehrverlautbarungen zeigen, eigentlich nur für diejenigen, die während ihres Lebens den christlichen Glauben ohne eigenes Verschulden nicht kennengelernt haben und „guten Willens“ (Vg Luk 2,14: „in hominibus bonae voluntatis“) gewesen sind. Es handelt sich also strenggenommen nur um eine partikulare Heilshoffnung.

Sodann ist bemerkenswert, dass das künftige ewige Heil aller Menschen in den neueren evangelischen und katholischen Eschatologien und eschatologischen Entwürfen zumeist zurückhaltend und ungegenständlich dargestellt ist. Dagegen wurde, wie der Überblick gezeigt hat, das ‚ewige Leben‘ (‚vita aeterna‘) bzw. die ‚ewige (Glück)Seligkeit‘ (‚beatitudo aeterna‘) in früheren Epochen des Christentums gemeinhin sehr bilderreich, sinnenfällig und blumig beschrieben. Besonders fantasievoll, emotional und bunt geschah das in erbaulichen Schriften und Traktaten über die ‚letzten Dinge‘ bzw. ‚De novissimis‘ sowie in Gebetbüchern und im geistlichen Liedgut, so in zahlreichen Todes-, Kreuz- und Sterbeliedern. Die in den neueren Eschatologien und eschatologischen Entwürfen geübte Zurückhaltung bei der Darstellung des ‚ewigen Lebens‘ bzw. der ‚ewigen Seligkeit‘ ist zweifellos darauf zurückzuführen , dass – seit der Aufklärung und besonders seit der Anwendung der historisch-kritischen Methode – der theologischen Hermeneutik eschatologisch-apokalyptischer Texte des Neuen Testamentes erheblich stärkere Beachtung geschenkt wird.

Auf die Relevanz der universalen Heilshoffnung für die jeweilige Gegenwart wurde eigentlich schon immer auf unterschiedliche Art und Weise hingewiesen. Das geschah jedoch zumeist nur in Bezug auf die Gestaltung des individuellen Lebens und auf das Zusammenleben der Christen in ihren verschiedenen Konfessionskirchen, Denominationen und religiösen Gemeinschaften. Dagegen rückte die Gegenwartsbedeutung der universalen Heilshoffnung für den gesamten gesellschaftlichen, politischen, wirtschaftlichen und ökologischen Bereich erst seit der Aufklärung und besonders seit dem 20. Jahrhundert zunehmend mehr in den Blick. Nachdrücklich betont wurde deren Relevanz beispielsweise in der Befreiungstheologie, Politischen Theologie oder Ökotheologie. Diese Neuakzentuierung war wiederum mitbedingt durch neu gewonnene Kenntnisse und Einsichten, die die theologische Hermeneutik eschatologisch-apokalyptischer Texte gewährte.

Auch in Literatur und Musik wurde, wie die Überblicksdarstellung deutlich machte, die Hoffnung auf das eschatologische Heil für alle Menschen seit dem Mittelalter und der Frühneuzeit vielfältig rezipiert und transformiert; das geschah des Öfteren unter gleichzeitiger Rezeption paganer Apokatastasisvorstellungen aus der Antike oder deren mannigfachen Innovationen. Hingegen wurde sie in der Malerei bemerkenswerterweise nur recht vereinzelt aufgegriffen und künstlerisch umgesetzt. Die Bearbeitung und Umformung der universalen Heilshoffnung erfolgte in der Literatur in nahezu allen Textgattungen und -formen: Legenden, Visionsberichten, Erzählungen, Tragödien, Romanen, Gedichten, Liedern u. a. Diese literarische Umsetzung geschah im Frühmittelalter und in der Frühneuzeit zunächst nur verdeckt. In Anbetracht der autoritativen Kirchenlehre von der Ewigkeit der Höllenstrafen und deren weitgehender Akzeptanz in der Gesellschaft wagte man nämlich nur zaghaft in Legenden, Visionsberichten, literarischen Jenseitsreisen, Erzählungen und Epen die Zuversicht zu verbalisieren, dass vereinzelte Verdammte dank der Fürbitte von Heiligen vorübergehend oder sogar regelmäßig von den Qualen der Hölle befreit worden sind, oder die Hoffnung zu äußern, dass auserwählte Heiden aufgrund ihrer besonderen moralischen Integrität doch noch einst das ewige Heil erreichen werden. Eine Entgrenzung dieser partikularen Heilserwartung erfolgte in der Literatur letztlich erst seit der Aufklärung. Mit differierenden theo-logischen, metaphysischen, moralischen und rationalen Argumenten wurde nun die feste Zuversicht ausgedrückt, dass ausnahmslos alle Menschen des ewigen ‚Heils' – verstanden als „Glückseligkeit" im weiteren Sinne – teilhaftig werden. Vor allem aber betonte man nun in der Literatur nachdrücklich die große moralische und sozial-ethische Bedeutsamkeit dieser zukünftigen Erwartung für das gegenwärtige Leben der Menschen in sämtlichen Bereichen. Zudem erfolgte in der Neuzeit, wie in der überblicksmäßigen Darstellung paradigmatisch gezeigt wurde, in der Literatur – infolge zunehmender Disparität und Separierung von Religion und Gesellschaft in der westlichen Welt – nicht selten eine Säkularisierung und Profanisierung der eschatologischen Heilserwartung für alle Menschen auf mannigfache Weise.

Die eschatologische Heilshoffnung für alle Menschen ohne Ausnahme war also, so lässt sich resümieren, von Anfang an in unterschiedlicher Form und Gestalt nicht nur in Theologie und Kirche, sondern auch in der Dichtung und Kunst auf sehr verschiedene Art und Weise präsent. Sie hatte in allen geschichtlichen Epochen eine bemerkenswert breite und tiefgreifende Wirkungsgeschichte nicht nur im Raum der Kirche, sondern auch in der gesamten Kulturgeschichte des Christentums. Deshalb gebührt ihr ohne Zweifel ein fester Platz in der Geschichte des Christentums und der abendländischen Kultur. Sofern die universale Heilshoffnung nicht als verbürgte Heilsgarantie und gesicherte theologische Lehre vertreten wird, sondern ausschließlich als Hoffnung auf Gottes Gnade und Barmherzigkeit – unter eschatologischem Vorbehalt – vertrauensvoll geglaubt und verstanden wird, gehört sie zu den Essentials des christlichen Glaubens.

Werkverzeichnis antiker christlicher Autoren

Augustinus

De civitate Dei

    PL 41, Sp. 13–804; Aurelius Augustinus: De civitate Dei. 2 Bde. Hg. v. Bernhard Dombart u. Alfons Kalb (CCL 47 u. 48), Turnhout 1955; Augustinus: Zweiundzwanzig Bücher über den Gottesstaat. 3 Bde. Hg. v. Otto Bardenhewer (BKV 1. Reihe, 1, 16 u. 28), Kempten/ München 1911, 1914 u. 1916.

Clemens von Alexandria

Stromata

    Clemens Alexandrinus: Stromata. Hg. v. Otto Stählin. 3. Aufl. neu hg. v. Ludwig Früchtel. 2 Bde. (GCS 15 u. 17), Berlin 1960 u.1979; Clemens von Alexandrien: Teppiche. 3 Bde. Übers. v. Otto Stählin (BKV 2. Reihe, 17, 19 u. 20), München 1936–1938; Klemens von Alexandria, Titus Flavius: Die Teppiche (Stromateis). Übers. v. Franz Overbeck. Im Auftrage der Franz-Overbeck-Stiftung hg. u. eingel. v. Carl Albrecht Bernoulli u. Ludwig Früchtel, Basel 1936.

Didymus von Alexandria

Commentarius in Zachariam

    Didyme l'Aveugle: Sur Zacharie. Ed. de Louis Doutreleau. 3 Vol. (SC 83, 84 u. 85), Paris 1962.

Evagrius Ponticus

Kephalaia gnostica

    Evagrius Ponticus: Evagrius's Kephalaia Gnostika. A new transl. of the unreformed text from the Syriac. Transl. with an introd. and comm. by Ilaria L.E. Ramelli (WGRW 38), Atlanta. GA. 2015.

Gregor von Nazianz

Orationes theologicae

    Gregor von Nazianz: Orationes theologicae – Theologische Reden. Übers. u. eingel. v. Hermann-Josef Sieben (FC 22), Freiburg u. a. 1996; Gregor von Nazianz: Die fünf theologischen Reden. Text und Übers. mit Einl. und Komm. Hg. v. Joseph Barbel (Test. 3), Düsseldorf 1963.

Gregor von Nyssa

De mortuis oratio

Gregorius Nyssenius: Opera. Ed. Werner Jaeger. Vol. 9: Sermones, pars I (GNO 9,1), Leiden u. a. 1967; Gregor von Nyssa: Schriften. Grosse Katechese, über das Gebet des Herrn, über die acht Seligkeiten, Dialog über die Seele, Leben der Heiligen Makrina (BKV 1. Reihe, 56), Kempten/München 1927.

Oratio catechetica magna

PG 45, Sp. 9–106; Gregor von Nyssa: Die grosse katechetische Rede. Hg. v. Joseph Barbel (BGrL 1), Stuttgart 1971; Gregor von Nyssa: Schriften. Grosse Katechese, über das Gebet des Herrn, über die acht Seligkeiten, Dialog über die Seele, Leben der Heiligen Makrina (BKV 1. Reihe, 56), Kempten/München 1927.

Hieronymus

Commentariorum in Isaiam prophetam libri duodeviginti

PL 24, Sp. 17–678; CCSL 73 u. 73a.

Commentarius in epistulam ad Ephesios

PL 26, Sp. 430–554.

Epistola ad Pammachium et Oceanum

PL 30, Sp. 288–292; CSEL 55, S. 121–134.

Johannes Chrysostomus

Homiliae in epistulam Pauli ad Hebraeos

PG 63, Sp. 9236.

Marius Mercator

Symbolum Theodori Mopsuesteni et eius Refutatio

PL 48, Sp. 213–232.

Maximus Confessor

Epistola ad Marinum

PG 91, Sp. 133–137.

Quaestiones ad Thalassium

Maximus Confessor: Quaestiones ad Thalassium. 2 Bde. (CCSG 7 u. 22), Turnhout 1980 u. 1990.

Origenes

Contra Celsum

Origenes: Contra Celsum. 2 Bde. Hg. v. Paul Koetschau (GCS 2 u. 3), Leipzig 1899; Origenes: Contra Celsum – Gegen Celsum. 5 Teilbde. Eingel. u. komm. v. Michael Fiedrowicz, übers. v. Claudia Barthold (FC 50, 1–5), Freiburg u. a. 2011–12; Origenes: Acht Bücher gegen Celsus. Übers. v. Paul Koetschau. (BKV 1. Reihe, 52 u. 53) München 1926.

De oratione
Origenes: De oratione. Hg. v. Paul Koetschau (GCS 3), Leipzig 1899, S. 297–403; Origenes, Schriften vom Gebet und Ermahnung zum Martyrium. Übers. v. Paul Koetschau (BKV 1. Reihe, 48), München 1926.

De principiis
Origenes: De principiis. Hg. v. Paul Koetschau (GCS 22), Leipzig 1913; Origenes: Vier Bücher von den Prinzipien. Hg., übers., mit krit. u. erläut. Anm. v. Herwig Görgemanns u. Heinrich Karpp (TzF 24), Darmstadt 1976; Origenes: Über die Grundlehren der Glaubenswissenschaft (De principiis). Wiederherstellungsversuch v. Karl Fr. Schnitzler, Stuttgart 1835; Origen: On the First Principles. Being Koetschau's text of the De Principiis transl. into English. Together with an introd. and notes by G.W. Butterworth. Introd. to the Torchbook ed. by Henri de Lubac, Gloucester. MA. 1973.

Synesius von Kyrene
Epistolae
Synésios de Cyrène: Texte établi par Antonio Garzya, traduit et commenté par Denis Roques. 2 t., Paris 2000.

Literaturverzeichnis

Abel, Jacob Friedrich: Entwurf zu einer Generalwissenschaft vom 13.12.1773. In: Abel: Eine Quellenedition zum Philosophieunterricht an der Stuttgarter Karlsschule (1773–1782). Mit Einl., Übers., Komm. und Bibl., hg. v. Wolfgang Riedel, Würzburg 1995, S. 15–23.

Acta sanctorum quotquot toto orbe coluntur. Ed. Jean Bolland et Gottfried Henschen. Bd. 1ff, Antwerpen 1643ff (abgek.: ActaSS).

Acta conciliorum oecumenicorum (ACO). Ed. Edvardus Schwartz. Vol. 3: Collectio Sabbaistica contra Acephalos et Origeniastas destinata, Berlin 1940 (ND 1965).

Adam, Jens: Paulus und die Versöhnung aller. Eine Studie zum paulinischen Heilsuniversalismus, Neukirchen-Vluyn 2009.

Adam, Karl: Zum Problem der Apokatastasis, in: ThQ 121 (1951), S. 129–138.

Albrecht, Ruth: Die Apokatastasis-Konzeption bei Eleonora Petersen. In: Ruth Heß u. Martin Leiner (Hg.): Alles in allem. Eschatologische Anstöße. Festschrift Christine Janowski, Neukirchen-Vluyn 2005, S. 199–214.

Alt, Peter-André: Schiller. Leben-Werk-Zeit. Eine Biographie, München 2000.

Althaus, Paul: Art. „Wiederbringung Aller: II. Dogmatisch", in: RGG. 3. Aufl. Bd. 6, Tübingen 1962, Sp. 1694–1696.

Althaus, Paul: Die letzten Dinge. 4. Aufl., Gütersloh 1933.

Althaus, Paul: Die letzten Dinge. Lehrbuch der Eschatologie. 8. Aufl., Gütersloh 1961.

Althaus, Paul: Die letzten Dinge. Lehrbuch einer christlichen Eschatologie, Gütersloh 1922.

Anbaum, Jan: Hoffnung auf eine leere Hölle. Wiederherstellung aller Dinge? H.U. von Balthasars Konzept der Hoffnung auf das Heil, in: IKaZ Communio 20 (1991), S. 33–46.

Aner, Karl: Die Theologie der Lessingzeit, Halle 1929.

Arnim, Achim von u. Brentano, Clemens (Hg.): Des Knaben Wunderhorn. Alte deutsche Lieder gesammelt von Achim von Arnim und Clemens Brentano. Kritische Ausgabe. Hg. u. komm. v. Heinz Rölleke. 3 Bde., Stuttgart 1987.

Arnold, Gottfried: Unpartheyische Kirchen- und Ketzer-Historie [...].Teil 1 u. 4, Frankfurt a.M. 1729.

Assemani, Giuseppe [Joseph] Simone: Bibliotheca orientalis Clementino-Vaticana. Vol. 3, Rom 1725.

Balthasar, Hans Urs von: Origenes. Geist und Feuer. Ein Aufbau aus seinen Schriften, Salzburg/Leipzig 1938.

Balthasar, Hans Urs von: Kleiner Diskurs über die Hölle. Apokatastasis (Neue Krit. 1). 3. Aufl., Einsiedeln/Freiburg 1999.

Balthasar, Hans Urs von: Kosmische Liturgie. Das Weltbild Maximus' des Bekenners. 2. Aufl., Einsiedeln 1961.

Balthasar, Hans Urs von: Theodramatik. Bd. IV: Das Endspiel, Einsiedeln 1983.

Balthasar, Hans Urs von: Was dürfen wir hoffen?, Einsiedeln 1986.

Barth, Karl: Der Römerbrief (Zweite Fassung). Hg. v. Cornelis van der Kool. In: Barth: Gesamtausgabe. Werke. Bd. 14, Zürich 2010.

Barth, Karl: Die Kirchliche Dogmatik. Die Lehre von Gott. Bd. II/2, Zürich 1942. In: Barth: Studienausgabe. Bd. 10 u. 11, Zürich 1988.

Basedow, Johann Bernhard: Methodischer Unterricht [Teil 1] der Jugend in der Religion […] [Teil 2] in der überzeugenden Erkenntniß der biblischen Religion […], Altona 1764 (ND 1985).

Bauer, Gisa: Evangelikale Bewegung und evangelische Kirche in der Bundesrepublik Deutschland, Geschichte eines Grundsatzkonflikts (1945 bis 1989) (AKIZ Reihe B 53), Göttingen 2012.

Bauer-Lechner, Natalie: Erinnerungen an Gustav Mahler, Leipzig u. a. 1923.

Beaumont, Christophe de: Mandement […] portant condamnation d'un livre qui a pour titre Bélisaire […], Paris 1767.

Bengel, Johann Albrecht: Sechzig erbauliche Reden über die Offenbarung Johannis […], Stuttgart 1758.

Berdjajew (Berdjaev), Nikolai Alexandrowitsch: Selbsterkenntnis. Versuch einer philosophischen Autobiographie, Darmstadt/Gent 1953.

Bernanos, Georg: Tagebuch eines Landpfarrers. Ein Roman. Deutsch v. Jakob Hegner, Frankfurt a.m./Hamburg 1956.

Bernanos, Georges: Tagebuch eines Landpfarrers. Roman. Neu übers. u. komm. v. Veit Neumann, Regensburg 2015.

Bethge, Eberhard: Dietrich Bonhoeffer. Theologe – Christ – Zeitgenosse. 4. Aufl., München 1978.

Blasig, Uwe: Die religiöse Entwicklung des frühen Christoph Martin Wieland (Helicon 10), Frankfurt a.m. u. a. 1990.

Blumhardt, Johann Christoph: Fünfzehn Predigten über die ersten Advents-Evangelien zur Beförderung christlicher Erkenntniß, Stuttgart 1864.

Blumhardt, Johann Christoph: Gesammelte Werke. Hg. v. Christoph Blumhardt. Bd. 2, Karlsruhe 1887.

Bonhoeffer, Dietrich: Werke. Bd. 8. Widerstand und Ergebung. Briefe und Aufzeichnungen aus der Haft. Hg. v. Christian Gremmels u. a., Gütersloh 1998.

Borchmeyer, Dieter: Richard Wagner. Ahasvers Wandlungen, Frankfurt a.M./Leipzig 2002.

Borchmeyer, Dieter: Richard Wagner. Werk – Leben – Zeit, Stuttgart 2013.

Brecht, Martin: Die Berleburger Bibel. Hinweise zu ihrem Verständnis, in: PuN 8 (1982), S. 162–200.

Bremer, Dieter: „Versöhnung ist mitten im Streit". Hölderlins Entdeckung Heraklits, in: HJb 30 (1996/1997), S. 173–199.

Breuer, Dieter: „Der bekräftigte Origenes". Das Ehepaar Petersen und die Leugnung der Ewigkeit der Höllenstrafen. In: Hartmann Laufhütte u. Michael Titzmann (Hg.): Heterodoxie in der Frühen Neuzeit, Tübingen 2006, S. 413–426.

Breymayer, Reinhard: Astronomie, Kalenderstreit und Liebestheologie. Von Erhard Weigel und seinem Schüler Detlev Clüver über Friedrich Christoph Oetinger und Philipp Matthäus Hahn zu Friedrich Schiller [...], Dußlingen 2016.

Brunken, Otto: Basedows Methodischer Unterricht. In: Theodor Brüggemann u. Hans-Heino Ewers (Hg.): Handbuch zur Kinder- und Jugendliteratur. Von 1750–1800, Stuttgart 1982, Sp. 693–707.

Brunner, Emil: Gesammelte Werke. Dogmatik. Bd. 1. Die christliche Lehre von Gott, Zürich 1972.

Buddeus, Johann Franz: Institutiones theologiae dogmaticae variis observationibus illustratae, Leipzig 1723.

Bundschuh-van Duikeren, Johanna: Bibliographie der niederländischen Literatur in deutscher Übersetzung. Bd. 2. Niederländische Literatur des 17. Jahrhunderts, Berlin u. a. 2011.

[Burckhardt, Wilhelm (Hg.)]: Johann Friedrich Oberlin's, Pfarrer in Steinthal, vollständige Lebens-Geschichte und gesammelte Schriften. Hg. v. Dr. Hilpert, Stöber u. Andern. Mit Berücksichtigung aller Hülfsmittel zusammengestellt u. übertragen v. Wilh. Burckhardt. Vier Theile, mit Abbildungen. Teil 2, Stuttgart 1843.

Burnet, Thomas: Hell torments not eternal. Argumentatively proved, from the attribute of divine mercy, London 1739.

Calvin, Johannes: Unterricht in der christlichen Religion. Institutio Christianae Religionis. Nach der letzten Ausg. übers. und bearb. v. Otto Weber. 6. Aufl., Neukirchen-Vluyn 1997.

Campi, Emilio, Kunz, Ralph u. Moser, Christian (Hg.): Alexander Schweizer (1808–1888) und seine Zeit, Zürich 2008.

Casey, John: After lives. A guide to heaven, hell, and purgatory, Oxford u. a. 2009.

Cassara, Ernest (Ed.): Universalism in America. A documentary history of a liberal faith. 3rd rev. ed., Boston. MA 1997.

Censure de la faculté de Théologie de Paris, contre le livre qui a pour titre Bélisaire, Paris 1767.

Corpus Reformatorum. Bd. 1ff, Berlin u. a. 1834ff (abgek.: CR).

Corpus Schwenckfeldianorum. 19 Bde., Leipzig/Pennsburg, PA 1907–1961 (abgek.: CSch).

Cremer, Hermann: Jenseits des Grabes, Gütersloh 1868.

Cremer, Hermann: Über den Zustand nach dem Tode. Nebst einigen Andeutungen über das Kindersterben. 5. Aufl., Gütersloh 1897.

Daley, Brian E.: Eschatologie. In der Schrift und Patristik, in: Handbuch der Dogmengeschichte. Hg. v. Michael Schmaus u. a. Bd. IV. Sakramente. Eschatologie. Fasz. 7a, Freiburg u. a. 1986, S. 84–246.

Daley, Brian E.: The hope of the early church. A handbook of patristic eschatology, Cambridge u. a. 1991.

Deak, Esteban: Apokatastasis. The problem of universal salvation in twentieth century theology, Toronto. ON 1979.

Denck, Hans: Hans Denck Schriften. 2. Teil: Religiöse Schriften. Hg. v. Walter Fellmann (QFRG 24), Gütersloh 1956.

Denifle, Heinrich et Châtelain, Emilio (Ed.): Chartularium Universitatis Parisiensis (ChUP). Vol. 1, Paris 1889.

Die Bekenntnisschriften der Evangelisch-Lutherischen Kirche. Hg. vom Deutschen Evangelischen Kirchenausschuß im Gedenkjahr der Augsburgischen Konfession 1930. 2 Bde., Göttingen 1930 (abgek.: BSLK).

Die fränkischen Bekenntnisse. Eine Vorstufe der Augsburgischen Konfession. Hg. vom Landeskirchenrat der Evang.-Luth. Kirche in Bayern r. d. Rhs. 1. Teil: Untersuchungen. Bearb. v. Wilhelm Ferdinand Schmidt, München 1930.

Die Kaiserchronik. Eine Auswahl. Mittelhochdt. / Neuhochdt. Übers., komm. und mit einem Nachw. versehen v. Mathias Herweg (Reclams Universal-Bibliothek 19270), Stuttgart 2014.

Dohm, Burkhard: Radikalpietisten und die ‚schöne Seele‘. In: Hans-Georg Kemper u. Hans Schneider (Hg.): Goethe und der Pietismus (Hallesche Forschungen 6), Halle 2001, S. 111–134.

Dostojewski, Fjodor: Die Brüder Karamasow. Roman aus dem Russischen von Karl Nötzel, Berlin 2019.

Drehsen, Volker: Der letzte Blick auf das Leben. In: Friedrich Wilhelm Graf (Hg.): Liberale Theologie. Eine Ortsbestimmung (Troeltsch Studien 7), Gütersloh 2000, S. 108–126.

Eberhard, Johann August: Neue Apologie des Sokrates oder Untersuchung der Lehre von der Seligkeit der Heiden. [Bd. 1], Berlin/Stettin 1772.

Ehmann, Karl C.E.: Briefwechsel zwischen Lavater und Hasenkamp, Basel 1870.

Emerson, Ralph Waldo: Natur. Hg. u. neu übers. v. Harald Kiczka. Mit einem Nachruf auf Emerson von Herman Grimm, Zürich 1988.

Enchiridion symbolorum definitionum et declarationum de rebus fidei et morum – Kompendium der Glaubensbekenntnisse und kirchlichen Lehrentscheidungen. Hg. v. Heinrich Denzinger u. Peter Hünermann. 45. Aufl., Freiburg u. a. 2017 (abgek.: DH).

Eriugena, Johannes Scotus: Periphyseon. De divisione naturae. Dt. Übers. v. Hans Günter Zekl, Würzburg 2016.

Escribano-Alberca, Ignacio: Eschatologie. Von der Aufklärung bis zur Gegenwart, in: Handbuch der Dogmengeschichte. Hg. v. Michael Schmaus u. a. Bd. IV. Sakramente. Eschatologie. Fasz. 7d, Freiburg u. a. 1987.

Farmer, Stephen A.: Syncretism in the West. Pico's 900 Theses (1486). The evolution of traditional religious and philosophical systems. With text, translation and commentary (MRTS 167), Tempe. AZ. 1998.

Franck, Sebastian: Chronica, Zeytbuch vnd geschycht bibel von anbegyn biß inn diß gegenwertig MDXXXI. jar, Straßburg 1531.

Frothingham, Arthur Lincoln: Stephen Bar Sudaili the Syrian mystic, and the Book of Hierotheos, Leyden 1886.

Goethe, Johann Wolfgang: Brief des Pastors zu*** an den neuen Pastor zu**. Aus dem Französischen. In: Goethe: Werke (WA). I. Abt.: Werke. Bd. 37, Weimar 1896, S. 153–173.

Goethe, Johann Wolfgang: Faust. Zweiter Theil. In: Goethe: Werke (WA). I. Abt.: Werke. Bd. 15.1, Weimar 1888.

Goethe, Johann Wolfgang: Zum Schäkespears Tag. In: Goethe: Werke (WA). I. Abt.: Werke. Bd. 37, Weimar 1896, S. 129–135.

Goethes Gespräche. Gesamtausgabe. Neu hg. v. Flodoard Biedermann u. a. 2. Aufl. Bd. 4, Leipzig 1910.

Graf, Friedrich Wilhelm (Hg.): Liberale Theologie. Eine Ortsbestimmung (Troeltsch Studien 7), Gütersloh 2000.

Groth, Friedhelm: Chiliasmus und Apokatastasishoffnung in der Reich-Gottes-Verkündigung der beiden Blumhardts, in: PuN 9 (1983), S. 56–106.

Groth, Friedhelm: Die Wiederbringung aller Dinge im württembergischen Pietismus. Theologiegeschichtliche Studien zum eschatologischen Heilsuniversalismus württembergischer Pietisten des 18. Jahrhunderts (AGP 21), Göttingen 1984.

Grundmann, Herbert: Religiöse Bewegungen im Mittelalter. Untersuchungen über die geschichtlichen Zusammenhänge zwischen Ketzerei, den Bettelorden und der religiösen Frauenbewegung im 12. und 13. Jahrhundert und über die geschichtlichen Grundlagen der deutschen Mystik. 2., verb. u. erg. Aufl., Hildesheim 1961.

Hahn, Johann Michael: Schriften. Bd. 3, Tübingen 1820; Bd. 5. 2. Aufl., Tübingen 1846; Bd. 9, Tübingen 1826.

Hahn, Johann Michael: Schriften. Briefe von der ersten Offenbarung Gottes durch die ganze Schöpfung bis an das Ziel aller Dinge […] oder das System seiner Gedanken […]. 3. Aufl., Böblingen 2013.

Hahn, Philipp Matthäus: Kornwestheimer Tagebücher 1772–1777. Hg. v. Martin Brecht u. Rudolf F. Paulus (TGP Abt. VIII, 1), Berlin/New York 1979.

Hahn, Philipp Matthäus u. Klemm, Jakob Friedrich: „Etwas zum Verstand des Königreichs Gottes und Christi" („Fingerzeig") – samt einem Auszug aus dem „Theologischen Notizbuch" von Philipp Matthäus Hahn mit neun ausgewählten Abhandlungen aus dem zeitlichen Umfeld der Epheserauslegung 1774. Hg. v. Walter Stäbler (Kleine Schriften des Vereins für Württembergische Kirchengeschichte 20), Stuttgart 2016.

Harnack, Adolf von: Das Wesen des Christentums. Sechzehn Vorlesungen vor Studierenden aller Fakultäten im Wintersemester 1899/1900 an der Universität Berlin gehalten von Adolf v. Harnack. Hg. v. Claus-Dieter Osthövener. 3. Aufl., Tübingen 2012.

Harnack, Adolf von: Protestantische Kultur und Dr. Max Maurenbrecher (1912). In: Harnack: Adolf von Harnack als Zeitgenosse. Teil 1: Reden und Schriften aus den Jahren des Kaiserreichs und der Weimarer Republik. Hg. u. eingel. v. Kurt Nowack. Mit einem bibliogr. Anh. v. Hanns-Christoph Picker, Berlin/New York 1996, S. 314–328.

Hartmann, Volker: Religiosität als Intertextualität. Studien zum Problem der literarischen Typologie im Werk Franz Werfels (Mannheimer Beiträge zur Sprach- und Literaturwissenschaft 40), Tübingen 1998.

Hausberger, Karl: Franz Xaver Kiefl (1869–1928). Schell-Verteidiger, Antimodernist und Rechtskatholik (Quellen und Studien zur neueren Theologiegeschichte 6), Regensburg 2003.

Hayden-Roy, Priscilla A.: „A Foretaste of Heaven". Friedrich Hölderlin in the Context of Württemberg Pietism (Amsterdamer Publikationen zur Sprache und Literatur 114), Amsterdam 1994.

Hayden-Roy, Priscilla A.: Zwischen Himmel und Erde: der junge Friedrich Hölderlin und der württembergische Pietismus, in: HJb 35 (2006/2007), S. 30–66.

Healy, Nicholas J.: The Eschatology of Hans Urs von Balthasar: Being as Communion (OTM), Oxford 2005.

Heberle, Hans: Zeytregister (1618). In: Gerd Zillhardt (Hg.): Der Dreißigjährige Krieg in zeitgenössischer Darstellung. Hans Heberles »Zeytregister« (1618–1672). Aufzeichnungen aus dem Ulmer Territorium. Ein Beitrag zu Geschichtsschreibung und Geschichtsverständnis der Unterschicht (Forschungen zur Geschichte der Stadt Ulm 13), Ulm 1975, S. 85–273.

Heinrich, Walter: Schellings Lehre von den Letzten Dingen, Salzburg 1955.

Heito und Walahfrid Strabo: Visio Wettini. Einf., lat.-dt. Ausg. und Erl. v. Hermann Knittel. 2. erw. Aufl. Mit einem Geleitwort v. Walter Berschin (Reichenauer Texte und Bilder 12), Heidelberg 2004.

[Helmont, Franciscus Mercurius]: De revolutione animarum humanarum [...], Amsterdam 1690.

Helmont, Franciscus Mercurius: Ortus medicinae. Id est, initia physicae inaudita [...], Amsterdam 1652.

[Helmont, Franciscus Mercurius]: Two hundred Queries moderately propounded concerning the Doctrine of the Revolution of Humane Souls, and its Conformity to the Truths of Christianity, London 1684.

[Helmont, Franciscus Mercurius]: Zweyhundert mit gebührender Bescheidenheit vorgestellte Fragen, Betreffend die Lehre von der Wieder-Kehr der menschlichen Seele, und wie solche mit der Wahrheit des Christenthums überein komme, o.O. 1686.

Henkel, Arthur: Das Ärgernis ‚Faust'. In: Werner Keller (Hg.): Aufsätze zu Goethes „Faust II", Darmstadt 1991, S. 290–315.

Heppe, Heinrich: Die Dogmatik der evangelisch-reformierten Kirche. Dargestellt und aus den Quellen belegt. Neu durchgesehen u. hg. v. Ernst Bizer, Neukirchen 1958.

Herder, Johann Gottfried: Gefundene Blätter aus den neuesten Deutschen Litteraturannalen von 1773. In: Herder: Sämmtliche Werke. Hg. v. Bernhard Suphan. Bd. 5, Berlin 1891.

Herms, Eilert: Schleiermachers Eschatologie nach der zweiten Auflage seiner „Glaubenslehre", in: ThZ 46 (1990), S. 97–123.

Hirschfeld, Ekkehard: Ernst Ferdinand Ströter. Eine Einführung in sein Leben und Denken. Diss. theol., Universität Greifswald 2010.

Hofmann, Martin: Theologie und Exegese der Berleburger Bibel (1726–42) (BFChTh 39), Gütersloh 1937.

Hofstede, Peter: Des Herrn Marmontels herausgegebener Belisar beurtheilt, und die Laster der berühmtesten Heiden angezeigt, zum Beweise, wie unbedachtsam man dieselben ihrer Tugenden wegen selig gesprochen. Aus dem Holländischen übersetzt, Leipzig [u. a.] 1769.

Hölderlin, Friedrich: Friedensfeier. In: Hölderlin: Werke in zwei Bänden. Hg. v. Günter Mieth (BDK 20 u. 21). Bd. 1, München/Wien 1978 (ND 1982), S. 365–370, 1064–1069.

Hölderlin, Friedrich: Hyperion oder Der Eremit in Griechenland. In: Hölderlin: Sämtliche Werke (Grosse Stuttgarter Ausgabe). Bd. 3. Hg. v. Friedrich Beißner, Stuttgart 1957.

Horch, Heinrich: Maranatha, Oder Zukunfft des Herrn zum Gericht, und seinem herrlichen Reiche, welches ist die Hochzeit des Lammes […], o.O. 1700.

Janowski, J. Christine: Allerlösung. Annäherung an eine entdualisierte Eschatologie. 2 Bde. (NBST 23), Neukirchen-Vluyn 2000.

Jerusalem, Johann Friedrich Wilhelm: Betrachtungen über die vornehmsten Wahrheiten der Religion. Bd. 1, Braunschweig 1768.

Jerusalem, Johann Friedrich Wilhelm: Nachgelassene Schriften. Bd. 1, Braunschweig 1792.

Jung, Friedhelm: Die deutsche Evangelikale Bewegung. Grundlegung ihrer Geschichte und Theologie. 3. Aufl., Bonn 2001.

Jung-Stilling [Johann Heinrich Jung]: Apologie der Geisterkunde veranlaßt durch ein über dieselbe abgefaßtes Gutachten des Hochwürdigen geistlichen Ministeriums zu Basel, Nürnberg 1809.

Jung-Stilling [Johann Heinrich Jung]: Theorie der Geister-Kunde, in einer Natur- Vernunft- und Bibelmäsigen Beantwortung der Frage: Was von Ahnungen, Gesichten und Geistererscheinungen geglaubt und nicht geglaubt werden müße, Frankfurt a.M./Leipzig 1808.

Kaiserchronik eines Regensburger Geistlichen. Hg. v. Edward Schröder (MGH.DC 1), Hannover 1895 (ND 1984).

Kazantzakis, Nikos: Rechenschaft vor El Greco. 3. Aufl., München/Berlin 1970.

Kiefl, Franz Xaver: Die Ewigkeit der Hölle und ihre spekulative Begründung gegenüber den Problemen der modernen Theodizee. Meine Kontroverse mit Johann Stufler S.J. über die Eschatologie von Herman Schell und Thomas von Aquin. Sonderdr. aus der prakt. Monats-Schrift 1904 und 1905 nebst einem Nachw., Paderborn 1905.

Kilian, Herbert: Gustav Mahler in den Erinnerungen von Natalie Bauer-Lechner mit Anm. u. Erkl. v. Knud Martner. Rev. u. erw. Ausg., Hamburg 1984.

Klettenberg, Susanna Catharina von: Die schöne Seele. Bekenntnisse, Schriften und Briefe. Hg. v. Heinrich Funck, Leipzig 1911.

Klopstock, Friedrich Gottlieb: Die Auferstehung. In: Klopstock: Werke und Briefe. Historisch-kritische Ausgabe. Hg. v. Horst Gronemeyer u. a. Abt. Werke. Bd. III: Geistliche Lieder, hg. v. Laura Bolognesi. Bd. 1: Text, Berlin u. a. 2010, S. 54; Bd. 2: Apparat, Berlin u. a. 2013, S. 240–251.

Klopstock, Friedrich Gottlieb: Die Glückseligkeit Aller. In: Klopstock: Werke und Briefe. Historisch-kritische Ausgabe. Hg. v. Horst Gronemeyer u. a. Abt. Werke. Bd. I: Oden, hg. v. Horst Gronemeyer u. Klaus Hurlebusch. Bd. 1: Text, Berlin u. a. 2010, S. 189–199; Bd. 2: Apparat, Berlin u. a. 2015, S. 336–339; Bd. 3: Apparat (Synopse), Berlin u. a. 2015, S. 473–494.

[Knorr von Rosenroth, Christian]: Dissertatio singularis De Existentia animarum. Hg., übers. u. komm. v. Erna Handschur, in: Morgen-Glantz. Zeitschrift der Christian Knorr von Rosenroth-Gesellschaft 19 (2009), S. 453–504.

[Knorr von Rosenroth, Christian]: Harmonia Evangeliorum, Oder Zusammenfügung der vier H. Evangelisten […], Frankfurt a.M. 1672.

Knorr von Rosenroth, Christian: Neuer Helicon mit seinen Neun Musen. Hg. v. Rosemarie Zeller u. Wolfgang Hirschmann (om 124), Beeskow 2016.

Köberle, Adolf: Allversöhnung oder ewige Verdammnis? In: Alfons Rosenberg (Hg.): Leben nach dem Sterben, München 1974, S. 122–136.

Koopmann, Helmut (Hg.): Schiller-Handbuch, Stuttgart 1998.

Köstlin, Julius: Art. „Apokatastasis", in: RE. 3. Aufl. Bd. 1, Leipzig 1896, S. 616–622.

Kretzenbacher, Leopold: Versöhnung im Jenseits. Zur Widerspiegelung des Apokatastasis-Denkens in Glaube, Hochdichtung und Legende (SBAW.PH 7), München 1971.

Kunz, Erhard: Protestantische Eschatologie. Von der Reformation bis zur Aufklärung, in: Handbuch der Dogmengeschichte. Hg. v. Michael Schmaus u. a. Bd. IV. Sakramente. Eschatologie. Fasz. 7c, Freiburg u. a. 1980, S. 1–113.

Lange, Johann Peter: Christliche Dogmatik. 3 Bde., Heidelberg 1847, 1851 u. 1852.

Lavater, Johann Kaspar: Aussichten in die Ewigkeit, In Briefen an Herrn Joh. Georg Zimmermann, königl. Großbrittannischen Leibarzt in Hannover. Bd. 3, Zürich 1773. In: Lavater: Ausgewählte Werke in historisch-kritischer Ausgabe. Bd. II. Aussichten in die Ewigkeit 1768–1773/78. Hg. v. Ursula Caflisch-Schnetzler, Zürich 2001, S. 389–526.

Lavater, Johann Kaspar: Briefe über den Zustand der Seele nach dem Tode; die Einwirkung der abgeschiedenen Geister auf die noch Sterblichen; und das Wiedersehen derer, die wir liebten. an Maria Föderowna, Kayserin von Russland. Angefangen im August 1798. In: Lavater: Nachgelassene Schriften. Bd. 2. Religiöse Schriften und Aufsätze, hg. v. Georg Gessner, Zürich 1801, S. 285–334.

Lavater, Johann Kaspar: Unveränderte Fragmente aus dem Tagebuche eines Beobachters seiner Selbst; oder des Tagebuches Zweyter Theil, nebst einem Schreiben an den Herausgeber desselben, Leipzig 1773. In: Lavater: Ausgewählte Werke in historisch-kritischer Ausgabe. Bd. IV. Werke 1771–1773. Hg. v. Ursula Caflisch-Schnetzler, Zürich 2009, S. 711–1051.

Leade, Jane: Revelation of Revelations […], London 1683.

Lenz, Christoph: Art. „Apokatastasis", in: RAC. Bd. 1, Stuttgart 1950, Sp. 510–516.

Lewis, Clive Staples: Die grosse Scheidung oder zwischen Himmel und Hölle. Übertr. und mit einem Nachw. versehen v. Helmut Kuhn (Krit. 47). 13. Aufl., Einsiedeln/Freiburg 2018.

Lindner, Wilhelm Bruno: Württembergische Chiliasten in Russland. Aus Pinkertons Russia mitgeteilt, in: ZHTh 9/1 (1839), S. 183–189.

Lochbrunner, Manfred: Hans Urs von Balthasar 1905–1988. Die Biographie eines Jahrhunderttheologen, Würzburg 2020.

Lona, Horacio E.: Eschatologie im Neuen Testament, in: Handbuch der Dogmengeschichte. Hg. v. Michael Schmaus u. a. Bd. IV. Sakramente. Eschatologie. Fasz. 7a, Freiburg u. a. 1986, S. 44–83.

Loosen, Josef: Art. „Apokatastasis" (II. Dogmatisch-dogmengeschichtlich), in: LThK. 2. Aufl. Bd. 2, Freiburg 1986, Sp. 709–712.

Luther, Martin: Werke. Kritische Gesamtausgabe [Weimarer Ausgabe], Weimar 1883ff (abgek.: WA).

Luther, Martin: Werke. Kritische Gesamtausgabe [Weimarer Ausgabe]. Tischreden. 6 Bde., Weimar 1912–1921 (abgek.: WA.TR).

Lüthi, Kurt: Die Erörterung der Allversöhnungslehre durch das pietistische Ehepaar Johann Wilhelm und Johanna Eleonora Petersen, in: ThZ 12 (1956), S. 362–377.

[Mack, Alexander]: Eberhard Ludwig Grubers Grundforschende Fragen, welche denen Neuen Täufern im Witgensteinischen, insonderheit zu beantworten, vorgelegt worden. Nebst beygefügten kurzen und einfältigen Antworten auf dieselben, vormals schriftlich herausgegeben von einem Aufrichtigen Mitglied [i.e. Alexander Mack] der Gemeinde zu Witgenstein […], Germantown 1774.

Mahler, Gustav: Briefe. NA. Zweite, nochmals rev. Ausg. Hg. v. Herta Blaukopf, Wien 1996.

Mahler, Gustav: Sämtliche Werke. Neue Kritische Gesamtausgabe. Hg. v. der Internationalen Gustav Mahler Gesellschaft Wien. Bd. 14/2: Des Knaben Wunderhorn. Gesänge für eine Singstimme mit Orchesterbegleitung. Vorgelegt v. Renate Stark-Voit, Wien 2010.

Mann, Thomas: Doktor Faustus. Das Leben des deutschen Tonsetzers Adrian Leverkühn, erzählt von einem Freunde. Hg. und textkritisch durchgesehen v. Ruprecht Wimmer (Große komm. Frankfurter Ausg.). Bd. 10.1, Frankfurt a.M. 2017.

Marmontel, Jean-François: Bélisaire, éd. Robert Grandroute (Société des Textes Français Modernes 201), Paris 1994.

Marmontel, Jean-François: Belisar […]. Aus dem Französischen übersetzt und mit neuen Anmerkungen begleitet, Leipzig 1767.

Meier, Marcus: Die Schwarzenauer Neutäufer. Genese einer Gemeindebildung zwischen Pietismus und Täufertum (AGP 53), Göttingen 2008.

Michaelis, Wilhelm: Versöhnung des Alls. Die frohe Botschaft von der Gnade Gottes, Gümlingen (Bern) 1950.

Michaud, Eugne: St. Jean Chrysostome et l'apokatastasis, in: RITh 18 (1910), S. 672–796.

Moltmann, Jürgen: Das Kommen Gottes. Christliche Eschatologie. 4. Aufl., Gütersloh 1995.

Moltmann, Jürgen: Theologie der Hoffnung. 10. Aufl., München 1977.

Müller, Gotthold: Christian Gottlob Pregizer (1751–1824). Biographie und Nachlass, Stuttgart 1962.

Müller, Gotthold: Die Idee einer Apokatastasis ton panton in der europäischen Theologie von Schleiermacher bis Barth, in: ZRGG 16 (1964), S. 1–22.

Müller, Gotthold: Origenes und die Apokatastasis, in: ThZ 14 (1958), S. 174–190.

Müller, Wolfgang E.: Johann Friedrich Wilhelm Jerusalem. Eine Untersuchung zur Theologie der „Betrachtungen über die vornehmsten Wahrheiten der Religion" (TBT 43), Berlin u. a. 1984.

Müller-Lüneschloß, Vicki: Über das Verhältnis von Natur und Geisterwelt: ihre Trennung, ihre Versöhnung, Gott und den Menschen; eine Studie zu F.W.J. Schellings „Stuttgarter Privatvorlesungen" (1810) nebst des Briefwechsels Wangenheim – Niederer – Schelling des Jahres 1809/10 (Spekulation und Erfahrung:Texte und Untersuchungen zum Deutschen Idealismus: Abt. II, Untersuchungen 59), Stuttgart 2012.

Necker, Gerold u. Zeller, Rosemarie: Die Präexistenz der Seelen. Eine interreligiöse Debatte im 17. Jahrhundert, in: Morgen-Glantz. Zeitschrift der Christian Knorr von Rosenroth-Gesellschaft 24 (2014), S. 9–14.

Neumann, Burkhard: »Gott Alles in Allem« (1 Kor 15,28). Eine Studie zum eschatologischen Denken Franz Anton Staudenmaiers (MBT 68), Münster 2010.

Neumann, Veit u. Kreiml, Josef (Hg.): Georges Bernanos und der Renouveau catholique. Das „Tagebuch eines Landpfarrers" als herausragender Priesterroman (Schriften der Philosophisch-Theologischen Hochschule St. Pölten 12), Regensburg 2016.

Nicolai, Friedrich: Das Leben und die Meinungen des Herrn Magister Sebaldus Nothanker. 3 Bde. Berlin/Stettin 1773–1776.

Nitzsch, Karl Immanuel: System der Christlichen Lehre. 5. Aufl., Bonn 1844.

Nitzsch, Karl Immanuel: System der Christlichen Lehre für academische Vorlesungen, Bonn 1829.

Nordmann, Walter: Die Eschatologie des Ehepaares Petersen, ihre Entwicklung und Auflösung, in: ZVKGS 26 (1930), S. 83–108; 27 (1931), S. 1–19.

Noth, Isabelle: Ekstatischer Pietismus. Die Inspirationsgemeinden und ihre Prophetin Ursula Meyer (1682–1743) (AGP 46), Göttingen 2005.

Oepke, Albrecht: Art. „ἀποκατάστασις", in: ThWNT. Bd. 1, Stuttgart 1933, S. 386–392.

Oetinger, Friedrich Christoph: Biblisches und emblematisches Wörterbuch. Hg. v. Gerhard Schäfer. Teil 1 Text (TGP Abt. VII, 3), Berlin/New York 1999.

Ott, Ludwig: Eschatologie. In der Scholastik, in: Handbuch der Dogmengeschichte. Hg. v. Michael Schmaus u. a. Bd. IV. Sakramente. Eschatologie. Fasz. 7b, Freiburg u. a. 1990, S. 56–70, 169–192.

Pannenberg, Wolfhart: Systematische Theologie. Bd. 3, Göttingen 1993.

Parry, Robin: A larger hope? Vol. 2. Universal salvation from the Reformation to the nineteenth century, Eugene. OR. 2019.

Patrologiae cursus completus. Accurante Jacques-Paul Migne. – Series Graeca. Bd. 1ff, Paris 1857ff (abgek.: PG).

Patrologiae cursus completus. Accurante Jacques-Paul Migne. – Series Latina. Bd. 1ff, Paris 1841ff (abgek.: PL).

Petersen, Johann Wilhelm: Der Bekräfftigte Origenes, In der Lehre von der Wiederbringung aller Dinge […], o.O. [Frankfurt a.M.] 1716.

Petersen, Johann Wilhelm: Mysterion Apokatastaseos Panton, Das ist: Das Geheimniß Der Wiederbringung aller Dinge [...], Pamphilia [i.e. Offenbach] 1700.

Petersen, Johann Wilhelm: Uranias qua opera Dei magna [...] carmine heroico celebrantur [...], Frankfurt a.m./Leipzig 1720.

Petersen, Johann Wilhelm: Zeugniß der Warheit, Von der Wiederbringung aller Dinge, Wieder einen Retrolapsarianern [...], Frankfurt a.m. 1718.

Petkov, Julian: Altslavische Eschatologie. Texte und Studien zur apokalyptischen Literatur in kirchenslavischer Überlieferung (TANZ 59), Tübingen 2016.

Pfister, Rudolf: Die Seligkeit erwählter Heiden bei Zwingli. Eine Untersuchung zu seiner Theologie, Zollikon-Zürich 1952.

Pico della Mirandola, Giovanni: Neunhundert Thesen. Übers. u. hg. v. Nikolaus Egel (PhB 708), Hamburg 2018.

Pinggéra, Karl: All-Erlösung und All-Einheit: Studien zum „Buch des heiligen Hierotheos" und seiner Rezeption in der syrisch-orthodoxen Theologie (Sprachen und Kulturen des Christlichen Orients 10), Wiesbaden 2002.

[Pinkerton, Robert]: Russia. Or, miscellaneous oberservations on the past and present state of that country and inhabitants, London 1833.

Polyander, Johannes u. a.: Synopsis purioris theologiae, Leiden 1652.

Preger, Wilhelm: Geschichte der deutschen Mystik im Mittelalter. Nach den Quellen untersucht und dargestellt. Bd. 1. Geschichte der deutschen Mystik bis zum Tode Meister Eckhart's, Leipzig 1874.

Quellen zur Geschichte der Täufer. Bd. 4. Baden und Pfalz. Hg. v. Manfred Krebs (QFRG 22), Gütersloh 1951.

Quellen zur Geschichte der Wiedertäufer. Bd. 2. Markgraftum Brandenburg (Bayern I. Abt.). Hg. v. Karl Schornbaum (QFRG 16), Leipzig 1934.

Rahner, Karl: Art. „Eschatologie, theol.-wissenschaftstheoretisch". In: Rahner: Sämtliche Werke. Bd. 17.2. Enzyklopädische Theologie. Die Lexikonbeiträge der Jahre 1956–1973. 2. Teilbd., Freiburg 2002, S. 1022–1029.

Rahner, Karl: Das Leben der Toten. In: Rahner: Sämtliche Werke. Bd. 12. Menschsein und Menschwerdung Gottes. Studien zur Grundlegung der Dogmatik, zur Christologie, Theologischen Anthropologie und Eschatologie, Freiburg 2005, S. 540–546.

Rahner, Karl: Hinüberwandern zur Hoffnung. Grundsätzliches über die Hölle. In: Rahner: Sämtliche Werke. Bd. 30. Anstöße systematischer Theologie. Beiträge zur Fundamentaltheologie und Dogmatik, Freiburg 2009, S. 668–673.

Rahner, Karl: Politische Dimensionen des Christentums. Ausgewählte Texte zu Fragen der Zeit. Hg. u. erl. v. Herbert Vorgrimler, München 1986.

Rahner, Karl: Theologische Prinzipien der Hermeneutik eschatologischer Aussagen. In: Rahner: Sämtliche Werke. Bd. 12. Menschsein und Menschwerdung Gottes. Studien zur Grundlegung der Dogmatik, zur Christologie, Theologischen Anthropologie und Eschatologie, Freiburg 2005, S. 489–520.

Rahner, Karl: Zu einer Theologie des Todes. In: Rahner: Sämtliche Werke. Bd. 22.2. Dogmatik nach dem Konzil. 2. Teilbd. Theologische Anthropologie und Ekklesiologie, Freiburg 2008, S. 230–244.

Ramelli, Ilaria L.E.: A larger hope? Vol. 1. Universal salvation from Christian beginnings to Julian of Norwich, Eugene. OR. 2019.

Ramelli, Ilaria L.E.: The Christian doctrine of apokatastasis. A critical assessment from the New Testament to Eriugena (SVigChr 120), Leiden u. a. 2013.

Ratschow, Carl Heinz: Art. „Eschatologie VIII. Systematisch-theologisch", in: TRE. Bd. 10, Berlin u. a. 1982, S. 334–363.

Ratschow, Carl Heinz: Lutherische Dogmatik zwischen Reformation und Aufklärung. Teil II, Gütersloh 1966.

Reformierte Bekenntnisschriften. Hg. im Auftrag der Evangelischen Kirche in Deutschland v. Andreas Mühling u. Peter Opitz. Bd. 2/2. 1562–1569, Neukirchen-Vluyn 2009.

Renkewitz, Heinz: Hochmann von Hochenau (1670–1721). Quellenstudium zur Geschichte des Pietismus (AGP 5), Witten 1969.

Renwick, John: Marmontel, Voltaire and Bélisaire affair (SVEC 121), Banbury, Oxfordshire 1974.

Rinser, Luise: Gratwanderung. Briefe der Freundschaft an Karl Rahner 1962–1984. Hg. v. Bogdan Snela, München 1994.

Rinser, Luise: Saturn auf der Sonne. 4. Aufl., Frankfurt a.M. 2002.

Rischin, Rebecca: For the End of Time. The Story of the Messiaen Quartett, Ithaca. NY. 2003.

Rochusch, Rolf: Untersuchung über die Lehre von der Apokatastasis in der „Kirchlichen Dogmatik". Darstellung und Auseinandersetzung mit der Kritik, Berlin 1974.

Rölleke, Heinz: Anmerkungen zu „Des Knaben Wunderhorn". In: Detlev Lüders (Hg.): Clemens Brentano. Beiträge des Kolloquiums im Freien Deutschen Hochstift 1978 (Reihe der Schriften / Freies Deutsches Hochstift), Tübingen 1980, S. 276–294.

Rölleke, Heinz: Die Auseinandersetzung Clemens Brentanos mit Johann Heinrich Voß über „Des Knaben Wunderhorn", in: JbFDH 1968, S. 283–328.

Rosenau, Hartmut: Allversöhnung. Ein transzendentaltheologischer Grundlegungsversuch (TBT 57), Berlin/New York 1993.

Rothe, Richard: Theologische Ethik. 3 Bde., Wittenberg 1845 u.1848.

Sanct Brandan. Ein lateinischer und drei deutsche Texte. Hg. v. Carl Schröder, Erlangen 1871.

Schauer, Friedrich (Hg.): Was ist es um die Hölle? Dokumente aus dem norwegischen Kirchenstreit, Stuttgart 1956.

Scheffczyk, Leo: Apokatastasis. Faszination und Aporie, in: IKaZ Communio 14 (1985), S. 35–46.

Schell, Herman: Die göttliche Wahrheit des Christentums. Bd. 2: Gott und Geist. 2. Teil: Beweisführung, Paderborn 1896 (ND 1968).

Schell, Herman: Katholische Dogmatik in sechs Büchern. Bd. 3. 2. Teil, Paderborn 1893.

Schell, Herman: Katholische Dogmatik. Kritische Ausgabe. Hg. v. Heinrich Petri u. Paul-Werner Scheele. Bd. 3: Menschwerdung und Erlösung, Heiligung und Vollendung, München u. a. 1994.

Schelling, Friedrich Wilhelm Joseph: Philosophie der Offenbarung. In: Schelling: Sämmtliche Werke [SW]. Hg. v. Karl Friedrich August Schelling. 2. Abt. Bd. 3 u. 4, Stuttgart/Augsburg 1858.

Schelling, Friedrich Wilhelm Joseph: Philosophie der Offenbarung 1841/42 [sog. Paulus-Nachschrift]. Hg. u. eingel. v. Manfred Frank (stw 181). 5. Aufl., Frankfurt a.M. 2016.

Schelling, Friedrich Wilhelm Joseph: Stuttgarter Privatvorlesungen. (Aus dem handschriftlichen Nachlaß.) 1810. In: Schelling: Sämmtliche Werke [SW]. Hg. v. Karl Friedrich August Schelling. 1. Abt. Bd. 7, Stuttgart/Augsburg 1860, S. 417–484.

Schelling, Friedrich Wilhelm Joseph: Stuttgarter Privatvorlesungen (1810). In: Schelling: Historisch-kritische Ausgabe. Reihe II: Nachlaß. Bd. 8: Nachschrift E.F. v. Georgii: Schellings natur-phylosophisches System, Bad Cannstatt 2017.

Schelling, Friedrich Wilhelm Joseph: Stuttgarter Privatvorlesungen. Mit einer Einl. und Anm. kritisch hg. v. Vicki Müller-Lüneschloß (PhB 687), Hamburg 2016.

Schiller, Friedrich: An die Freude. In: Schiller: Werke. Nationalausgabe. Historisch-kritische Ausgabe. Bd. 1: Gedichte in der Reihenfolge ihres Erscheinens. 1776–1799. Text. Hg. v. Julius Petersen u. Friedrich Beißner, Weimar 1943 (ND 1992), S. 169–172 (Frühfassung); ebd., Bd. 2,II A: Gedichte. Anm. zu Bd. 1. Hg. v. Georg Kurscheidt u. Norbert Oellers, Weimar 1991 (Spätfassung). Zu dieser Ode siehe Helmut Koopmann (Hg.): Schiller-Handbuch, Stuttgart 1998.

Schiller, Friedrich: Die Tugend in ihren Folgen betrachtet. In: Schiller: Werke. Nationalausgabe. Historisch-kritische Ausgabe. Bd. 20: Philosophische Schriften. Teil 1. U. M. v. Helmut Koopmann hg. v. Benno von Wiese, Weimar 1962 (ND 2001), S. 30–36.

Schleiermacher, Friedrich: Der Christliche Glaube nach den Grundsätzen der evangelischen Kirche im Zusammenhang dargestellt. In: Schleiermacher: Kritische Gesamtausgabe. I. Abt.: Schriften und Entwürfe. Bd. 13, 1. 2. Hg. v. Rolf Schäfer, Berlin/New York 2003.

Schloesser, Stephen: Visions of Amen. The early life and music of Olivier Messiaen, Cambridge 2014.

Schmidt, Jochen: Goethes Faust. Erster und zweiter Teil. Grundlagen – Werk – Wirkung. 3. Aufl., München 2011.

Schmidt, Jochen: Hölderlins geschichtsphilosophische Hymnen „Friedensfeier", „Der Einzige", „Patmos", Darmstadt 1990.

Scholz, Heinrich: Schleiermachers Unsterblichkeitsglaube. Eine Totenfest-Betrachtung, in: ChW 46 (1907), Sp. 1133–1138.

Schubert, Gotthilf Heinrich: Die Symbolik des Traumes, 3. verb. u. verm. Aufl. Mit einem Anh. aus dem Nachlasse eines Visionairs: des J.Fr. Oberlin, gewesenen Pfarrers im Steinthale, und einem Fragment über die Sprache des Wachens, Leipzig 1840.

Schubert, Johann Ernst: Vernünftige Gedanken von der Ewigkeit der höllenstrafen, Jena 1741.

Schweizer, Alexander: Die Christliche Glaubenslehre nach protestantischen Grundsätzen. 2 Bde., Leipzig 1863 u. 1869.

Seebaß, Gottfried: Müntzers Erbe. Werk, Leben und Theologie des Hans Hut (QFRG 73), Gütersloh 2002.

Seeberg, Reinhold: Christliche Dogmatik. 2 Bde., Erlangen/Leipzig 1924 u. 1925.

Šelemon (Solomon) von Basra: The book of the bee. The Syriac text from the manuscripts in London, Oxford, and Munich with an English translation by Ernest A. Wallis Budge, Oxford 1866.

Serrarius, Petrus: Een bleyde boodschap aen Jerusalem. Hopende, de herstellinghe des rijcks in Israël en de Wederbrenginge aller dingen […], Amsterdam 1665.

[Serrarius, Petrus]: Gespräch im Reich der Gnade, Amsterdam 1722.

Spangenberg, August Gottlieb: Idea fidei Fratrum oder kurzer Begriff der Christlichen Lehre in den evangelischen Brüdergemeinen, Barby 1779.

Spener, Philipp Jakob: Briefwechsel mit August Hermann Francke. 1689–1704. Hg. v. Johannes Wallmann und Udo Sträter in Zus.-Arb. mit Veronika Albrecht-Birkner, Tübingen 2006.

Staehelin, Ernst: Die Wiederbringung aller Dinge. Rektoratsrede, gehalten an der Jahresfeier der Universität Basel am 18. November 1960 (Basler Universitätsreden 45), Basel 1960.

Staudenmaier, Franz Anton: Encyklopädie der theologischen Wissenschaften als System der gesammten Theologie. 2. Aufl., Mainz 1840.

Straßberger, Andres: Zwischen Predigtreform und Religionsapologetik. Zur Konzeption und Durchführung einer homiletischen Preisaufgabe von 1739. In: Albrecht Beutel u. a. (Hg.): Christentum im Übergang. Neue Studien zu Kirche und Religion in der Aufklärungszeit (AKThG 31), Leipzig 2006, S. 51–70.

Ströter, Ernst Ferdinand: Das Evangelium Gottes von der Allversöhnung in Christus, Chemnitz 1915.

Stufler, Johann: Die Heiligkeit Gottes und der ewige Tod. Eschatologische Untersuchungen mit besonderer Berücksichtigung der Lehre des Prof. Hermann Schell, Innsbruck 1903.

Thomas, Werner: Carl Orff – De temporum fine comoedia. Perspektiven einer neuen Werkbegegnung. Eine Sonderpublikation des Orff-Zentrums München, München 2010.

Tietz, Christine: Karl Barth. Ein Leben im Widerspruch, München 2018.

Tillmann, Thomas: Hermeneutik und Bibelexegese beim jungen Goethe (Historia Hermeneutica. Series Studia 2), Berlin/New York 2006.

Tillotson, John: Of the eternity of hell-torments. A sermon preach'd before the Queen at White-Hall, March the 7th, 1689/90, London 1690.

Tolkemit, Clara Aurelia: „Christus, unsere Hoffnung" (1 Tim 1,1) – Überlegungen zu einer wirklichkeitstreuen Eschatologie bei Dietrich Bonhoeffer mit Ausblicken auf Hans Joachim Iwand. In: Michael Basse u. Gerald den Hertog (Hg.): Dietrich Bonhoeffer und Hans Joachim Iwand – Kritische Theologen im Dienst der Kirche (FSÖTh 157), Göttingen 2017, S. 207–233.

Trautwein, Joachim: Die Theosophie Michael Hahns und ihre Quellen (QFWKG 2), Stuttgart 1969.

Troeltsch, Ernst: Art.: „Eschatologie: IV. Dogmatisch", in: RGG. 1. Aufl. Bd. 2, Tübingen 1910, Sp. 622–632.

Troeltsch, Ernst: Die Absolutheit des Christentums und die Religionsgeschichte (1902–1912); mit Thesen von 1901 und den handschriftlichen Zusätzen (Troeltsch KGA 5). Hg. v. Trutz Rendtorff u. Stefan Pautler, Berlin u. a. 1998.

Troeltsch, Ernst: Glaubenslehre nach Heidelberger Vorlesungen aus den Jahren 1911 und 1912. Mit einem Vorwort von Marta Troeltsch, München u. a. 1925.

Vechtel, Klaus: Eschatologie und Freiheit. Zur Frage der postmortalen Vollendung in der Theologie Karl Rahners und Hans Urs von Balthasars (IThS 89), Innsbruck/Wien 2014.

Vries, Wilhelm de: Das eschatologische Heil bei Theodor von Mopsuestia, in: OCP 24 (1952), S. 300–338.

Wagner, Richard: Dichtungen und Schriften. Jubiläumsausgabe in zehn Bänden. Hg. v. Dieter Borchmeyer. Bd. 4, Frankfurt a.M. 1983.

Walker, Daniel Pickering: The decline of hell. Seventeenth-Century discussions of eternal torment, Chicago. IL. 1964.

Wall van der, Ernestine Gesine Everdine: De mystieke chiliast Petrus Serrarius (1600–1669) en zijn wereld, Leiden 1987.

Weigelt, Horst: Johann Kaspar Lavater und die „Wiederbringung aller Dinge". Ein Beitrag zu den Vorstellungen von der Apokatastasis im 18. Jahrhundert. In: Dirk Kemper (Hg.): Weltseitigkeit. Jörg-Ulrich Fechner zu Ehren, Paderborn 2014, S. 223–249.

Weigelt, Horst: Migration and faith. The migration of the Schwenkfelders from Germany to America – risks and opportunities (FKDG 10), Göttingen u. Bristol. CT. 2017.

Welling, Georg von: Opus mago-cabbalisticum et theosophicum […]. 3. Aufl., Frankfurt a.M./Leipzig 1784.

Wenz, Gunther: Vollendung. Eschatologische Perspektiven (Studium Systematische Theologie 10), Göttingen 2015.

Wenz, Gunther: Wolfhart Pannenbergs Systematische Theologie. Ein einführender Bericht, Göttingen 2003.

Werfel, Franz: Die Versuchung. Ein Gespräch des Dichters mit dem Erzengel und Luzifer, Leipzig o.J.

Wieland, Christoph Martin: Die Natur der Dinge oder die vollkommenste Welt. In: Wieland: Sämmtliche Werke. Hg. v. der Hamburger Stiftung zur Förderung von Wissenschaft und Kultur. Bd. XIII: Supplemente. Bd. 1, [Leipzig 1798] Reprint Hamburg 1984, S. 3–274.

Williams, George Huntston (Ed.): The Polish Brethren: Documentation of the History and Thought of Unitarianism in Polish-Lithuanian Commonwealth and in the Diaspora, 1601–1685 (HThS 30). 2 vols, Missoula. MT. 1980.

Wohlgschaft, Hermann: Hoffnung angesichts des Todes. Das Todesproblem bei Karl Barth und in der zeitgenössischen Theologie des deutschen Sprachraums (BÖT 14), München 1977.

Wohlgschaft, Hermann: Schuld und Versöhnung. Das Letzte Gericht und die größere Hoffnung, Würzburg 2019.

Wolff, Christian: Vernünfftige Gedancken von den Absichten der natürlichen Dinge […]. 2. Aufl., Frankfurt a.M./Leipzig 1726.

Zachariae, Justus Friedrich Wilhelm: Die Schöpfung der Hölle. In: Zachariae: Poetische Schriften. Bd. 5, [Braunschweig] [1764], S. 63–110.

Zachariae, Justus Friedrich Wilhelm: Die Unterwerfung gefallner Engel und ihre Bestimmung zu Schutzgeistern der Menschen. In: Zachariae: Poetische Schriften. Bd. 5, [Braunschweig] [1764], S. 111–138.

Zemp, Paul: Die Grundlagen des heilsgeschichtlichen Denkens bei Gregor von Nyssa (MThS. S 38), München 1970.

Zimmermann, Rolf Christian: Das Weltbild des jungen Goethe. Studien zur hermetischen Tradition des deutschen 18. Jahrhunderts. Bd. 1. Elemente und Fundamente, München 1969.

Zimmermann, Rolf Christian: Goethes „Faust" und die „Wiederbringung aller Dinge". Kritische Bemerkungen zu einem unkritisch aufgenommenen Interpretationsversuch, in: Goethe-Jahrbuch 11 (1994), S. 171–185.

Zwingli, Ulrich: Eyn kurtze klare summ vnd erklärung des Christenen gloubens, Zürich [1537].

Personenverzeichnis

Ortsverzeichnis